以『三名工程』

推进教育高质量发展

青白江实践

黄居长 ◎ 主编

中国出版集团有限公司
China Publishing Group Co., Ltd.

现代出版社

图书在版编目（CIP）数据

以"三名工程"推进教育高质量发展的青白江实践 /
黄居长主编. -- 北京：现代出版社，2025.1. -- ISBN
978-7-5231-1249-6

Ⅰ.G527.711

中国国家版本馆CIP数据核字第2025W84S44号

以"三名工程"推进教育高质量发展的青白江实践

YI "SANMING GONGCHENG" TUIJIN JIAOYU GAOZHILIANG
FAZHAN DE QINGBAIJIANG SHIJIAN

主　编　黄居长

责任编辑　毕椿岚
责任印制　贾子珍
出版发行　现代出版社
地　　址　北京市安定门外安华里504号
邮政编码　100011
电　　话　（010）64267325
传　　真　（010）64245264
网　　址　www.1980xd.com
印　　刷　成都现代印务有限公司
开　　本　787mm×1092mm　1/16
印　　张　16.5
字　　数　390千字
版　　次　2025年3月第1版　2025年3月第1次印刷
书　　号　ISBN 978-7-5231-1249-6
定　　价　98.00元

编委会

序 言

以高质量的教师教育推动高质量的 "三名工程"

　　教育乃国之大计，民生之本。它不仅关乎个体人生的发展进步和自我实现，影响家庭生活的和谐安宁和生活改善，而且是推动社会进步、促进经济发展的关键力量。教育质量的高低直接关系到人生幸福、家庭美满乃至国家的未来与民族的希望。教育的高质量发展，是全社会特别是每一位教育工作者必须深入思考和扎实实践的重要课题。成都市青白江区教育局立足区情，以其前瞻性的视角和创新精神，积极推进名师、名校（园）长、名校建设的 "三名工程"，以此作为推动教育高质量发展的重要抓手。《以 "三名工程" 推进教育高质量发展的青白江实践》是对这一实践的精彩呈现和深入反思。

　　教师是直接接触学生、影响学生的现实因素和主要力量，教师的积极性、能力水平和工作方式决定了学生的学习生活质量与发展水平。青白江的名师培养项目以 "具有高尚的师德情操、爱岗敬业精神和深厚教育情怀，业务精湛、专业熟练自立，有自己创新的教育思想和独特的教学风格，在业内有较高的知名度和广泛的影响力，在教育教学和教科研方面有较强的创新指导能力，成为引领青白江教育、影响全市及省内外教育的领军人物，成为能辐射带动全区教师专业成长和职业发展的金种子教师、榜样教师" 为目标，以 "内驱生发，差异发展" 为培训理念，以 "情怀动力、教育理念、深度课堂、创新科研、成果提炼与传播" 为内容模块，采取 "精准把脉起点需求，明确制定培育目标与路径；高端配置资源，导师引领助力教师专业成长；围绕主题培训，激发内生动力，提高内生能力；多方合作共建领航名师成长平台；

1

坚持任务驱动，实现从'外促'到'内生'的转变"等策略，以"专业愿景导向，专家理论引领，名师现场示范，精品课堂打造，合作研究共享，实践锻炼积淀，自我反思突破"为方法，促进了150名培养对象的专业成长和发展。其设计、组织、实施和考评遵循成人学习和教师专业成长规律，效果明显，提供了名师培养"从外到内又从内到外"的学习和从"自愿到自觉再到自省"提升的有效途径和成功经验。

陶行知说："校长是一个学校的灵魂。"校长对于学校发展、对于区域教育发展的重要性不言而喻。青白江的名校长培育以名校长的精神境界（主要表现在自身对各种教育关系的理解和处理及其行为自主性等）、教育主张与管理风格（主要体现在科研方面，要凝练出自己的专业主张）、专业影响力（包括讲学、发表文章、出版著作）为方向，围绕学校规划与行动方案、校长领导力的理论与实践、校长的研究能力、特色引领等内容，致力提升参训校长的教育理念、开拓创新能力和科研引领能力，培养参培校长的超越视野与超越能力，采用专题为主、动态发展的"内生"课程设置模式，既有普适性理论学习，又结合学校办学实际促进校长实践锻炼，实现校长的个性化成长。专业阅读、专家报告、名校访谈、专题研讨等扎实有效的研修活动促进了校长的有效专业成长，带动了任职学校办学水平的提升和质量提高。

学校是实施教育教学的重要场所，是区域教育质量的集中体现和标志。青白江的名校建设项目坚持"思想高站位、文化高品位、队伍高素质、质量高层次、社会高认同"的目标，对参与校（园）则采取"分园决策、弘扬优势、关键领域、重点发展"的实施策略，以样本校（园）的建设和发展带动全区学校的优质均衡发展，达成了"学校管理水平和教育教学质量提升、教师队伍建设出成效、教师教育教学竞赛获市级以上奖励数量明显增加、学校知名度明显提升、改革经验及特色建设在省级以上推广"等建设指标，提供了区域高质量学校建设的样例和典型经验。

书中有"三名"参与对象的学习、思考和成长的大量丰富案例，具有很大的学习和研究价值。

以评价驱动项目，以评价改善项目，以评价考评项目，是青白江"三名"工程的主要特点。青白江的项目评价确立了"以评促建，以评促改，致力学员、学校对评价结果的高度认同和运用，引领构建名师培养对象优化发展机制，促进专业提升、终身发展，促进名校长培养对象提升领导力、持续前行，促进学校优化治理、提质发展，充分发挥评价的诊断、改进、激励和引领功能"的理念，致力建构中期自我评价、结项自我评价和第三方终结性评价三项评价，建构了体系化的、科学的、可操作的评价体系，提供了可以参考和借鉴的区域教师培训、校长培训、学校建设的评价方案。

几年实践，地方教育行政部门、教研教师培训机构、参与学校和学员、承办机构通力合作，不仅使项目得以顺利实施和取得圆满成功，而且有了这一项目的结晶与成果，可喜可贺。我们相信，书中的经验和做法不仅对于青白江区未来教育发展具有奠基和指导意义，而且对于其他地区和学校的教育改革和发展具有重要的借鉴价值。

继往开来，未来可期。我们相信，有了高质量的发展目标，抓住教师、校长和学校发展的关键，采用科学可靠、行之有效的路径，青白江明天的教育一定会更美好。

2024年10月

目 录

◎ 第一章 ◎

教育高质量发展的青白江背景

一、青白江区社会经济发展新定位

成都市青白江区位于成都市东北部，1960年建区，因境内青白江而得名，幅员面积379平方千米，辖7个镇（街道）、83个行政村（社区）。青白江区是国家"一五"时期规划建设的西南第一个工业区，现阶段是中国（四川）自由贸易试验区成都青白江铁路港片区所在地，是西部最大的铁路物流枢纽，四川省唯一的铁路货运型国家对外开放口岸，成都市4个商品市场集中发展区之一，成都市域北部新兴增长极"一带一路"大港区核心区，全国十大最具投资潜力市场商圈。

（一）区域发展定位

围绕成都市委、市政府对青白江区做出的"陆海联运枢纽·国际化青白江"的发展定位，青白江区确立了构建功能互补、相融共生的"一港双核四片"的发展策略，形成"一港引领、双核共兴、四片协同"的发展方式。"一港"是指成都国际铁路港。充分发挥成都国际铁路港辐射引领作用，逐步带动周边区域发展物流、商贸等产业链上下游左右岸关联产业；"双核"指北部主城区和南部欧洲产业城。推动南北双核以青新通风廊道为生态隔离带相向发展，实现繁荣在主城、实力在新城，以提升城市核心功能。"四片"指"龙泉山城市森林公园国际康养运动片区""青新通风廊道开放农业片区""城厢青金融合发展核心片区""弥牟商旅综合开发片区"等四大片区。实施"一港引领"，推动"双核共兴"，立足"四片协同"，为实现高质量发展拓展战略空间、提供战略支撑，全面构建青白江区经济与社会发展新格局。

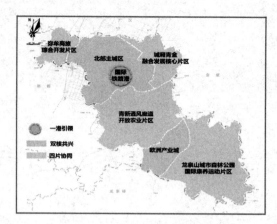

青白江区"一港引领、双核共兴、四片协同"发展格局示意图

（二）面临的机遇与挑战

近年来，国家、省、市密集出台了一系列加快推进教育现代化、构建教育高质量发展体系的政策文件，涵盖学前教育、义务教育、高中教育、职业教育各学段，决策力度大、覆盖范围广。青白江区作为成渝地区双城经济圈上的重要节点城市，肩负着落实"四向拓展、全域开放"和成都打造西部国际门户枢纽等战略的重要使命。教育作为基础民生保障、推动城市发展的资源要素，必将迎来全新的发展机遇和挑战。

1. 我国教育迈入高质量发展新阶段

党的十九届五中全会通过的《中共中央关于制定国民经济和社会发展第十四个五年规划和二〇三五年远景目标的建议》，明确了"建设高质量教育"的政策导向和重点要求，是坚持以人民为中心的必然要求，是构建新发展格局的基础环节，是锚定2035年远景目标的关键举措，对于加快推进教育现代化、建设教育强国、办好人民满意的教育具有重大意义。

2. 成都教育驶上高品质发展快车道

《成都教育现代化2035》指出，要建成具有引领辐射带动作用的全国一流教育高地。同时，《成都教育现代化2035》强调"坚持统筹推进"的基本原则，促进各区（市）县和各级各类教育全面协调发展。在推动成都教育高标准规划、高品质建设、高质量发展、高水平开放、高效能治理的快车道上，青白江区必将占有一席之地，迎来全新的发展机遇。

3. 城市发展为教育升级提供有力支撑

随着经开区、自贸区、综保区等多重战略优势叠加，陆港门户枢纽核心功能持续完善，一批先进制造业、现代服务业、战略性新兴产业重大项目落地建设，青白江区经济与社会发展已按下快进键，现代化国际化成都北部中心正蓄势待发。城市快速发展对增强教育服务能力、发挥教育基础性先导性作用提出时代新要求，也为教育高质量发展提供有力支撑。在机遇面前，青白江教育必将顺势而为、乘势而上，成为青白江城市能级提升的一张名片。

4.发展高质量教育已成为社会共识

宏观来说，当今世界竞争是教育和人才的竞争，实现民族复兴梦，关键靠人才，基础在教育。微观来说，知识改变命运，而教育是获取知识最普遍、最直接的方式。越来越多的老百姓把精力更多地放在孩子的教育上，期盼更加公平、更高质量、更多选择的教育。发展高质量教育已成为社会普遍共识。青白江要立足群众需求，深化教育综合改革，突破体制机制障碍，提高教育教学质量，为不同群体公平接受高质量教育、实现个性发展创造好条件。

5.机遇与挑战共存

面对新形势新目标，青白江教育尚未完全适应经济社会发展，距离广大人民群众的新要求新期待还有一定差距。主要表现在：一是随着城市空间布局变化和各学龄段人口规模持续增加，教育公共服务供给相对不足，存在城镇挤、乡村弱的情况；二是城乡之间、校际之间差距仍然存在，部分学校教育技术装备严重老化、亟须投入资金更新换代，农村学校普遍存在专业学科师资配置不均、教师队伍结构不尽合理、家校共育体系不够健全等问题；三是对标全国教育水平先进地区，全区品牌学校、名优校长、领航教师相对缺乏，尤其缺乏极具影响力的品牌高中和在全国、省、市有影响力的名优教师和名校长。

（三）地区产业集群

中共青白江区委文件《关于深入推进科技创新加快建设现代化产业体系的决定》（青委发〔2023〕15号）对青白江区的产业集群发展作出了明确规划，指明了方向，强调指出：实施科技创新战略是推动现代化产业体系建设的关键所在。到2027年，产业发展取得新成效，优势产业领先地位更加巩固，新兴产业融合集群发展，初步建成以新材料、新消费、新能源、国际供应链、装备制造、都市开放农业为主的六大百亿级优势产业集群，大力推进数字经济和中试产业两大新兴产业赋能传统产业，全面提升产业创新力、竞争力，高质量打造具有青白江特色的"6+2"现代化产业体系。

——做大做强新材料，聚焦高性能纤维及复合材料、先进高分子材料、新型金属功能材料、绿色建筑材料等重点领域，打造全国一流的高性能纤维及复合材料创新发展基地；

——提档扩容新消费，着力构建以互联网、大数据、人工智能等数字技术为基础、线上线下场景融合为路径、创造新消费需求为动能的新消费产业体系，有效激发区域消费新活力；

——培优育强新能源，聚焦布局动力电池、氢能、新能源商用车等新能源产业前沿领域，优化产业布局和空间承载，抢占新能源产业发展制高点；

——集群集聚国际供应链，聚焦供应链经济"六大需求"，建设"全球采购、全球生产、全球销售"的国际供应链服务体系，加快建设国际供应链经济重要承载区；

——提能升级装备制造，聚焦清洁能源装备、低碳装备、智能家电等细分领域，打造具有全国影响力的智能制造基地；

——做精做细都市开放农业，持续做优培强"4+5"现代都市农业产业体系。

（四）区域文化特质

文化是指人类社会历史实践过程中，所创造的物质财富和精神财富的总和。文化是一个民族的精神和灵魂，是国家发展和民族振兴的强大力量。青白江区建区于1960年，"年轻"的青白江有着深厚的历史底蕴，拥有古蜀国、老县治、大工业、新丝路等文化资源。公元前316年，秦灭蜀就曾取道区境西部入成都；2000多年来，这里一直处于四川北路交通要冲，创造了灿烂的带有典型地区特色的"县治文化""三国文化""民俗文化"和"红色文化"。

1.城厢古镇的县治文化

青白江区城厢镇历史文化积淀深厚，有1400余年县治历史，其有聚邑可考的历史已超2000年，拥有成都周边唯一的县治龟背格局。

青白江城厢古镇，千年县治文化沉淀就像一坛美酒，经过漫长时光的酝酿越发醇厚醉人。城厢镇拥有6处省级文保单位、4处宗教建筑、30余处祠堂会馆、12处工业遗址、70多处不可移动文物点位以及连绵成片的历史民居院落，保留有城池形制，4街32巷的老城肌理清晰，原真市井生活氛围浓厚。

2.弥牟镇的三国文化

"弥牟"，有"日久弥新，牟划未来"之意。弥牟镇又名唐家寺，位于成都市青白江区西部，始建于后唐时期，因盛产贡品弥牟布得名。三国故里旱八阵，诸葛孔明建伟业，闻名于世的蜀汉三国时期武侯诸葛演练士兵的"旱八阵图"遗址仅存于此，现已被列为重点文物保护单位。据史料记载，诸葛亮八阵图遗址有多处，其中较著名的有两处：一是重庆市奉节县白帝城下的"水八阵"；二是成都青白江区弥牟镇的"旱八阵"。

唐代诗人杜甫在《八阵图》诗中盛赞诸葛孔明："功盖三分国，名成八阵图"。据弥牟镇老住户回忆："我们儿时的记忆，八阵图真的好大好大！里面堆着好多两三米高的土包（练兵丘），土包上都长着一棵棵刺槐树；夏天的时候，孩子们在土坡堆里跑过去、穿过来；口渴了，爬上老槐树，捋下一串一串的槐树花，往口里一放，那种清香清香、淡甜淡甜的味道，至今难忘。"

3.以福洪镇为代表的客家文化

青白江的客家文化源远流长。客家起源于元末明初，大批湖广籍和部分陕西、安徽、河南籍的平民及军人留居四川。清朝前期，清政府两次大规模实施"湖广填四川"政策，大批客家人移居四川。在青白江区的广东籍后裔至今遍布于龙王、福洪、姚渡、清泉、日新、人和等乡镇，人口近10万，约占全区人口的25%。

据当地客家居民珍藏的族谱记载，他们的祖籍多数是粤东的梅县、兴宁、五华、龙川、大埔等县，入川时间一般在康熙和雍正年间。至今，这些地区的居民在相互交谈或村组会上仍会说广东话，只是随时间、地域的变化，他们的广东话与正宗的粤语已有了很大变化。

有学者指出，流徙而定的生活，形成了客家人独特的文化传统和风俗习惯，也铸就了他们"四海为家、勤奋进取、敬祖睦宗、爱国爱乡"的可贵精神。长期以来，客居青白江的客家人已成为地方社会经济发展中的重要力量和组成。在青白江境内保留最隆重的客家民俗之一就是龙王镇的客家龙，明末清初由湖广填四川的客家移民带入流传至今，现已被列为重要的非物质文化遗产，每年的元宵夜龙王镇客家人都会举办舞龙灯活动，当地人称为"火龙"。

4.以英雄之名命名的家珍公园

彭家珍，字席儒，汉族，1888年4月9日生于四川金堂县（今青白江区城厢镇）。1903年，他考入成都武备学堂，以期用军事振兴国家民族。1905年，他拜见了十分景仰的革命领袖孙中山，秘密加入了中国同盟会。他接受了孙中山布置的携带一批革命书刊返川秘密从事反清活动的任务，从此踏上了振兴中华、救国救民于水火的革命征途。1912年1月，他参与京津同盟会诛除袁世凯、良弼、载泽三人行动，挺身而出承担了刺杀良弼的任务；1月26日夜十一时，逢良弼夜归，遂掷出炸弹一枚，把良弼诛灭。自己也不幸被一块弹片击中后脑，当场牺牲，年仅23岁。彭家珍曾在行动前自撰的"绝命书"中写道："良弼不除，共和必难成，则后生灵涂炭，何堪设想乎。今除良弼之心已决……共和成，虽死亦荣；共和不成，虽生亦辱，不如死得荣"。获悉彭家珍的死，孙中山高度评价彭家珍："我老彭收功弹丸。"[1]追认彭家珍为陆军大将军，赐恤崇祀忠烈祠。1953年，毛泽东主席高度评价彭家珍："丰功伟绩永垂不朽"。[2]

家珍公园位于成都青白江城厢镇东街，原名叫金刚公园，始建于明代天顺末年至成化初年（1464—1465年）。1938年，因园内建有彭大将军专祠，故改名为家珍公园。彭家珍汉白玉雕像，英雄一身戎装，双手抱怀，眺望远方，表情坚毅，英姿飒爽。彭大将军专祠碑廊里存放有政要和书法家盛赞彭家珍烈士的100余件珍

---

①来自彭家珍纪念堂文史资料。
②来自彭家珍纪念堂文史资料。

贵墨宝。1953年，中央人民政府向彭家珍烈士家属颁发毛泽东主席签署的《革命牺牲军人家属光荣纪念证》尤为珍贵。1981年，彭大将军专祠被列为四川省文物保护单位；1995年，被命为成都爱国主义教育基地；2003年，被命名为四川省爱国主义教育基地。

青白江区历史渊远流长，文化沉淀深厚，还有涵盖16个门类的非物质文化遗产等。自古蜀地多贤人，先后有宋代名家谢湜、辛亥革命英雄烈士彭家珍、哲学史家贺麟、诗人流沙河、王勃、李商隐、苏东坡、陆游、杨慎、于右任、张大千等很多名人从这里走出或在此生活过。

二、青白江区教育发展"十四·五"蓝图

随着国家"一带一路"建设的实施，曾经的老工业区华丽转身为"陆海联运枢纽·国际化青白江"，成为成都对外开放的重要窗口，这也为区域教育的发展带来了新的机遇，提出了新的要求。青白江区现有中小学34所，职教1所，特教1所，幼儿园63个。

（一）青白江区"十三·五"教育发展成就回顾

"十三·五"期间，在区委、区政府的坚强领导下，在全社会的关心支持和广大教育工作者的共同努力下，全区教育事业实现了跨越式发展，教育现代化、均衡化、国际化水平位居全市前列，先后获评首批"全国学前教育普及普惠县"、安全教育实验区"全国示范单位"、国家教育云规模化应用试点优秀单位、教育部"人民教育出版社课程教材研究所"实验基地、教育部"中小学数学教师信息技术应用能力显著提升研究与实践"优秀区、四川省中小学校责任督学挂牌督导创新区、四川省未成年人思想道德建设工作先进区等荣誉。

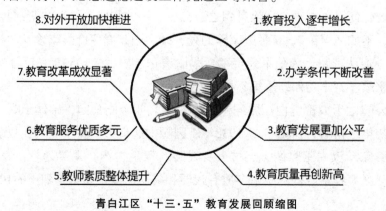

青白江区"十三·五"教育发展回顾缩图

（二）建设现代化教育强区新要求

1.区域教育发展基本理念

以习近平新时代中国特色社会主义思想为指导，学习贯彻党的二十大精神和习近平总书记关于教育的重要论述，坚持教育优先发展，加强党对教育工作的全面领导，坚持为党育人、为国育才，围绕立德树人根本任务和教育高质量发展主题，着力深化教育改革、提高教育质量、优化教育结构、促进教育公平，加快推进教育现代化、建设一流教育强区、办好人民满意的教育，努力打造"学有优教"的成都教育发展样板，为青白江建设现代化国际化成都北部中心提供有力的人才支撑、智力支持和文化引领。

2.区域教育发展基本思路

教育兴则城市兴，教育作为基础民生保障、推动城市发展的资源要素，迎来了全新的发展机遇和挑战。青白江区的教育发展做到"五个坚持"：

第一，坚持党的领导。坚持社会主义办学方向，着力加强教育系统党的政治建设、思想建设、组织建设、作风建设、纪律建设，为教育高质量发展提供坚强政治保证和组织保障。

第二，坚持立德树人。坚守为党育人、为国育才的初心使命，落实立德树人根本任务，坚持"五育"并举融合发展，培养德智体美劳全面发展的社会主义建设者和接班人。

第三，坚持教育优先。牢固树立抓教育就是抓发展、谋教育就是谋未来的理念，做到教育经费优先保证、教育用地优先规划、教育人才优先引进、教育指标优先考虑、教育难题优先解决。

第四，坚持服务大局。立足青白江"一港引领、双核共兴、四片协同"空间发展布局，推动教育链、人才链与产业链、创新链有机衔接，为区域产业发展提供有力人才支撑。围绕"幸福美好生活十大工程"建设，持续加大优质教育资源供给，在更大范围、更高质量、更深层次上促进教育公平，增强人民群众对教育的获得感幸福感。

第五，坚持改革创新。坚持问题导向和创新思维，全面深化教育领域综合改革，充分运用新技术新机制新模式，创新教育服务供给方式，激发教育事业发展活力。巩固现有改革创新成果，积极争取改革项目试点，形成可复制可推广的改革成果经验，争当成都教育改革创新排头兵。

3.区域教育发展目标

到2025年，建成与国际化青白江相匹配的布局合理、体系完备、品质卓越、开放包容、充满活力的教育强区。人才培养水平显著提升、教育公共服务优质均等、教育治理体系成熟完善、教育辐射能力持续增强，高质量教育体系基本建成，为打造现代化国际化成都北部中心提供智力支持和人才支撑。

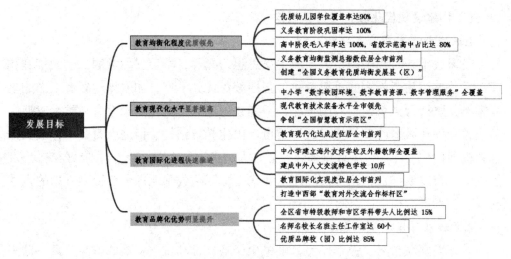

2025年区域教育发展目标

（三）青白江区"十四·五"教育发展预期

1.坚定理想信念，筑牢教育发展思想根基

把学习贯彻习近平新时代中国特色社会主义思想作为首要政治任务，贯穿教育改革发展全过程，落实到教育高质量发展各环节，增强"四个意识"、坚定"四个自信"、做到"两个维护"。在教育教学中，坚持以新思想引领教育发展，加强中小学思政课建设，建强思政课教师队伍。

2.坚持"五育"并举，落实立德树人根本任务

全面贯彻党的教育方针，坚持以树人为核心、以立德为根本、育人和育才相统一，着力提高学生道德品质和思想水平，培养德智体美劳全面发展的社会主义建设者和接班人。一是突出德育实效。丰富德育内容，健全德育体系，构建"家校社"协同育人机制。二是推进智育创新。加快培养创新人才，全面提升教学质量，探索订制生涯规划。三是加强美体劳教育。坚持"健康第一"的教育理念，提升师生美育素养，加强劳动和实践育人。

3.聚焦内涵发展，提高基础教育水平

坚持学前教育建高地、义务教育达高位、高中教育攀高峰，优化教育发展生态"三高一优"发展思路，持续加大优质教育资源供给，办好老百姓家门口的好学校，让全区老百姓享有更加公平而有质量的教育。一是推进基础教育学校布局调。优化学校布局结构调整，推动优质学位扩容增量。二是实现学前教育优质普惠发展。高标准办好公办幼儿园，大力发展普惠性幼儿园，提高学前教育保教质量。三是深化义务教育优质均衡发展。整体推进学校办学水平优质提升，扎实做好义务教育"双减"工作，加快补齐短板提高农村教育质量。四是推动高中教育优质特色发展，推进普通高中综合改革，全力打造优质品牌高中。五是促进特殊教育优质融合发展。完善特殊教育服务体系，推进特殊教育课程建设，加强特殊教育师资培养。

4.满足社会需求，增强教育服务城市能力

深化校企合作、产教融合，培养大批高层次创新人才、未来领军人才，造就一批能工巧匠、大国工匠，增强教育服务城市能力。建立资源更加丰富、方式更加灵活的终身学习体系，满足各年龄段、不同人群的学习需求。一是积极打造产教融合发展高地。加快构建现代职业教育体系，多方联动推动职业教育发展，大力加强"双师型"教师队伍建设。二是支持建设"一带一路"国际教育培训基地。完善高等教育配套服务机制，发挥驻区高校辐射引领作用。三是加快完善终身教育服务体系。构建开放多元学习渠道，提升社区教育服务品质，创新终身学习服务方式。

5.深化融合创新，构建现代智慧教育体系

积极融入智慧城市建设，全面落实教育信息化2.0新标准，以建设"全国智慧教育示范区"为发展目标，加快推进教育信息化建设，促进信息技术与教育教学融合创新。一是优化智慧教育基础建设。加大智慧教育投入力度，全面升级教育信息化装备，推进学校多媒体教室、智慧教室、学科教室和创客教室建设。二是强化智慧教育推广应用。以"应用驱动"为指导，提高教师信息化应用能力和学生数字化学习能力。三是推进区域教育智慧治理。建立大数据辅助教育教学和教育治理机制，将智慧教育融入智慧城市建设，融合教育基础数据和城市发展数据，全面提高利用大数据支撑保障教育管理、分析决策和公共服务的能力。

6.坚持"四有"标准，加强师资队伍建设

坚持教师是教育发展的第一资源根本理念，引导教师做有理想信念、有道德情操、有扎实学识、有仁爱之心的好老师，建设一支高素质专业化创新型教师队伍。一是全面加强师德师风建设。增强教师政治素养，积极弘扬高尚师德，完善师德评价制度。二是打造一支过硬干部队伍。加大校长队伍培训力度，完善校长队伍管理机制，建强校长后备人才队伍。三是加强优质师资队伍建设。健全教师专业发展体系，加快建设领航名师队伍，深化教师人事制度改革。

7.立足全球视野，提升教育对外开放水平

积极响应国家"一带一路"倡议，加强教育对外开放力度，深化中外人文交流与合作，构建更全方位、更宽领域、更多层次、更加主动的教育开放合作新局面。一是加强国际理解教育顶层设计。完善国际理解教育人才的选聘、激励、培养等管理制度，加强对外交流与合作，努力建设成为成都市教育对外交流合作发展高地和西部地区较有影响力和示范作用的标杆区。二是深化中外人文交流与合作。创建"蓉欧人文班列"和"教育嘉年华"两大国际交流品牌活动，深化国际理解教育和"熊猫走世界"课程建设，推动国际理解教育课程全覆盖。三是推动区域教育协同发展。建立跨区域教育协同发展长效机制，做好民族地区教育对口支援工作，提升对口地区学校办学水平和教学质量。

8.深化教育改革，激发学校办学活力

坚决破除制约教育事业发展的体制机制障碍，更加注重教育改革的系统性、整体性、协同性，进一步优化办学体制、管理体制、评价体制等，系统深化育人方式、教学模式、评价方式、管理模式改革。一是探索新时代教育评价改革。构建政府、学校、社会等多元参与的评价体系，深化教育评价制度改革，科学制定从幼儿园到高中（中职）的质量评价体系，强化德智体美劳"五育并举"过程性评价，注重评价结果转化运用。二是推进课程教学深度变革。着力从课堂教学理念、教学结构、教学设计、教学过程、教学评价等方面，推进和深化课堂教学改革。完善教学成果奖评选制度，健全优秀成果培育和推广机制，培育一批特色鲜明、影响深远的原创性教育理论与实践研究成果。三是深化民办教育管理改革。全面实现民办学校营利性、非营利性分类管理。探索建立民办学校清单式管理制度，健全民办学校规范办学风险防范机制。支持优质民办学校品牌建设，推动公民办学校协同发展，提升民办学校办学质量。

9.坚持依法办学，实现教育治理现代化

坚持依法行政、依法办学、依法治教、依法治校，建立多元参与的协同治理新机制，着力提升政府教育治理水平，实现教育治理的法治化、制度化、规范化。一是提高学校法治化水平。全面贯彻落实国家教育法律法规，健全教育依法决策、执行、评估程序，落实基层教育综合执法机制，加强教育专业化执法队伍建设，规范教育执法自由裁量权。加强校园法治生态建设，完善师生权益保护及纠纷处理制度。加大教育普法力度。二是切实增强政府履职能力。坚持以推动政府履行教育职责评价为抓手，进一步厘清政府、教育行政部门和学校的三者权责关系，深化"放管服"管理体制改革。纵深推进"管办评"分离体制改革经验，扩大成果运用范围。构建督政、督学、评估监测"三位一体"的现代教育督导体系，强化督导结果合理运用。三是提升现代学校治理水平。健全依法办学、自主管理、民主监督、社会参与的现代学校制度，建立章程实施保障机制，切实发挥章程在治理中的关键作用，提高学校科学决策、民主决策、依法决策水平。探索实施"两自一包"学校管理改革模式，增强学校办学活力。

"十四·五"期间青白江教育事业发展和人力资源开发主要预期目标

序号	指标名称	单位	2020年实际值	2025年目标值	全市2025年目标值
1	学前三年毛入园率	%	102.4	≥99.8	≥99.6
2	学前教育教师接受专业教育比例	%	100	100	≥85
3	九年义务教育巩固率	%	100	100	99.5

续表

序号	指标名称	单位	2020年实际值	2025年目标值	全市2025年目标值
4	义务教育专任教师中本科及以上学历比例	%	95.4	99	90
5	残疾儿童、少年义务教育阶段入学率	%	100	100	99.2
6	残疾青少年高中阶段教育入学率	%	45	≥60	60
7	高中阶段教育毛入学率	%	101.24	≥100	≥98.5
8	学生体质健康标准达标优良率	%	49.17	58	≥57.5
9	职业教育专业教师中双师型教师比例	%	88.3	90	70
10	主要劳动年龄人口平均受教育年限	年	13	≥13.2	12.5
11	义务教育校际均衡总指数	/	0.13	≤0.18	—
12	教育现代化达成度	%	93.64	≥95	—
13	国际理解教育实现度	%	88.5	≥91	—

三、青白江区教育发展新诉求

(一) 发展预期

1.指向全面育人的教育评价改革

充分发挥教育评价的导向、激励、调节功能，激活学校发展内生力，建立多元化、多视角、多维度的评价体系，围绕思想品德、学业水平、身心健康、社会实践、艺术素养等五个核心素养进行评价，促进学生全面发展。

2.指向新时代的教师、干部队伍培养

按照我国《新时代基础教育强师计划》，结合"陆海联运枢纽·国际化青白江"的发展要求，把教师队伍建设作为基础工作来抓，加快构建教师思想政治建设、师德师风建设、业务能力建设相互促进的教师队伍建设新格局，围绕"师德为先"这条主线，紧抓校级领导队伍、后备干部队伍、教研员队伍、教师队伍等四支队伍，做好名师、名校、名校长培养培育的"三名工程"，促进青白江区教师、干部队伍梯度发展和可持续发展。

3.指向学校品牌发展的课程建设

课程是教育的重要组成部分，学校要以培育学生核心素养为导向，关注学生健康成长。打通课程间的隐性壁垒，使学校课程整体统一发力。提升课程领导力，围绕"一体两翼三机制"做工作，"一体"是指"以人为本"；"两翼"是指"国家课程和综合实践课程"；"三机制"是指建立课程保障机制、课程研修机制、课程评估机制。

（二）更加优质均衡区域学校布局

1.指导思想

坚持以习近平新时代中国特色社会主义思想为指导，全面贯彻党的教育方针。坚持目标引领，坚持问题驱动，在教育数字化转型中，积极推进义务教育优质均衡发展，办人民满意的教育，让每个孩子享有公平而有质量的教育。

2.分析研究

深入调查，对标分析，继续在教育现代化进程中进一步深化教育教学改革，优化教育资源配置，提升学校管理水平，推动学校特色建设，加强教师队伍建设，创新用人机制，改革评价制度，全面提升教育质量，促进区域义务教育更加优质均衡。

3.规划草案

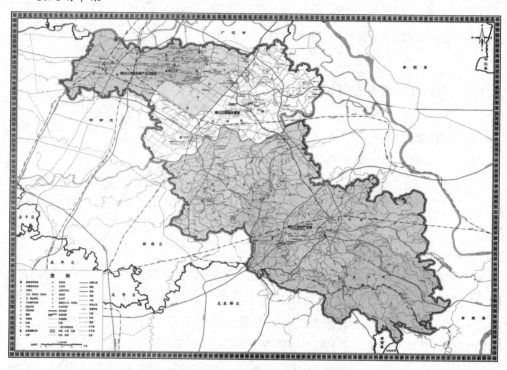

青白江区教育"十四五"规划布局图

（三）学校治理新生态

"生态"指一切生物的生存状态以及生物之间、生物与环境之间环环相扣的关系。而"教育生态"涉及的是教育教学全周期流程中学生进行学习时的一切影响要素。

1.技术赋能的治理新生态

当今，教育技术撬动教育管理的变革，技术革新加速教育内容的迭代，支撑教育高质量发展。雷朝滋司长指出：教育数字化是教育信息化发展的新阶段，发展数字教育是建设数字中国的重要组成部分。需要重新思考我们的教育，将学校教育置身于"数字化＋大教育"中，整合区域内数据资源，以数字化赋能学校治理，用技术的规则去解决教育相关顽固杂症，将技术植入教育设计、实施、评价过程，促进学校教育管理、课程管理、教学管理、学生管理及教育评价有机融合，努力实现从教育管理向教育治理的系统性跃迁。

2.家校社协同的教育新生态

教育的根本任务是为党育人、为国育才，塑造具有品行、品格和品位的学生，培养具备终身学习和适应社会发展能力的时代新人。虽然家庭、学校、社会各自定位不同，但是无论是学科教育还是生活教育和实践教育它们都承载着全面育人的共同使命，都肩负着培养德智体美劳全面发展的责任。家校社协同教育，需要做到教育理念一致、家校功能互补、教育环境同构、关注和谐发展、尊重规律因材施教。家校社协同教育，助力学生健康成长。

（四）夯实区域教育改革发展十大重点工程

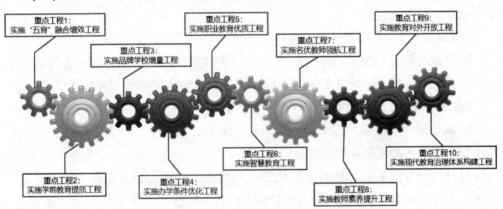

青白江区教育改革发展十大重点工程

青白江区推进教育高质量发展，全面实施重点工程建设：

1.重点工程1："五育"融合增效工程

全面贯彻党的教育方针，坚持以树人为核心、以立德为根本、育人和育才相统一，着力提高学生道德品质和思想水平，培养德智体美劳全面发展的社会主义建设者和接班人。

2.重点工程2：学前教育提质工程

坚持学前教育建高地、义务教育达高位、高中教育攀高峰，优化教育发展生态"三高一优"发展思路，持续加大优质教育资源供给，办好老百姓家门口的好学校，让全区老百姓享有更加公平而有质量的教育。

3.重点工程3：品牌学校增量工程

实施区域内名校集团化办学，通过名校办分校、强校带弱校、高起点办新校，不断扩大优质学校覆盖面。坚持内涵发展，立足"一校一品牌、校校有特色"，在学校管理、师资队伍、校园文化、教学改革、素质教育等方面大胆创新，深入推进区域教育特色发展。

4.重点工程4：办学条件优化工程

新建、扩容、提质中小学和幼儿园，实现优质学位扩容增量、办学条件品质提升，积极打造与国际化青白江相匹配的高品质办学环境。

5.重点工程5：职业教育优质工程

职业学校毕业生就业率达99.5%、对口就业率稳定在90%以上，中职学生进入世界500强企业的比例保持在30%以上，双师型教师比例达90%，完成2个省级示范专业及特色骨干专业集群建设，基本形成中高职一体化发展新格局。

6.重点工程6：智慧教育工程

积极融入智慧城市建设，全面落实教育信息化2.0新标准，以建设"全国智慧教育示范区"为发展目标，加快推进教育信息化建设，促进信息技术与教育教学融合创新。

7.重点工程7：名优教师领航工程

坚持教师是教育发展的第一资源，引导教师做有理想信念、有道德情操、有扎实学识、有仁爱之心的好老师，建设一支高素质专业化创新型教师队伍。

8.重点工程8：教师素养提升工程

加强师德师风建设，提高教师思想政治素养，建立学校、教师、学生、家长和社会多方参与的师德监督机制。

提升教师专业素质，创新研培机制，采用分层推进、分类培养方式，开展专业化、系统性的培训研修。推行中小学校长职级制改革，完善中小学校长选拔、任用、管理、考核制度。

深化教师"区管校聘"人事制度改革，推进教师目标绩效考核改革及班主任职级制改革。实施教师关爱行动，推行"阅读学习、科学健身、定期体检、幸福课程、营养早餐"等教师关爱计划。

9.重点工程9：教育对外开放工程

积极响应国家"一带一路"倡议，加强教育对外开放力度，深化中外人文交流与合作，构建更全方位、更宽领域、更多层次、更加主动的教育开放合作新局面。

10.重点工程10：现代教育治理体系构建工程

坚持依法行政、依法办学、依法治教、依法治校，建立多元参与的协同治理新机制，着力提升政府教育治理水平，实现教育治理的法治化、制度化、规范化。

◎ 第 二 章 ◎

推动区域教育高质量发展的"三名工程"设计

一、区域教育高质量发展的推进逻辑

（一）高质量教育发展的顶层逻辑

我们党高度重视教育的优先发展，习近平总书记关于教育的一系列重要论述和指示，为新时代教育工作提供了行动指南。

1.建设现代化强国的根基是高质量教育发展

坚持教育优先发展。习近平总书记指出："建设教育强国是中华民族伟大复兴的基础工程，必须把教育事业放在优先位置，深化教育改革，加快教育现代化，办好人民满意的教育。"[①]

优先发展教育，满足人民群众日益增长的美好生活对教育的需求，提高全民族文化科学水平，更有效地应对新科技革命和产业革命的挑战，为实现新发展阶段经济社会长期可持续发展、全面建成社会主义现代化强国奠定人力资源基础。

国家发展靠人才，民族振兴靠人才。人才越来越成为推动经济社会发展的战略性资源，教育的基础性、先导性、全局性地位和作用更加凸显。

2.教育、人才、科技不断塑造发展新动能新优势

实施科教兴国战略，把教育、科技、人才合为一个部分进行论述、作出部署，是党对全面建设社会主义现代化国家的规律和认识的纲领性表述。实现创新驱动的高质量发展，必须靠科技进步，而科技进步必须靠拔尖创新人才，创新人才必须靠高质量的教育。

我国正处在全面建成社会主义现代化强国、实现第二个百年奋斗目标的关键

---

①党的十九大报告。

发展阶段，而且面临着日益激烈的国际经济竞争和日益严峻的国际战略挑战。如何冲破封锁和突围？必须不断深化教育改革，大力促进高质量教育发展。

高质量教育发展是我国实现第二个百年奋斗目标的关键。

高质量教育才能造就一大批优秀创新人才，提高自主创新能力，推动科技进步，加快建设世界重要人才中心和创新高地，努力形成人才国际竞争的比较优势，缩小同发达国家科技和经济发展水平的差距，真正实现从投资驱动向创新驱动的根本转变，形成发展新动能。

提高自主创新、原始创新能力，加快培养创新型人才，是不断塑造发展新动能新优势的必然要求，高质量教育发展需要高质量教育体系的系统思维。教育、科技、人才都需要转变发展方式，坚持破"五唯"，强调贡献导向、问题导向、目标导向，着力提升胜任未来竞争的能力。

3.区域教育高质量发展需要重构区域教育新生态

如何贯彻落实建设教育强国的国家战略？从国家到各地区而言都是一个全方位、全程性、全员性参与的历史过程和系统建设。区域行政部门需要整体规划，不断总结经验推陈出新。学校和教师要不断更新教育理念，更新知识和能力，积极拥抱新知识新技术，特别是要跟上数字化、智能化步伐，为教育发展全面赋能。社会各界要更加关心和支持教育，共同维护教育良好生态。

区域推动高质量教育发展，深化教育改革就是要固根基、扬优势、补短板、强弱项。全面提高人才自主培养质量，着力造就多领域拔尖创新人才，完善本土高质量教育人才的战略布局。针对教育现代化需求，强化开门办教育，通过体教结合、医教结合、科教结合、文教结合、社教结合等，让社会教育资源助推学生成长，营造良好教育生态。

4.建设教育强国呼唤每一所学校的办学革命

建设教育强国呼唤着每一所学校的实践性办学革命，在教育教学观念、内容、方法和目标上不断完善、改革创新。从逻辑上说，至少体现在以下几个方面：

第一，学校教育应该更加注重综合化和通识化，以增强学生的灵活性和适应性。需要长期不间断的完善学校课程设置，不断更新教学内容，加强基础理论以及基本知识和技能的学习，增强学生对科技创新发展的反应能力和创造潜力。

第二，教育应从以传授知识为主转向以培养学生素质为主。除了着重提高学生的人文素质、与人交往与合作的精神和社会责任感外，要特别注重培养学生的创新精神。

第三，学校教育应注重学生个性发展，因材施教，培养具有创造性和进取精神的人才。这就需要增加学生学习的自主权和教学制度的灵活性，教学计划更有弹性，教学内容更加丰富和多样。

第四，学校应改变封闭式教学观念，树立开放办学新思想。要参与社会经济与文化的发展；加强学校与社会、理论与实际的联系；不断进行知识更新，把学校办成终身学习的基地。

（二）区域教育高质量发展的实现逻辑

1.区域教育高质量发展构想

为深入贯彻落实《中共中央 国务院关于全面深化新时代教师队伍建设改革的意见》《中共中央 国务院关于深化教育教学改革全面提高义务教育质量的意见》《中国教育现代化2035》《国务院办公厅关于新时代推进普通高中育人方式改革的指导意见》精神，加快推进教育现代化、建设一流教育强区，青白江区委、区政府作出了实施"三名工程"项目建设的决策。计划以政府购买服务的形式，引进专业机构开展为期三年的名师培养、名校（园）长培育、名校建设的提升服务，进一步深化青白江区教育领域综合改革，推进义务教育高位均衡优质发展，加强优质普通高中和幼儿园的建设与管理，培养有影响力的名师、名校（园）长和品牌名校，促进学校全面实施素质教育，实施普通高中课程改革，推进育人方式改革，实现"人才攻坚、质量攻坚、品牌攻坚"战略目标。

青白江区教育高质量发展的重要抓手就是主动出击，快速提升育人质量，极大满足人民群众美好生活对高质量学校教育的需求。对此，必须要抓好从塔基学校到塔尖学校的全面建设，全域推进学校教育的高质量发展。选择实施名师培养、名校建设、名校长培育就是带动区域学校高质量办学的塔尖工程，也是建设一流教育强区的灵魂工程、牵引工程。如此，推进区域学校办学的高质量发展将呈现"龙头带动、整体推进"的效应。其总体构想如下图所示：

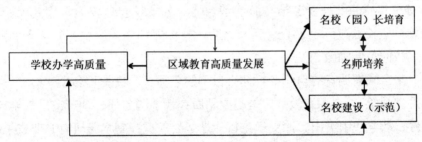

青白江区教育高质量发展实施"三名工程"建设的总体构想

从实施"三名工程"的构想上说，本区域教育高质量发展以全面推进学校高质量办学为主要推进手段，以上推进示意图可以概述为：以"三驾马车"领航全区学校办学高质量发展，即以高质量实施"名师培养、名校建设（示范）、名校（园）长培育"带动全区学校高质量发展。三个项目，既相对独立又相互关联作用、相辅相成。

2."三名工程"的总体设计

站在区域教育发展的历史视角，综合分析青白江区社会经济发展现实要求，青白江区教育局确立了实施"三名工程"项目的总体要求和目标。

青白江区"三名工程"总体要求和目标

序号	建设项目	建设内容	建设效果
1	名师培养	针对150名培养对象，基于需求调研分析基础上进行项目设计，基于全程全员内生动力激发开展项目实施，基于过程质量检测进行措施跟进，基于证据和量化创新效果评价。	实施分层培养，标杆型教师达到省、市特级教师评选专业标准；骨干教师达到省市骨干教师和学科带头人专业标准。
2	名校建设	针对5所建设学校，开展优化学校文化，构建本校课程体系，强化德育课程体系，教师专业成长以及学校特色发展等建设工作。	整体提升项目学校管理水平、教育教学质量和教育科研水平，建设成为全市一流、西部领先的高品质特色学校。
3	名校长培育	针对30名培育对象，基于需求调研分析基础上进行项目设计，基于全程全员内生动力激发开展项目实施，基于过程质量检测进行措施跟进，基于证据和量化创新效果评价。	努力培养校长教育家精神，标杆型校长达到省、市特级校长评选标准；优秀校长达到市区领航校长和优秀校长推荐资格。

对此目标，需要在充分把握名师、名校长、名校时代要求的基础上不断厘清其基本表征，这是一个现实状况与建设诉求之间相互促进又相互博弈的过程。因此，把握建设方向、认清目标差距就显得尤为重要。

3.关于建设目标的辨析

新的时代，呼唤名师、名校长和名校的教育觉醒和担当。实施"三名工程"建设，首当其冲的就是要明晰和搞清楚名师、名校长和名校的时代要求。对此，建设中始终坚持通过问卷调查、自我诊断、分析甄别等手段，不断刻画名师、名校长和名校的条件画像。

（1）来自问卷调查的自画像：你心目中的名师、名校长和名校

名师"画像"："四有教师"是必要品质；教学能力强，拥有自己教学风格是必要条件；教学成绩突出，深受学生喜欢是必要前提；勤学善研有必要成果……

名校、名校（园）长"画像"：办学理念先进，管理水平高；有深厚的学术造诣，教学和研究的指导能力强；依法办学，学校制度完善、科学合理；关爱师生，学校和谐，注重教师专业发展；注重"五育并举"，学校特色发展；学校教学水平高，成绩突出，影响力大，具有较强的辐射、引领和示范效应……

（2）来自自我诊断的短板：我目前缺少什么？

教师自我"画像"：成熟教师与"名师"的差距是积累不足，持之以恒的定力不足，未形成"厚积薄发"之势；不善反思和追问；发现问题不主动，解决问题不力；教学研究与教学实践脱节；教学成果和研究成果明显不足；没有自己的教

学风格和教学主张……

校长自我"画像"：成熟校长与"名校长"的差距在于学术造诣不够深厚；"五育并举"，学校特色发展没有形成；学校教学水平不高，成绩不突出；缺乏创新的主动性；不善于发现、挖掘团队的优势……

（3）来自分析甄别的建设"标准"：对标能知头寸

围绕"三名工程"项目总体目标，综合研读省、市特级教师和省高中示范校、市义务阶段新优质学校评选条件，青白江区教育局对实施名师、名校长、名校的建设逐步清晰了认识，明确地提出了"三名工程"的"666标准"。

名师成长六大方面：

①政治思想素质过硬，一贯模范履行教师职责，教书育人，为人师表。

②具有教师法规定的合格学历，职称及其履职时限要求。支教经历、农村学校任教经历限制。

③公开课、观摩课、示范课、网课、专题讲座等任务、获奖条件。

④教学成果、教研成果、科研成果。

⑤积极承担培养、指导青年教师工作。

⑥教学任务、听评课、研培要求。

名校建设六大方面：

①学校文化；

②课程建设；

③师资队伍；

④教学质量；

⑤办学条件；

⑥社会评价。

名（园）校长培育六大方面：

①达到教育部"校（园）长标准"；校（园）长任职资格。

②全面贯彻党的教育方针，忠诚于人民的教育事业，公道正派，勤政务实，廉洁奉公，依法治校，民主管理。

③教育思想先进，办学理念清晰，符合教育发展要求。

④有丰富的学校管理经验，把握当前学校管理的改革发展趋势。

⑤对学校发展和建设有系统性思考和研究，形成独到见解，并有较高水平研究成果发表、出版或获奖，得到同行专家认同。

⑥学校办学水平高，办学特色鲜明，社会声誉好。

4.实施路径：政府统筹、专业支持、多方发力、做中实现

实施"三名工程"，区委区政府是坚强后盾，教育优先发展是其充分的体现。"三名工程"的高质量实施是一项较长期而系统的工程，需要突破传统单一的行政式方式，大力共建"政府统筹、专业支持、多方发力、做中实现"的名师、名校（园）长、名校培养建设新局面。

青白江区"三名工程"在政府统筹下，通过政府购买服务建立起区域教育主管部门（青白江区教育局）—培训对象（名师、名校（园）长、名校）—项目承办机构（四川西部教育研究院）—区级教研机构（青白江区教培中心）四者之间的合作共进机制，全面持续发挥专业支持、多方发力的作用，让"三名工程"落实实践之中，实现"管、办、评、研"的项目协作、促进、研究与考核的有机统一。

（1）"管"：明晰合作管理方式和内容

项目启动阶段，在区域教育主管部门（青白江教育局）的召集下，召开了"三名工程"项目实施专题研讨会，此次会议是决定"三名工程"项目建设方向、运行机制的一次重要会议，建立起区域教育主管部门（青白江区教育局）—培训对象［名师、名校（园）长、名校］—项目承办机构（四川西部教育研究院）—区级教研机构（青白江区教培中心）之间的联席制度，对实施"三名工程"建设及其培训的若干问题、推进管理等进行了实质性探讨和部署，砺炼主题、形成合力。

此次会议明确了区域教育主管部门、项目承办机构联合组成的"三名工程"项目领导小组、研究院项目小组，明晰了"三名工程"建设管理的方式和内容。"三名工程"项目领导小组由区域教育主管部门（青白江区教育局）主要负责人（局长、党组书记、副局长）和项目承办机构四川西部教育研究院（院长、执行院长）组成；研究院项目小组设立学术顾问、项目负责人、项目总联络人、名校板块牵头负责人、名校（园）长板块牵头负责人、名师板块牵头负责人及学术秘书，学术顾问由省、市知名学者担任，研究院院长担任项目负责人，其他各板块牵头人均由研究院副院长担任，学术秘书由研究院全职干事担任。

与此同时，青白江区教育局按名师、名校（园）长、名校各板块成立"区教育局项目工作小组"，明确了"项目工作小组"牵头局领导、责任科室、牵头负责人、联络人。从项目领导小组—区教育局项目工作小组—研究院项目小组的项目管理格局，全面实现了从项目统筹策划—各板块推进实施—问题会商解决—目标把控落实的落地生根。

本次会议再一次共同审议了项目目标：通过项目的实施，逐步提炼本区名师、名校、名校（园）长的"培养体系、培养标准、培养模式"，形成可复制、可推广的典型经验和案例。同时希望"三名工程"项目作为整体提升青白江教育教学水平的重要抓手，要切实承担起促进全区教育教学质量提高和办学品质提升的重要任务，实现青白江区教育高质量、跨越式发展。同时，对标四川省人民政府办公厅《新时代深化改革推进基础教育高质量发展实施方案》要求，在即将全面启动的"四个一"（打造一批"德智体美劳一体化发展示范学校"，遴选1000所省级示范性幼儿园、1000所义务教育高品质学校、100所省级引领性示范普通高中、100

所省级特色办学普通高中)学校示范引领工程上有所斩获。

这次会议,对推进落实"三名工程"建设起到了直接的指导和部署作用,是"三名工程"建设全面高质量完成的重要保证。

(2)"办":教育智库全面赋能

四川西部教育研究院(以下简称为"西教院")是一家集教育培训、评估、咨询规划等为一体的综合性教育研究专业机构,2010年3月经四川省民政厅注册审批成立,属四川省社会科学界联合会主管的民非组织。西教院有党政职能、事业发展、学术与策划、教育培训四大职能中心,下设有教育测评、心理健康与家庭教育、基础教育研究(含学科研究室)、学前教育、研学实践、教育会务、国际教育等专门机构。

西教院一直耕耘在基础教育领域,致力于推进教育改革发展,推动素质教育的持续深化,全力助推区域教育、学校和师生不断成功。西教院坚持跟踪教育前沿,在教师培训、教育诊断与评估、区域与学校发展规划、学校文化与课程建设、教学管理与课堂建构、家庭教育、研学实践、社区教育、国际交流等领域提供个性化解决方案。我国著名教育家顾明远先生为西教院欣然题词:"构建教育智库,共圆发展梦想"。我国语文教育专家魏书生先生为该院题词:"乐在教中!"体现了西教院对共建高品质教育的追求和执着。

(3)"评":第三方评估量化达成度

"三名工程"建设项目推进中,引入第三方评估是把控和反馈推进进度与推进效能的必要手段,对名师、名校(园)长、名校建设的目标达成和问题发现起到能动的促进作用。同时,更在于以评价促建设,实现以习近平新时代中国特色社会主义思想为指导,全面贯彻党的教育方针,引导名校、名校(园)长、名师科学和健康成长,发展素质教育的目的。

针对"三名工程"项目建设,第三方评估工作分别在建设中期和建设末期进行,对名师培养、名校(园)长培育、名校建设三个项目进行2次建设评估,产生6份评估报告,客观真实综合地反映"三名工程"建设的进展、取得的成效及其存在的问题,形成地区教育主管部门—项目对象—承办机构三方广泛认同的评价结果。

评价中,始终坚持以下基本原则:

①坚持立德树人、教书育人原则。牢记为党育人、为国育才使命,引导确立科学评价观,确保并引领名校、名校(园)长、名师建设的正确发展方向。

②坚持问题导向原则。从名校、名校(园)长、名师关切,社会关注的问题入手,切实解决"三名工程"建设与评估中的普适性问题及热点、难点问题,助推名校、名校长、名师工程的扎实推进。

③坚持科学客观原则。尊重客观事实,尊重科学规律,改进结果评价,强化

过程评价，探索增值评价，健全综合评价，充分利用信息技术，提高教育评价的科学性、专业性、客观性。

④坚持区域特色原则。植根青白江区项目，源于青白江区实证，凸显青白江区元素，体现新时代评估工作的高度与深度。

评价中，无论是建设中期评估还是建设末期评估，均采用基于"实证研究+量化评估"的方法围绕项目对象（名师、名校长、名校）分别进行观察、访谈、调查和统计，以无限趋近于建设的客观、真实性。评价中所指的"实证研究"，主要是对"三名工程"建设中的名师培养、名校（园）长培育、名校建设所拟定的策略、方法、计划、效果等进行综合分析和评价，明晰正确方向，指出存在的问题。

第三方评价基于"三名工程"建设所实施的量化评估工程分别是：①名校评估标准与实施；②名校（园）长评估标准与实施；③名师评估标准与实施。量化评估工程的各项"评估标准"注重评价的引领性、指导性与验收性功能的统一。

（4）研：青白江区"三名工程"课题研究

青白江区教培中心全面组织实施"三名工程"的课题研究，通过对名师、名校（园）长培养方式和名校建设标准、策略、路径等研究，努力形成具有本区域特征的"三名工程"建设实施系统方案，达成有特色的课题成果，主要表现为：培训目标专业化、培训内容系统化、培训形式多样化、培训模式多元化。

课题组对当前实施的"三名工程"培养培育对象的优势进行了分析，同时一针见血地指出了名校（园）长及名师培养对象们普遍存在的典型问题：

①能做但不能说；

②校长科研能力亟待提高，几乎没有校长领衔做科研；

③校长陷于事务。

鉴于这样的分析，从研究的角度对实施"三名工程"建设提出了行动指导：

①"研、学、做合一"的"三名工程"实施模式：不要以培训方式来实现，核心是提供机会、提供平台。研：研究自己、研究工作；学：学习政策、学习理论、学习他人经验；做：结合学校、结合工作、落到实在。

②坚定核心认知：认同（自我认同、认同规范、认同选择）、信念、理念、理想。

二、青白江区"三名工程"的顶层设计

（一）高质量教师教育

1.培训理念：内驱生发，差异发展

高质量教师教育是地区高质量教育发展的基石，同时教师教育又具有很强的成人教育的特征，属终身学习的范畴。因此，高质量教师教育必须坚持激发内需，顺应差异的原则。"激发内需"就是让所有参加培训的教师，特别是"三名工程"

建设中的名师培养对象通过学习，不断被激发出自我提升的强烈愿望和需求，使一切的进步均来自内驱而生发；"差异发展"就是承认并顺应参加培训教师的差异，包括"三名工程"建设中名师培养对象存在的学历、履职、现有经验乃至世界观、人生观、价值观上的差异和不均衡，通过学习使他们能明晰自己的发展方向和就近发展区，进而确立三年成长目标并为之付出努力和奋斗。

很显然，"内驱生发，差异发展"并不是放逐式、放羊式的野蛮存续，因而在"三名工程"建设名师培养上提出了明确的成长要求：

（1）师德品格：为人师表，练就大家型教师。

（2）理念观念：与时俱进，争当学习型教师。

（3）教学能力：教之有道，成为导演型教师。

（4）科研水平：潜心科研，成为专家型教师。

（5）育人技能：情感建设，成为引导型教师。

（6）专业引领：乐于示范，倡导模范型教师。

这样的要求，旨在使青白江区名师队伍具有高尚的师德情操、爱岗敬业精神和深厚教育情怀，并且业务精湛、专业熟练自立，有自己创新的教育思想和独特的教学风格，在业内有较高的知名度和广泛的影响力，在教育教学和教科研方面有较强的创新指导能力，使其个人专长更加凸显，特色风格更加鲜明，成为引领青白江教育、影响全市及省内外教育的领军人物，成为能辐射带动全区教师专业成长和职业发展的金种子教师、榜样教师。

2.培训策略：需求导向，精准供给；目标倒逼，强化表征

（1）教师专业发展水平"五梯级"

在实施"三名工程"建设的名师培养项目中对教师专业发展水平进行初期的分析和划分，采用"五级梯度"的称谓方式，便于帮助参培名师培养对象厘清自己的层级和水平。

教育家型教师（第一梯级教师）
专家型教师（第二梯级教师）
示范型教师（第三梯级教师）
骨干型教师（第四梯级教师）
合格型教师（第五梯级教师）

青白江区"三名工程"建设名师培养教师专业发展水平"五级梯度"

这样的模型下，青白江区名师培养项目的建设目标就更加清晰：主要是要帮助一批已达到"示范型"（第三梯级）的成熟教师向"专家型"（第二梯级）教师跨越，同时要帮助一批已发展到接近"专家型"（第二梯级）层次的教师突破瓶颈，向"塔顶"层次的"教育家型"（第一梯级）教师跃升，真正做到引领全区、走向全省、冲向全国。

（2）选好培养对象是关键

名师培养是一个系统工程，不同于一般的教师全员培训，其参培对象应全面代表本地区骨干教师的最高水平。因此，选好参培对象与项目成败直接相关。在地方教育主管部门（青白江区教育局、青白江区教研室）—项目承办方（四川西部教育研究院）的探讨中，提出如下建议。

对策建议：基于名师培养的复杂性，一致认为培养对象不能只由上级指定，要参考一定的标准，既有组织选拔，又有群众推荐，更有个人意愿，是多方参与的一个过程。选拔条件，主要考虑骨干教师中在教育教学方面师德高尚、业务精湛、有较好的经验业绩，拥有合格学历与职称以及各类名誉称号，在区域已有一定专业影响，年龄一般在30~50岁之间，同时本人有很强的专业发展愿望的骨干教师。

（3）名师培养难点探析

①全力激发内生动力。名师专业发展，需要外因与内因相结合，特别关键是需要个人内生发展动力；但有时，骨干教师成长恰恰又困顿于职业倦怠、专业发展瓶颈、工作任务事务性等矛盾；因此，本项目明确提出了"基于全程全员内生动力激发"培训策略和设计。

改进对策：在项目筹建和实施全过程，需要建立并忠实执行学员激励机制和配套培养制度，设计相应的能加深教育情怀和唤醒内心动力的课程（如专业生涯规划、愿景树立与目标分解、名师面对面等），激发教师积极性，引导教师自觉转换角色，提高认识，从"要我培训"转化为"我要培训"，同时解决外部环境条件和内驱动力问题。

②减少工学矛盾。成人教育培训有一个不可忽视的问题就是"工学矛盾"问题，这往往成为参培者不能深入学习、深化研究的拦路虎，这是不言自明的客观问题。

改进对策：四川西部教育研究院总结多年的培训经验，针对性地增强其培训的吸引力与导向性，真正落实"因需施培"，并采取更加科学灵活的培训时间安排和灵活多样的培训内容与形式，减少工学矛盾。同时，针对项目实施中存在的一些困惑与难以克服的行政阻力，教育行政部门进行强有力排除和解决，需要培养对象所在学校校长的大力支持配合，才能保障项目目标的高效达成。

③过程考核与质量评价。任何一项培训项目的实施，质量永远是第一位的。由于名师培养工程的复杂性，名师培养标准既是项目实施的重点，又成为项目实施的难点。同时，实行专业的过程跟进，严格的质量监控，才能保证项目实施的效果。

改进对策：探索制订出完善的过程考评和质量评价方案，对名师培养对象的考评采取多元评价主体、多种评价方式（包括与学员间的协商式评价），将定性考核与定量考查相结合、过程性评价与终结性评价相结合、表现性评价与档案性评价相结合、阶段性考核与届满考核相结合进行。对项目实施效果，采取机构自评和第三方他评相结合，实行预前设计、定期评估、反馈调节方式，促使培训效果的有效达成。

④优化项目管理。青白江区名师培养对象150人的群体，完全不同于普通教师培训，不仅涉及中小学全部学科、学段，而且还有近百人专业服务团队，如何实现目标认同、课程认同、行为趋同等问题，将直接影响项目管理成效的优劣与成败，极具难度。

优化对策：成立专业项目管理工作组，建立健全项目管理制度，创新项目管理措施，分层分类建立多种形式的研修共同体，采用集体组织、自我管理、学员个人档案袋评价管理和学分制管理多种工具与模式，使项目实施有序进行。

3.项目实施总体框架

基于以上的综合分析，青白江区"三名工程"之"名师培养"项目在实践的基础上总结出以下项目实施成果框架，以深化教师教育培训工作开展与落实。

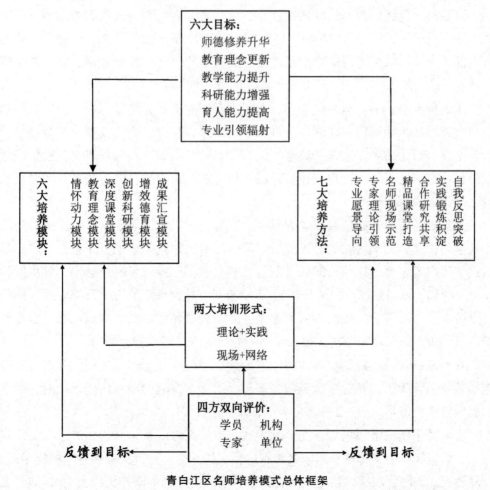

青白江区名师培养模式总体框架

4.名师培养路径

在深入全面需求与现状调研的基础上，为全体学员们设置了专业必修类课程（专题讲座、名师引领、专题研修、名师工作室探访等）和个体成长课程（岗位练兵、科研课题、著书立说、带徒指导、教学示范、网络精品课程、名师工作室等）两类课程，旨在不断磨砺参培学员的执教能力和名师品格。

大家认为名师的成长实际就是岗位能力的成长。这包括成长意愿的唤醒、专业认知的更新、成长手段的习得、成长过程的积累、经验成果的提升和示范引领的跃升。从培训的角度讲，这是一个"从外到内又从内到外"的学习过程；从教师个人成长的角度看，这又是一个从自愿到自觉再到自省的内力提升的过程。因此，以培训促进其发展必须要有较为适切的帮扶途径和平台。

①理论引领。结合大部分学员的进步水平，分期分步地开展理论引领性高端培训，如：名家专题讲座、教育论坛、省内外高校考察培训等活动。

②实践锻炼。分步开展实地考察、基地实践、挂职锻炼（影子培训等）、援教指导、在岗实践等活动。

③公开示范课。教师的阵地在课堂，以任务为内驱力，变压力为动力，在实践性导师指导下，每位名师学员上好1~2节高级别公开研究课是培训中必须完成的规定任务之一，旨在能帮助教师形成自己的教学特色乃至教学风格，专业教学能力再上一个台阶。

④典型示范。举行典型推介会，在四川西部教育研究院和青白江教育局网站上建立青白江名师网页，在网站上推介学员精品课视频、微课视频、教育教学及管理论文等研修成果。入选"典型"的学员必须具备如下条件：有自己独到的教学思想，有自己系统的管理或教学方法，有正式出版的教育专著或有介绍自己独特思想和实践的文章。

⑤基于科研提升的项目式学习研究。实施"一人一课题、一人一主题"的项目式学习，贯穿名师培养的全过程。学员的项目式学习完全植根于教育科研，项目式学习内容主要包括提出问题（项目选题）、规划方案（项目设计）、解决问题（项目执行）、项目结题（研究报告）、评价反思（项目展示）五个环节。这样的设计主要在于帮助学员关注教育教学改革，发现教材课程改革热难点问题，运用教育科研手段加以研究和解决，提升学员的教育科研意识和行为能力。

⑥阅读+写作能力晋升。培训中，广泛要求参培学员进行自主研修学习，主要包括教育名著阅读、专业论文查新和基于小组学习交流的网络研修。同时，要求所有参培学员每年至少有2~3篇文章发表或参评获奖。

⑦名师工作室带教培训。充分利用省、市、区内以及省外的知名名师工作室资源，组织领衔专家对培养对象实施帮、带、扶、引，进行现场指导、榜样示范、行动矫正。同时，在区内组建一批优秀名师学员的"名师研修工作室"，组成"名

师学习发展共同体",并实现对低层级青年教师的引领和指导(每人带1~5名"低层级"青年教师并签订协议),加快青白江全区各级教师共同成长步伐。

⑧论坛与巡讲交流。每年举办一次"青白江区名师和名校长论坛",三年论坛的主题从体现发展连续性上进行确定,年段选题如下:

2021年论坛主题:"问成长之道 思发展蓝图"——当代名师专业发展的自我设计。

2022年论坛主题:"循专业之道 铸名师素养"——当代名师专业发展成果展。

2023年论坛主题:"悟教育之道 树名师风范"——当代名师教学思想展。

⑨导师"一对组"或"一对一"指导。

(二)高素质校(园)长队伍培育

1.什么样的校(园)长可称为名校长?

什么样的校(园)长才能称为是名校(园)长?这是项目举办伊始就困扰大家的一个实践命题。名校(园)长培养项目中的参培对象,从培训开始到参培后的很长一段时间,他(她)们会不会得到社会大众的认可,能不能成为名校(园)长,很难有一个明确具体的标准来衡定。名校(园)长的评价标准,是一个需要研究的课题;同时,名校(园)长的培养标准,则是在项目实施中应不断厘清又不断修正而持续助力的事项。

正是带着这样的思考,从名校(园)长成长的关键要素出发,试图建立一些可视化的行为表征,以实现项目指引。可视化行为表征归结为三大关键性指标:一是名校(园)长的精神境界,主要表现在自身对各种教育关系的理解和处理及其行为自主性等;二是教育主张与管理风格,主要体现在科研方面,要凝练出自己的专业主张;三是专业影响力,包括讲学,发表文章、出版物等。

2.名校(园)长培育的目标指向

任何一位校(园)长的成长都具有从任职初期到任职熟悉期(中期)再到治校成熟期的进程,名校(园)长培养就是要帮助参培校(园)长们缩短和丰厚从熟悉期到成熟期的距离与厚度。依从这样的项目效能分析,结合本次参培校(园)长的对象特征将培训具体目标确立为:

(1)职业格局增强,参训校(园)长精神境界提升;

(2)知识结构调整,综合素养全面提高,更适合未来教育需求;

(3)管理习性改造,治校能力更加适切强大;

(4)领导能力提升,既得心应手,又高屋建瓴。

这既是基于名校(园)长成长的普适性要求,更是结合本地区学校未来发展的需要。本次名校(园)长遴选,地方教育主管部门(青白江区教育局、青白江区教培中心）—项目承办方（四川西部教育研究院）双方进行了遴选对象—遴选方式的研判和确立，采用了"自愿申报—组织考察—笔试—答辩—综合评分"的方式进行对象遴选。最终遴选出30名在任校（园）长作为培育对象，他们具有以下特征：一是市级优秀校长、特级校长，是本地区省级示范校实验学校的校长群体，在教育教学和管理领域有一定贡献，已经拥有各类名誉称号，在全市已有一定专业影响，年龄一般在45—50岁之间，既是培养对象，又可作为培训者角色之一；二是区级优秀校长、特级校长，中青年骨干校长，通常在2个及以上学校工作过，且业绩突出，得到教育局及同行认可，在本区范围内有一定影响，教龄在10年左右，年龄在30—45岁之间，可作为主要培养对象；三是市区级其他荣誉获得者、后备名校长，在备选优秀校长中产生。

　　这样的参培对象特征，具有很强的地区特征，也是促进当地教育发展提升学校办学格局的关键力量。因此，名校（园）长培育的概念应该是广义而宽泛的，但一定是适合本地区校（园）长成长特别是名校（园）长培育所需要的。站在校（园）长专业化成长的视野中，坚持在名校（园）长培育工程中倡导校（园）长把握并努力实现自身的六重角色定位：

　　（1）强校规划者：要有与时俱进的强校意识并制定兴校规划，结合学校实际，对学校现状作出诊断，梳理并明确学校的办学理念，用明确的办学理念来确定学校的办学方向、主要目标和推进路径，成为学校突破发展瓶颈的变革规划者。

　　（2）管理改进者：要依据强校工程的规划，分解目标，阶段部署，依法治校，选拔、培养和使用学校干部，跟踪目标，解决问题，确保规划落地，稳定实现学校的突破发展，达到兴校的目标。

　　（3）发展引领者：要成为新理念的引领者，成为教师专业发展的引领者、组织者，在教育教学业务中成为课程开发、课堂教学和教学评价的推动者、促进者，在学生中成为学生发展的人生导师。

　　（4）资源整合者：要用资源者的观念来理解、解释青少年成长中的教育问题，创新习惯养成教育，实现五育并举；要具有经营学校的意识，用经济原理分析学校管理问题，提高管理效率；借鉴市场营销、成本控制、无形资产运营等企业运作的理念来突破学校的劣势，充分调动教师的积极性，化弱为强，将经济智慧和教育智慧、经济规律和教育规律有机整合，构建适应强校工程要求的具有鲜明特色的校本发展模式。

　　（5）专业研究者：不仅自己应具有科研能力成为学术带头人，更主要的是要明确自己学校的教育科研定位，结合学校的教育教学和管理工作实际，设立有特色的学校科研项目，在实施和管理学校的工作中构建教师的学术新生活，成为学校学术活动的组织者和推动者。

　　（6）外部调适者：要有超越眼光，学会跳出学校看学校，充分挖掘学校层面、教育行政层面、教师层面、家长层面、学生层面和学校所在社区、社会层面的相关优质资源，综合利用，统整开发，更新学校的教育资源结构，打开突破口，不断开创新局面。总之，要以校（园）长多重角色定位为出发点，从实际需求出发，进行学习培训设计，使参培校（园）长成为学校发展的积极思考者、规划者、实践者和成功者。

3.名校（园）长培育的总体框架

名校（园）长培育，属于特定群体的提高培训。从校（园）长专业发展标准和任职资格要求来看，参训校（园）长属于经验型校（园）长，已经具有相应的任职资格和履职能力，处于提升发展阶段。他们的特点集中体现在，已经掌握了履行岗位职责所必备的知识和技能，并具备相应的经历、能力和资格，个性化提升需求比较明显，培训需要强调针对性、实践性、互动性、生成性，帮助参培校（园）长树立正确办学思想，提高高履职素养和责任担当。

总之，名校（园）长培育要关注提升参训校（园）长的教育理念，开拓创新能力和科研引领能力，培养参培校（园）长的超越视野与超越能力。依据这样的认识，名校（园）长培育课程坚持以"研究问题、学习知识、交流经验"为重点，围绕学校规划与行动方案、校长领导力的理论与实践、校长的研究能力、特色引领等内容，采用专题为主、动态发展的"内生"课程设置模式，既满足普适性理论学习，又结合学校办学实际促进校长的个性化成长。

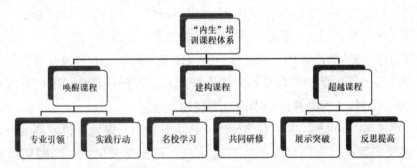

青白江区"名校（园）长培育"模块化"内生"课程体系层进关系结构图

"名校（园）长培育"模块化"内生"课程以三年培训为周期进行设计，分为"唤醒"—"建构"—"超越"三个纵向推进阶段，以实现"动其心、增其能"的培训效果，提升校（园）长领导力。同时，纵向推进三个阶段又分为"专业引领—实践行动""名校学习—共同研修""展示突破—反思提高"逐层递进的动态层级，以达到校长专业能力的螺旋递进，逐级上升。

4.名校（园）长培育的实践路径

名校（园）长培育不同于一般的初级型的校（园）长任职资格培训，它的参训对象既是参培者更是培训的共同建构者，因此课程实施要达到"唤醒"—"建构"—"超越"的预期效果，需要在若干环节帮助参培校（园）长们共同进步和提升。

（1）集中培训，专家引领：包括专题讲授、案例分析研讨、参与式培训、情境模拟、观摩体验、互动交流等。

（2）考察研修：积极开展 "问题导向" 的学校专项主题考察和研修，根据培训主题，深入优质名校观察学校的管理实践和校长的管理行为；按学员小组认领学习任务，对考察学校与自己任职学校进行对比分析，撰写考察报告和本校改进提升方案，小组汇报总结。

（3）任务驱动式研修：在学员培训纵向推进的不同阶段，设计针对性强、综合性强、学术性强、个性化强的学习任务供学员选择，配置相关领域具有全国一流学术水平的专家作为 "一对一" 指导导师，指导帮扶学员完成学习任务，促进学习、反思与成长。

（4）案例迭代学习：案例迭代属于一种项目式学习的方式，其要求是将学校实践成果与培训新知结合起来，固化迭代生成新案例，指导校长和学校的实践与发展。案例迭代学习，目的在于促进校长内生动力的持续建构与自主探索、研究与实践，三年内实现多次迭代。基于各自学校实际的案例迭代学习是以任务驱动为核心的创新实践，其主要任务概况如下：

①项目任务1：前序学习。参训学员在培训前，结合网络学习前置课程，结合学校实际，开展自我专业发展诊断活动，并形成自诊报告。

②项目任务2：规划发展。在集中培训考察研修的基础上，通过专家指导，学员共同体共学互学，形成自我专业发展三年规划及行动方案。

③项目任务3：助推学校。通过学习共同体及研修学习的后续服务，结合学员学校的办学实践，依据学员自身的专业发展规划，进行过程性、建设性互评，形成建设性互评报告，着力并回归自身学校的发展。

④项目任务4：问题探究。在建设性互评的基础上，聚焦学校发展（校长专业发展）瓶颈问题进行调研、分析—查阅文献，进行文献研究—问题甄别或界定（内涵、外延、特征、价值）—解决方案论证，完成实践导向的作业—学校突破薄弱提档升级方案或学校管理全面改进提升方案及教育教学管理论文、考察报告。

⑤项目任务5：科研助力。参培校（园）长需要借助教育科研手段，开展导向研修部分专题的学习——以个体或学习共同体的方式完成微课题研究，直至问题解决，并参与汇报答辩。

上述任务以彼此互为进阶为基础，同时又相互包容，螺旋上升。此外，为名校（园）长培育需要提供了更大更丰富的 "对话" 平台。

（1）网络学习平台：四川西部教育研究院结合培训课程设置，为参培校（园）长提供强大的网络研修平台，支持和丰富的前置课程，网络研修对全体参培校长无限期开放。有针对地组建学习与发展共同体，搭建网络研修后续跟踪指导平台，专家定期"坐诊"，答疑解惑，远程指导学员返校后的难题，帮助其持续提升。

（2）答辩学习：参培学员以学校改进突破促进校长专业发展为主题，在形成方案报告的基础上，四川西部教育研究院组织实施学员专题汇报答辩，全程专家指导，巩固提高培育效果。

（3）成果展示：本项目高度重视学员们的学习输出，课程学习进阶中，"输出即学习"是名校（园）长培育的重要理念之一。青白江区名校（园）长培育课程，坚持每年1次"校长论坛"，与青白江区"三名工程"建设的名师培养和名校建设主题相容相同，相互补充完善。同时倡导理论与实践结合的学风，加大自办西部教育论坛、名师名校网、四川西部教育研究院官网、官微公众号和合作展示平台四川教育电视台《名师名校名校长》栏目、《教育界》杂志的报道宣传，帮助校（园）长输出办学管理经验与思想，扩大影响力。

5.关于"培育"的思考："培育≠培训"

名校（园）长培育，"培"是必要的基础，"育"才是助推提升的真正手段。实践的经历使大家深刻认识到：一切纯粹理论讲座式的学习不再切合于名校（园）长的进阶需求，简单地说就是"培育≠培训"。因此，名校（园）长培育的课程应该是基于学员实时层级的动态化体系。就培育课程而言，设计主要聚焦在以下方面：

（1）课程模块优选：结合参培校（园）长的实际，名校（园）长培育的课程模块优选确立为四大模块：学校规划与行动方案、校长领导力的理论与实践、校长的研究能力和特色引领。很显然，这些都直接对接于校长的学校办学实际。

（2）课程递进逻辑：课程推进与名校（园）长已具备的能力相适应，不仅注意培训课程的内在联系，聚焦培训对象所面临的真实任务情境的问题解决，又体现三年培育期的螺旋上升。

（3）成人学习特点：结合成人在职学习和教育发展的特点，课程实施既理论联系实际，准确定位培训主题，又精准把握学员学习心理和现实需求，实施以动态管理的培育培训，按需调整、按层级调整。

（三）高品质学校样板塑造

1.关于高品质学校的思考

（1）政策线路

学校办学的根本任务是立德树人，办学的宗旨是为党育人、为国育才，伴随着《中共中央　国务院关于深化教育教学改革全面提高义务教育质量的意见》、中共中央办公厅　国务院办公厅《关于深化新时代学校思想政治理论课改革创新的若干意见》、中共中央　国务院《新时代爱国主义教育实施纲要》、中共中央办公厅　国务院办公厅《关于进一步减轻义务教育阶段学生作业负担和校外培训负担的意见》、《中共中央 国务院关于全面加强新时代大中小学劳动教育的意见》、《国务院办公厅关于新时代推进普通高中育人方式改革的指导意见》和教育部《义务教育课程设置实验方案》、《教育部关于进一步加强中小学艺术教育的意见》、教育部《全面推进依法治校实施纲要》、教育部《中小学德育工作指南》、教育部《中小学综合实践活动课程指导纲要》、教育部《大中小学劳动教育指导纲要（试行）》等教育政策的颁布，新时代高品质学校的发展方向更加明确。青白江区"三名工程"项目中，名校建设堪称是全区学校改革发展的塔尖工程，具有先行先试的实践意义，建设中始终坚持在以下六大方面着力：

①坚持立德树人，着力培养担当民族复兴大任的时代新人。
②坚持"五育"并举，强化学校课程建设，全面发展素质教育。
③强化课堂主阵地作用，切实提高课堂教学质量。
④按照"四有好老师"标准，建设高素质专业化教师队伍。
⑤深化关键领域改革，提升学校教科研能力，为提高学校办学质量创造条件。
⑥加强组织领导，充分协调学校内外部关系，开创新时代学校改革发展新局面。

（2）实践线路

基于对国家深化教育教学改革系列政策的深刻理解，青白江区委、区政府、区教育局提出了区域教育发展和质量提升的"人才攻坚、质量攻坚、品牌攻坚"战略目标。从全面树立和提高学校办学品质的角度，实施"名校建设"就是要在区域范围内打造出一批具有可持续发展能力和示范引领能力的未来名校。

什么样的学校是高品质的？其检测标准在当代是非常明确而响亮的。"坚持立德树人，着力培养担当民族复兴大任的时代新人""坚持五育并举，全面发展素质教育"，这绝不是一句口号。其直接指向学校的办学目标、育人理念、课程方案、实验实践、教学管理、评价机制、回馈机制、依法办学、民主建设等既常规又关键的领域。任何一所名校，不管是传统的还是未来的，最终绕不开自己独特而富有时代气息的明显特征，但这绝不是唯分数、唯考试、唯名次而名。

名校之所以名，其最主要的就是在学校办学的关键领域敢于创新并持之以恒地加以研究、实践、总结、运用。学校办学的关键领域既需要抓好共性领域的建设，又需要结合学校办学历程抓实个性设计和实践。名校建设中，抓好抓实党组织的领导、学校文化体系、"一校一案"的学校课程实施方案、"四有好老师"专业化教师队伍建设、课堂主阵地建设和劳动教育实践、创新教育实践、体质锻炼等方面的建设，对促进学校的名校工程建设具有积极的奠基作用。

2.区域高品质学校建设的营造画像

关于名校，是一个百家争鸣的问题。在青白江区"三名工程"的名校建设过程中，一直坚持并秉持这样的认识：

（1）名校之名，在于与时俱进，在于不断地自我革新，在于敢于坚持与否定。

（2）名校之名，在于其内在的蕴含和典型表征，如名思想、名文化、名机制（管理）、名课程（方案）、名措施（课堂）、名教师、名研究（实践、实验）、名校（园）长、名成果、名美誉等。

（3）一所学校的发展有其背景和历史，名校之名应各名其名。

因此，高品质的学校应各名其名，百花齐放，历久弥新。基于这样的辨识，青白江区名校建设工程的实施就有了如下的营造画像：

（1）厘清名校建设内涵确立发展方向

名校建设是一个整体性、策略性、共进性的巨大工程，教育高质量发展时期的名校建设，基本着眼点首先在于厘清新时代名校建设的时代内涵，针对青白江区区域和学校发展要求，确立名校建设理念和发展方向。

（2）以党建立根统领学校文化提升办学品质

学校文化是学校实施办学行为的出发点和依据，新时期党建立根统领学校文化建设是贯彻落实党的教育方针，全面实施"五育并举"素质教育思想的重要保证，对实现学校办学品质提升具有时代意义。

（3）突出学校德育主体地位贯彻落实立德树人根本任务

教育高质量发展对学校德育建设提出了新要求、新任务、新课题，突出学校德育主体地位，承载时代使命，全面落实立德树人根本任务，努力培养中国社会主义事业的建设者和接班人。

（4）以"五育融合"探索促进学校育人模式变革

学校课程体系建构的理念决定学校教育教学改革发展的品质和进程，以"五育融合"建构全新学校课程体系，对全面落实素质教育，培育师生核心素养具有直接的作用。

（5）以"队伍强基"战略奠基学校可持续发展

贯彻落实立德树人根本任务，大力推进"五育并举"办学改革，全面实施素质教育，培育学生核心素养，这有利于学校教育教学管理和师资队伍的全面提升，实施"队伍强基"战略，为学校的可持续发展和教学质量跨越提升奠定优良基础。

（6）激发学校内生动力助推学校品牌特色发展

激发学校办学活力，才能从根本上促进学校可持续的个性化、特色化、品牌化发展。名校建设中，充分利用自身优势和特点，扬长不同学校的办学特色，不断提升学校办学核心竞争力，形成一批极具影响力的品牌特色中小学、幼儿园。

3.区域高品质学校建设分析

名校，之于传统，我们常常习惯于行政和社会辨识上的划分，诸如社会辨识上有"知名学校（传统名校）"，而行政意义上有"优质学校""窗口学校""特色学校""新优质学校"等称号。名校的建设，既应该遵从省市各类称号学校的创建，又应该站在新的历史发展时期对学校办学进行重新审视和再建设。

新时代的"名校"，应该是被赋予了新时代教育高质量发展若干核心内涵及其明显表征的高品质学校。如果能够用一句话描述，就是"五育并举，高质量办学，有社会影响力。"从一定程度上说，新时期的名校建设，虽然大家的起点都是一致的，但必须要有样板校的带动和探索，名校建设工程应运而生。

青白江区名校建设，正是带着对新时代教育改革发展的思考，选择性地进行区域学校建设新探索，旨在初步形成区域高质量学校建设的学校样本，归结区域高品质学校关键领域的发展特征，以此带动全区学校的优质均衡发展。这样的特征可以概括为：

(1) 思想高站位

(2) 学校高品位

(3) 队伍高素质

(4) 办学高质量有特色

(5) 社会高认同

经过综合分析，全区学校的发展形成了以名校建设为龙头，实施"筑塔顶、强塔中、带塔基"的推进策略，同时明确了塔顶、塔中、塔基学校的发展要求：

(1) 塔顶层学校："强示范、固品牌"

(2) 塔中层学校："创一流、树品牌"

(3) 塔基层学校："找差距、求发展"

青白江区的名校建设对象是作为本地区未来名校而精选出来的学校，覆盖学前教育、义务教育和高中学历教育各学段，旨在通过名校工程建设构建起全区学校的新塔顶。

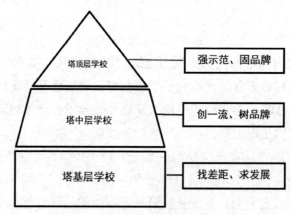

青白江区高品质学校规划建设样态设计

经过综合性分析，青白江区"三名工程"建设项目的名校建设确立了大弯中学、大弯小学、实验小学、清泉学校和巨人树幼儿园等五所学校（幼儿园）为名校建设对象，它们分别分属于高完中、义务制小学、九年一贯制学校和学前教育学校等类型，基本涵盖了本区除职业学校（注：本区的职业学校为市属的中专学校，主要由成都市教育局主管）外的所有学校类型及地区分布，具有相当强的区域代表性。这批学校可谓是青白江区名校建设的样本学校，其建设的目标就是：强示范、固品牌。

4.实施高品质名校建设的指导思想

青白江区名校建设是承载新时代历史使命，实现学校办学转型和教育现代化，为中国社会主义事业培育建设者和接班人，建设一流教育强区的重要举措。实施高品质名校建设，需要基于全区学校现况和目标的分析实施顶层设计，进而科学确定建设目标、过程促进、检测评估等措施和方法，其核心是激发学校办学质量提升的内驱动力，强化创立时代新品牌的决心，找到实现目标的策略、方法和路径。

青白江区名校建设全面做到了以教育局"人才攻坚、质量攻坚、品牌攻坚"战略目标为导向，以中小学校课程改革和育人模式变革为抓手，以"五育并举、内涵发展"为路径，围绕立德树人根本任务，突出学校德育主体地位和文化育人功能，强化干部、教师队伍建设，提高办学水平和教育质量，以此打造出一批具有可持续发展能力和示范引领能力的未来名校。具体建设过程中牢牢抓住以下关键点进行分步推进、分步落实：

（1）名校认知和建设管理思路的达成（顶层设计）

（2）科学确定项目学校（准入条件）

（3）名校建设内容的确立与落脚点（时代要求）

（4）预设目标的确立（可操作、可实现性）

（5）项目建设的过程促进（调研、评价、验收）

聚焦对象学校，对各校各园则采取了"分校（园）决策、弘扬优势、关键领域、重点发展"的实施策略，重点实现"学校管理水平和教育教学质量提升、教师队伍建设出成效、教师教育教学竞赛获市级以上奖励数量明显增加、学校知名度明显提升、改革经验及特色建设在省级以上推广"等建设指标。

5.高品质学校建设的实现路径

（1）名校建设的价值取向

无论是名校建设样本校的建设还是全区塔基、塔中层学校的办学提质，都是以学校办学转型回应"培养什么人？怎样培养人？为谁培养人？"的时代命题和时代要求。因此，确立名校建设的价值取向尤为先决和重要。建设中，必须坚持以下价值取向：

①"五育并举"实现育人价值——学校办学目标与课程

②"五育融合"统整学校育人——学科研究与转型实践

③"开发情境"聚焦育人实际——教师成长与育人模式变革

④"差异发展"构建学校特色——特色构建与品牌塑造

（2）构建四方合作模式

区域性名校建设，需要地区教育主管部门（青白江区教育局）、地区教育研培机构（青白江区教培中心）、对象学校和项目承办方（四川西部教育研究院）四方合作，共同实践"地区高品质学校样板校建设共同体——ABCD四环模式"。四方合作的内容包括：对象选择合作、制度激励合作、过程监控合作、成果培育合作。同时，各方又在合作的基础上各尽其职、各尽其责，密切配合，集思广益，同心协力。

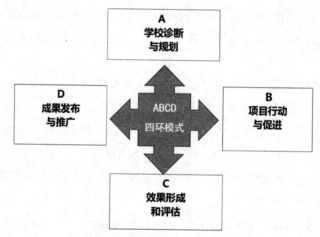

青白江区名校建设"ABCD四环模式"

"ABCD四环模式"不是简单循环的回路，而是一个"从A到B、从B到A"多向往复，再到"从B到C、从C到B—从C到D、从D到C"多向往复的螺旋递进，一般以学年度为周期实施不同主题的分类推进和实施。

（3）坚持创新驱动

概括起来主要归为两类创新：管理创新、实践创新。创新驱动的主要方面为：①理念创新：主要是办学理念和管理理念的创新；②机制创新；③课程创新；④课堂创新；⑤研修创新；⑥活动创新；⑦共育创新。

（4）坚定"做"中提升

建设中，始终坚持并坚定地实施：名校是干出来的。名校建设，是实践，是行动，是"做"出来的。坚持"实践→反思→再实践→总结提升"循环模式，坚持做中学、做中思，做中改进、做中完善。

作为名校建设的对象学校，必须明确"自己想做什么、能做什么、做到什么样、应该怎么去做"等问题，才能实现"我要发展"的愿望。对象学校只有不断焕发内生动力，发挥主体担当，才能不断实现对自己的跨越，实现高品质的自我发展。

（5）强化持续评价

中央全面深化改革委员会《深化新时代教育评价改革总体方案》中对教育及学校办学质量评价提出了新要求："改进结果评价，强化过程评价，探索增值评价，健全综合评价"。在地区性高质量学校建设中，如何以评估（评价）促建设是一项崭新的课题。在本次建设中，我们探索性地进行了《青白江区名校建设评估标准》的研究，旨在持续不断地引领和激励学校发展，促进对象学校的自我完善。

三、关于"三名工程"的推进

（一）联席会议制度

自"三名工程"启动之初，区域教育主管部门（青白江区教育局）、项目承办方（四川西部教育研究院）就建立起良好的联席会议制度，定期召开围绕"三名工程"建设总体推进和名师培养、名校（园）长培育、名校建设单独主题的研讨会议，一般以学期为单位举行，会议主题一般分为两个大类：一类是学期建设规划研讨会；二类是学期建设汇报暨问题磋商会。参会人员包括"三名工程"建设领导小组、"三名工程"工作小组、对象学校校长和项目工作组全体成员。

1.建设规划研讨会：学期初举行，主要议题为学期"三名工程"建设总体安排和名师培养、名校长培育、名校建设分项计划研讨。

2.学期建设汇报暨问题磋商会：学期末举行，主要议题为学期"三名工程"建设规划和名师培养、名校（园）长培育、名校建设分项计划完成情况及存在问题汇报。

建设的经验再次说明，良好而固定的会商形式对有效推进"三名工程"建设起到了积极的协调作用，参与各方平等协商，效度良好提升。

（二）项目执行管理

1.完善管理机制

青白江区"三名工程"自2021年1月立项后，迅速成立了以区分管教育副区长和西部教育研究院荣誉院长为总顾问、区教育局局长为组长的青白江区"三名工程"项目领导小组，领导小组办公室于1月9日下发了《关于成立青白江区"三名工程"项目领导小组和工作专班组的通知》，组建了名师培养、名校（园）长培育和名校建设三个板块的工作专班，明确了三个专班的负责人，建立了包括"加强组织领导""健全工作机制""加强宣传引导"在内的保障机制。

2.实施扁平化管理

2021年5月，青白江区"三名工程启动仪式"在大弯小学举行，自此青白江区"三名工程"全面拉开序幕。在由区域教育主管部门（青白江区教育局）、项目承办方（四川西部教育研究院）共同组建的"项目领导小组"的共同领导下，"三名工程"建设推进实施"总体策划、分项对接、分类实施"的扁平化管理。

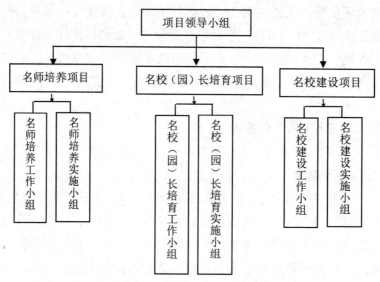

青白江区"三名工程"建设执行管理结构图

（1）名师/名校（园）长/名校建设工作小组：由区域教育主管部门（青白江区教育局）的主管科室（区教师管理服务中心、人事与教师工作科、普通教育科）人员组成，主要负责对应名师培养、名校长培育和名校建设的工作落实及进程进行督导。

（2）名师/名校（园）长/名校建设实施小组：由项目承办方（四川西部教育研究院）的项目顾问、首席专家、专家团队、服务管理等人员组成，一项一组，全面负责名师培养、名校长培育和名校建设的项目推进和实施。

（三）任务清单制度

2021年1月至4月，青白江区"三名工程"名师和名校（园）长培养工作组分别启动了名师、名校（园）长的推荐选拔和审批定员工作，经过自主报名、学校推荐、对标选拔标准、考查答辩等环节，最后确定了培养对象人选；名校建设工作组制订了"青白江区名校建设学校遴选量化指标与评选方案"，从15所申报学校中选择了5所学校作为名校建设的对象。至此，"三名工程"全面启动。

"三名工程"建设中，名师培养、名校（园）长培育和名校建设各项目全面实施"任务清单"管理的方式，对标建设目标，分类分步达标。

青白江区"三名工程"建设项目名校建设任务清单（学期任务选摘）

青白江区名校建设项目工作推进表					
学校名称	项目内容	项目推进情况	存在问题	下一步工作安排	完成时限
大弯中学	1.学校整体发展规划				
	2.成果集				
	3.校长论坛				
大弯小学	1.学校整体发展规划				
	2.成果集				
	3.大美育或60年校庆展示				
实验小学	1.课程体系建设				
	2.办学理念体系				
	3.学校整体发展规划				
	4.成果集				
	5.成果彰显活动				
清泉学校	1.学校整体发展规划				
	2.成果集				
	3.九义校联盟年会				
巨人树幼儿园	1.幼儿园整体发展规划				
	2.成果集				

（四）项目融通建设

"三名工程"建设中，名师培养、名校（园）长培育和名校建设既是可以相互独立开展的单独项目，同时又是密不可分的有机整体。学校的高质量发展离不开校长和教师，校长、教师的专业发展也必须落脚在学校的办学实践，这是唇齿相依的关系。因此，在区域统筹推进"三名工程"建设，非常有利于本地区的名师培养、名校（园）长培育和名校建设，这不仅是一次大胆的创新，其更重要的意义是完全可以实现名师培养、名校（园）长培育和名校建设间的高度契合。"三名工程"建设实践中高度重视以下融合融通实践：

1.名校建设必须植根于学校管理团队的整体提升，全面服务于学校文化体系、课程体系、师培系统、教学体系、评价体系、服务体系的重构和迭代。

2.名师培养、名校（园）长培育必须回归于学校办学和教育教学改革，全面服务于学校师生的整体提升和差异化发展。

3.全区名师培养、名校（园）长培育和名校建设是一项整体性工程，跨校际交流合作、示范引领成为一种必需。

4.教育教学改革不仅限于自身专业范畴，校（园）长、教师必须要拓宽视野，强化提升跨专业、跨学科、跨领域的学习和能力。

5.无论是教师，还是校（园）长和学校，都必须要自觉地全面提升教育科研意识。全面提升教育科研手段和能力是化解办学质量问题的科学手段，主动以成果立名，以成果立身。

◎ 第三章 ◎

青白江区名校（园）长培育策略和路径

2022年，教育部办公厅印发《关于实施新时代中小学名师名校长培养计划（2022—2025）的通知》。旨在帮助教师校长进一步凝练教育理念，提升教育教学、办学治校能力，着力培养造就一批能够引领基础教育改革发展的名师名校长，支持他们发挥示范引领作用，带动更多教师校长发展。因此，新时代发挥名校（园）长的引领作用，促使更多名校（园）长涌现，推动基础教育高质量发展。而研究名校（园）长群体的特征可以让我们加深对名校（园）长成长规律的认识，为进一步探索名校（园）长培养路径提供借鉴。

一、青白江区名校（园）长专业行为辨识

（一）青白江区名校（园）长专业行为特征

人们常说，一位好校长就是一所好学校。陶行知说："校长是一个学校的灵魂，是学校牵一发而动全身的命脉"。蔡元培之于北大、梅贻琦之于清华，张伯苓之于南开，窦桂梅之于清华附小，于漪之于杨浦中学，都有力地说明，一位素质高、业务精、能力强、有人格魅力的校长，对于一所学校形成良性的管理机制和深厚的校园文化，培养有理想、有本领、有担当的时代新人是多么重要。因而，校长作为学校的灵魂，必须用专业的功底做校长，用榜样的力量做校长，用责任的担当做校长，用情感的渗透做校长，用"尽心"和"追寻"的精神做校长。

名校（园）长有教育信仰。信仰是力量的源泉，是前进路上的指路明灯。一个没有信仰的人，不可能在自己的行业中大有作为。名校（园）长应该具有"为党育人，为国育才"的教育信仰，为学生和教师的健康快乐成长贡献自己的全部力量，让每个学生都成为最好的自我，让每一个教师都成为一个幸福的教师，让

自己的学校成为让人真正成为人的地方。信仰要变成自己一切行动的指南，变成自己一切行动的力量源泉。

名校（园）长有教育情怀。校（园）长是否有教育情怀是判断一个教育工作者是否合格的第一标准，也是校（园）长是否有人格魅力的第一把尺子。很难想象，一个不热爱教育，对教育没有执着追求精神的校（园）长能做好教育。校（园）长应具有"捧着一颗心来，不带半根草去"的职业奉献精神，有高尚师德的价值追求，有教育情怀，才能感觉到自己肩上责任的重大，才能敢于担当，才能凝聚人心、完善人格、开发人力、培育人才造福人民的价值体现。因此，名校（园）长的心中始终应装着学校，装着教师，装着学生，一切言行都是为了教育的高质量发展。

名校（园）长有教育思想。没有思想教育的校（园）长肯定不是一个合格的校(园)长，教育思想不能与时俱进的校（园）长肯定不是一个好校（园）长。名校（园）长要真正懂得学生和教师的身心发展规律，教育教学规律，社会发展规律。让教育面向人性，面向生命，面向成长。教育思想要随着实践的发展而不断地与时俱进，不能故步自封，要不断分析新形势，提出新问题，研究新理念，让自己的教育思想跟上时代的脚步，要善于在逆境时看到光明，在光明时看到危机，时刻提醒自己做一个最具思想力的校（园）长。

名校（园）长有创新精神。要不断用自己的新思想指导自己的工作行为实践创新，教育观念上要创新，工作思路上要创新，学校治理上要创新，学校文化建设上要创新，引领学校发展上要创新。创新不是功利主义的搞花样和形式，学校不要天天搞这个工程，那个提升，这个检查，那个评比，增加负担，事倍功半。而是要让我们的行动真正符合师生发展，符合师生发展规律和学校教育发展规律，让教育不断回归本真，让教育成为让人真正成为人的事业。

名校（园）长有责任担当。面对问题重重的功利主义教育，校（园）长应该如何面对现实与挑战，这不仅是对我们能力的挑战，更是对我们良心和胆略的挑战，是人云亦云还是敢于直言，是亦步亦趋还是开拓创新，是怨天尤人还是寻求出路，是无所作为还是积极进取，需要我们的校（园）长果断抉择。面对功利主义的重重包围，敢不敢在自己的学校里真正践行自己的办学思想与主张，敢不敢在自己的学校里真正让五育并举、全面发展落地见效，敢不敢冲破包围，开辟出一条素质教育之路。

教育目前就是缺少那种能够挣脱枷锁，突出重围，不受大小环境的影响，能够静下心来，潜进去勇于探索实践先进教育思想和方法的"名校（园）长"，所以也就没有几个能够真正成为教育家。教育是专业性比较强的工作，是一项教书育人的复杂工程，有自身的特点和规律，这就要求校（园）长要具有较高的专业水准和学校治理水平。

（二）青白江区名校（园）长培育的时代性

习近平总书记致信全国优秀教师代表，提出了中国特有的教育家精神：心有大我、至诚报国的理想信念，言为士则、行为世范的道德情操，启智润心、因材施教的育人智慧，勤学笃行、求是创新的躬耕态度，乐教爱生、甘于奉献的仁爱之心，胸怀天下、以文化人的弘道追求。这是对一代又一代教育工作者职业精神的凝练与升华，为我们培育名校（园）长提供了精神引领与行动指南，为名校（园）长培养指明了方向、提供了根本遵循。根据新时期教育新要求，名校（园）长的自主办学活力和创造智慧更加积极，更有责任感和担当精神，心怀"国之大者"，他们应具备弘扬和践行中国特有的教育家精神，忠诚党的教育事业，坚守为党育人、为国育才根本目标，落实立德树人根本任务的深厚教育情怀，能将"传道"之"道"蕴含在"授业""解惑"的过程之中，着力培养担当民族复兴大任的时代新人。

名校（园）长应该是具有一定教育家底色和特点的校（园）长，应该是具有教育家精神，以教育为志业，坚守教育本质，遵循教育规律，对教育作出重大贡献并产生重大影响的学校领导者、教育者。名校（园）长还应该是教育实践家，或者说是实践教育家，重在研究学校，创新学校管理方式，形成教育思想与办学理念，实现教育家办学。按照习近平总书记关于教育的重要论述和国家、省、市关于新时代中小学名校（园）长培育计划要求，我们认为，名校（园）长培育必须把握鲜明的时代性。

一是以德为先。坚定社会主义办学方向，全面贯彻党和国家的教育方针政策，将社会主义核心价值体系融入学校教育全过程，依法履行法律赋予的权利和义务；高度热爱教育事业和学校管理工作，具有服务国家、服务人民的社会责任感和使命感；切实履行职业道德规范，立德树人，为人师表，公正廉洁，关爱师生，尊重师生人格。

二是育人为本。坚持育人为本的办学宗旨，把促进每个学生身心健康成长作为学校一切工作的出发点和落脚点，扶持、帮助困难群体，推动平等接受教育，促进教育公平；遵循教育规律，推进教育高质量发展，始终把全面提高教育质量放在重要位置，使每个学生都能接受有质量的教育；树立正确的人才观和科学的质量观，全面实施素质教育，为每个学生提供适合的教育，促进学生生动活泼地发展。

三是引领发展。校（园）长作为学校教育改革发展的带头人，担负着引领学校和教师发展，促进学生全面发展与个性发展的重任；将发展作为学校工作的第一要务，秉承先进教育理念和管理理念，建立健全学校各项规章制度，完善学校目标管理和绩效管理机制，实施科学管理、民主管理，推动学校可持续发展。

四是能力为重。将教育管理理论与学校管理实践相结合，突出学校管理的实践能力和创新能力；不断提高与完善规划学校发展、营造育人文化、领导课程教学、引领教师成长、优化内部管理和调适外部环境等方面的能力；坚持实践、反思、再实践、再反思，强化专业能力提升。

五是终身学习。牢固树立终身学习的观念，将学习作为改进工作的不竭动力；优化知识结构，提高自身科学文化素养；与时俱进，及时把握国内外教育改革与发展的趋势；注重学习型组织建设，使学校成为师生共同学习的家园。

（三）青白江区名校（园）长的品质和能力

基于校（园）长的专业职责，我们认为，名校（园）长成长必须牢牢植根于学校的办学实践，在实践中锤炼校（园）长的品质和能力。正是基于这样的认识，青白江"三名工程提升"项目中的名校（园）长培育工程始终坚持引领校（园）长围绕立德树人根本任务，以创新培育机制为动力，着力培养一批能够引领基础教育改革发展的教育家型校（园）长；以提高校（园）长专业发展关键能力为核心，造就为学、为事、为人示范的新时代"大先生"；以提升校（园）长实践能力、实践经验、实践智慧、实践创新意识为重点，全面促进校（园）长专业成长为目标。努力为青白江建设一支品德高尚、业务精湛、治校有方、人民满意的中小学校（园）长队伍，形成具有开创性价值和标本性意义的名校（园）长培育模式。

一是全面保障教育优质均衡高质量发展。明确学校办学定位，履行实施教育的工作使命，保障学生接受均衡优质的教育，着力保障农民工子女、残疾儿童少年、家庭经济困难学生的受教育权利。

二是坚持依法治校、依法兴校。熟悉国家的法律法规、教育方针政策和学校管理的各类规章制度建设，全面依法治校、依法兴校。

三是完善学校发展顶层设计。注重学校发展的战略规划，尊重学校传统和学校实际，把握国内外学校改革和发展的基本趋势，学习借鉴优秀校（园）长办学的成功经验，提炼学校办学理念，凝聚师生智慧，建立学校发展共同目标，形成学校发展合力，办出学校特色。

四是科学民主管理。掌握学校发展规划制定、实施与测评的理论、方法与技术；诊断学校发展现状，及时发现和研究分析学校发展面临的主要问题；组织社区、家长、教师、学生多方参与制定学校发展规划，确立学校中长期发展目标。

五是高水平落实。落实学校发展规划，制订学年、学期工作计划，指导教职工制订具体行动方案，并提供人、财、物等条件支持；监测学校发展规划的实施，根据实施情况修正学校发展规划，调整工作计划，完善行动方案。

二、青白江区名校（园）长培育对象遴选

（一）青白江区名校（园）长培育对象遴选意义

长期以来，受人事制度、校长选拔机制的影响，许多德才兼备，具有教育家特质的优秀教师没有走到领导岗位，进而影响了目前校（园）长队伍的素质；受校（园）长管理体制的影响，许多具有教育家特质的优秀校（园）长失去了个性化的"思想"，也影响了目前校（园）长队伍的素质；受教育评价机制的影响，许多具有教育家特质的优秀校（园）长失去了成为教育家的时间和空间的自主性，更影响到了目前校（园）长队伍的素质。面对这些客观因素和新形势下新挑战，青白江区委、区政府和教育主管部门领导坚守初心、牢记使命、站位高远、开拓创新，紧紧围绕建设"优教成都"和"教育强区"发展目标，深化区域教育综合改革，实施名师引领教师队伍素质提升、名校引领学校品牌建设、名校（园）长引领高品质学校发展的"三名工程"，助力实现"人才攻坚、质量攻坚、品牌攻坚"的战略目标。通过3年时间，按照《国家中长期教育改革和发展规划纲要》和教育部实施"新时代中小学名师名校长培养计划（2022—2025）"的要求，培养一批专业素质高、创新能力强，具有先进办学思想和现代教育管理艺术适应未来教育发展要求的校（园）长。组织团队按标准程序严格选拔名校（园）长培育对象，既体现了对校（园）长的管理使用公平公正，更是对青白江教育干部队伍素质全面检验与整体提升。遴选一批校（园）长进行专业化、系统化培育，使他们尽快成长为学者型、专家型校（园）长，尽快跻身于高水平、现代化、国际化的办学行列，能承担起引领学校发展的"诊断者、设计者、推动者、研究者"的角色，推动青白江区教育全面提档加速，促进青白江区教育高质量发展。青白江区教育局实施"名校（园）长"培育项目，为省市特级教师和教育家型校（园）长培养后备人选，建立名校（园）长后备人才库，造就出一批政治过硬、业务精湛、治校有方、具有创新能力的高水平教育家型名校（园）长，为激发全区学校办学活力，增强发展动力，提高教育质量，提升育人品质，做出特色、做出品牌，为建设"陆海联运枢纽·国际化青白江"提供有力的智力支持和人才支撑。

（二）青白江区名校（园）长培育对象遴选程序

青白江名校（园）长培育对象选拔程序：一是名额分配与自愿申报。本着全区统一标准、总体均衡原则，确定"名校（园）长"培养人数30名左右，按学校类别分配到各校，自愿申报并填写《"三名工程"名校（园）长培养对象自我分析及申报表》。二是座谈与答辩。组织专家与已申报校（园）长座谈答辩，询问他们的学习经历与履职经历，了解他们的教育情怀与教育态度、教育专业素养与个人

专业发展愿望。三是专家审查与推荐。根据校（园）长自我分析及申报、专家座谈与答辩情况，对每位校（园）长写出综合考察推荐意见报经教育行政部门审核。四是组织审核确定人选。在教育行政部门领导组织下，坚持好中选优，对照推荐条件，对推荐人选进行资格审查，把好政治关、质量关，对资格审查合格人员进行德、能、勤、绩、廉等方面全面考察与面试，结合政治素养、工作实绩、发展潜力确定培养人选，真正遴选出具有教育理想、教育情怀、发展潜力的校（园）长，并将培育对象纳入省、市、区名校（园）长队伍建设统筹管理，给予其名校（园）长等基础教育高层次人才相应的成长待遇和政策支持。

三、青白江区名校（园）长培育策略、路径探析

（一）青白江区名校（园）长培育理念

青白江区名校（园）长培育对象是从学校校级干部选拔上来的，他们正处于有思想、有事业心、有责任感、敢于担当阶段，工作有激情、学习有热情，具有再发展的愿望。或许他们在教学上是骨干，科研方面是把好手，学校工作按主管部门要求按部就班，四平八稳推进，但要成长为名校（园）长，适应教育改革需要，具有改革创新精神，有自己成熟的办学思想与主张，引领学校高质量发展，全面贯彻党的教育方针，还迫切需要培育提升。在省内外专家学者的引领下，重新审视、升华现代教育管理的基本理论，开阔视野，凝练教育思想与办学主张，提高办学治校能力，为成长为 "学习型、"专家型" 校（园）长奠定基础。在与同伴的研讨中补充、更新、认同与内化，向学者型、专家型转变，提升教育行政能力和学校管理水平，以适应未来教育发展和要求。在立德树人的教育大背景下，肩负起 "办学为民、育人为本" 的初心使命和 "为党育人、为国育才" 的历史重任，成为引领基础教育改革发展的教育家型校（园）长。因而，青白江区名校（园）长培育应坚持的基本理念是：

坚持政治素养培育领先。习近平总书记对党的干部能力有重要论述，其中，政治能力是第一位。是我们培育名校（园）长应坚持的基本理念，要加强各方面学习提升校（园）长政治能力，要把握正确政治方向，坚持中国共产党领导和我国社会主义制度；要不断提高校（园）长政治敏锐性和政治鉴别力，在学校工作中首先要把握政治因素，特别是要能够透过现象看本质；要持续加强校（园）长政治历练，增强政治自制力，始终做政治上的 "明白人"，忠诚党的教育事业，增强 "四个意识"、坚定 "四个自信"、坚决做到 "两个维护"，推进教育公平。

坚持履职专业标准为本。名校（园）长培育应以提升校（园）长规划学校发展、营造育人环境、领导课程教学、引领教师发展、优化内部管理、调试外部环境的履职能力为本，加强教育理论和教育法规学习，提升专业知识和领导能力，

依据教育法律法规，遵循教育规律，合理科学制定学校发展规划，有步骤开展活动研修，观摩践行、考察跟岗，形成富有个性、有内涵的办学风格。因而，培训中注重把学习到的理论知识深化、理解、学以致用，并能联系实际，灵活、有机地运用到实际工作中，增强校（园）长高质量履行职责必备的素养和责任担当。

坚持校（园）长是培育主体。名校（园）长培育应在主体意识指导下，激发校（园）长主动参与培育活动的能动性。注重校（园）长的需求和自主性，注重校（园）长的经验及其生活情境的整合，强调自主参与，突出互动、教学相长。现行教育培训存在以培训对象为中心，以讲授为主要形式，参训者时常处于一种被动接受的静听状态的现象。培训对象主体性作用缺失，影响培训的针对性和实效性。为此，青白江名校（园）长培育应加强由政策的规定性向主体需要的自觉性转换的研究工作。充分调动校（园）长原有的知识与经验，将新的学习内容与原有知识经验进行合理对接，提高校（园）长的学习效率与效果。充分尊重校（园）长的自主学习需要，并为其自主学习创造必要的条件，校（园）长的学习才可能有效地进行。

坚持培育目标价值导向。青白江名校（园）长培育是基于需求调研分析基础上进行项目目标设计，基于全程全员内生动力激发开展项目实施，基于过程质量检测进行措施跟进，基于证据和量化创新效果评价。根据项目目标，认真研究省市特级校（园）长评选条件，精准判断校（园）长专业发展的短板与阻碍专业发展的不利因素，使培训课程更精准，培训更具针对性、更有实效性。牢把实现自己个人目标与组织目标紧密结合，坚定理想信念，坚守教育本质。

（二）青白江区名校（园）长培育策略

处在急速变革时期的中国基础教育，迫切需要大批高素质校（园）长的创造与引领，需要教育家办学。新时代教育理论界、教育实践界、教育行政界期盼名校（园）长群体的自觉成长，呼唤教育实现教育家型校（园）长办学治校。从青白江名校（园）长专业发展标准来看，以提高校（园）长教育教学管理关键能力为核心，应着重关注提升校（园）长的政治能力和教育教学管理抉择能力；以提高校（园）长专业技能为重点，关注提升校（园）长的教育理念与开拓创新能力和课程领导力；以全面促进校（园）长专业成长为目标，帮助凝练和践行他们的办学思想与主张并落地见效。围绕"学校规划、课程建设、特色发展"，充分考虑校（园）长的个性化需求，尊重成人学习规律，科学设置培训课程，探索以"专业发展诊断、目标任务驱动、教育理论引领、案例入门实践、跟岗研修提升、教育科研助力、学习成果交流、评价标准保障"的名校（园）长培育策略，实现青白江名校（园）长专业发展提质加速。

策略一：专业发展诊断

基于需求做好培育策略设计既是名校（园）长培育的内在要求，也是内在驱动力的核心所在。从青白江区"三名提升工程"培训项目"名校（园）长培育"的总体要求入手，认真研制了调研工具和问卷，问卷内容侧重校（园）长当下工作行为，从这些工作行为既能看出他们的教育思想，又能看出他们的领导能力，更能分析判断他学校目前的发展水平。调研发现，参培校（园）长是区教育主管部门非常支持，基础较好、发展潜力大，他们把遴选进入名校（园）长培育看作本人发展的重大机遇。虽任职时间长短不一，但都具有比较丰富的办学经验，校内和行业内认同度高，部分校（园）长在区内具有一定影响。在他们的任职经历中，接受过多种培训，对培训有深刻的认识。其中，规范的培训有任职资格培训，德育领导力等专项培训，个别校长还参加了成都市领航校长培训。从问卷分析，大多数校（园）长管理模式和自身素质不完全适应教育改革需要，专业发展缓慢、成长周期较长。究其原因：一方面是以前对他们的培训形式单一，内容针对性不强；另一方面是校（园）长存在"专业发展受行政助推"的惯性思维，导致他们学校工作时常处于惯性状态，再发展愿望不够强烈，没有自己成熟的办学思想与主张。

策略二：目标任务驱动

依据青白江名校（园）长专业发展现状和学习状态，坚持目标任务驱动，帮助校（园）长制定符合实际的学习目标和专业发展目标，指定学习任务，让他们在完成任务的过程中去磨砺，在观念碰撞中去学习。采取目标、任务、评价驱动方式，充分利用网络资源，找准突破口，精准发力。通过撰写自我发展规划、提供学习书目、推送学习专题、开设校（园）长讲座、考察观摩、课题研究、举办教育论坛、交流治校经验等举措，校（园）长自定目标、自选任务、自主提高。将他们的学习成果转化运用在学校管理实践中，在学习与实践中提升发展自己，消除他们职业倦怠，使他们更开阔、灵动、开放、乐观，实现他们人生层次的提升和职业生命的升华。

策略三：教育理论引领

通过举办教育理论专题报告，提供学习资源，开展教育阅读，强化校（园）长教育管理理论自主学习，提升教育理论水平和综合素质。全面诊断他们的学校管理水平，深入了解他们专业发展需求，帮助解决他们学习中的困惑，化解他们学习工作难点，进行针对性专业引领。一是强力打开校（园）长的教育理论视野，使他们及时地了解当前教育理论前沿，把握教育教学改革的基本方向，树立现代教育观念，深入学习和掌握新课程标准的目标、内容、原则和方法，观摩学校管理典型案例，变革管理模式，改进管理方法，提高校（园）长学校治理专业水平。二是通过专家专业引领，使他们了解教育发达地区教育改革的最新动态，从面对自身教育管理工作实际情况比较、理性地自我评价，知道自己的优势和不足，明确自己目前需要突破的关键问题，努力加强继续学习。

策略四：案例实践运用

为全面提升青白江名校（园）长学校管理水平，坚持学校课程落地是校（园）长能力关键体现，扎实开展校（园）长办学思想与主张落地见效，践行办学思想，深化育人目标，把学校教育聚焦在学生的健康成长和全面发展上，认真落实立德树人根本任务，从培养学生"有理想，有本领，有担当"的育人目标方面践行校（园）长的办学思想与主张。开展学校发展经典课程案例观摩交流、研究等活动，给予校（园）长更多的课程案例学习机会，增强课程意识，树立"卓越课程成就卓越学校"的理念，结合自己学校思考，加强学校课程建设，科学规划学校课程，促进学校整体推进国家、地方、校本课程的全面实施，逐步建立自己稳定、完善的学校课程体系，引领学校形成以课程建设为核心的内涵式办学特色。实践体验、案例分享，加强校（园）长对学校课程建设的认识，从课程建设主要内容及课程建设质量标准去建立与人才培养目标相适应的课程内容体系，明确学校开展课程建设对学校文化建设、特色发展的重要意义，全面贯彻党的教育方针，深化课程改革成果，让人民群众对优质教育需求既平衡又充分。开阔视野，与课程同成长，一点一滴地积累、开发课程资源，把学校课程丰富起来，办老百姓家门口的好学校。以推进学校课程建设为重要抓手，把学校课程建设放在提高教学质量的关键环节，确立课程在学校教育中的地位，把课程建设与课程实施作为学校教育的核心工作，提升校（园）长对课程的领导力。努力加强学校课程的开发，学校课程开发要体现校长的办学思想与主张，在学校课程建设中，全面践行校长的办学思想与主张，学校丰富合理的课程设置对学生的全面发展起着决定作用。

策略五：跟岗研修提升

走进优质学校观摩学习、跟岗研修是培育名校（园）长切实可行的方法，给他们搭建平台，开阔视野，使他们在跟岗中学习、跟岗中发展。做到跟岗前有计划，跟岗中有体验，跟岗后有总结，提高跟岗学习实效。在专家指导下，努力弥补自己的短板，针对学校党建引领、学校管理、校园文化、课程建设、教师发展、教学评价以及教育教学活动深入观摩学习，引发积极思考。同时，注重后续跟踪指导与交流，跟岗返校后，举行讲座，承担对区域校长二次培训，在实际工作中不断总结、反思，形成自己的经验，又在具体工作中深化自己的经验，充分珍惜自己专业发展的经历，把学习经验运用于实践。

策略六：教育科研助力

校（园）长教育科研能力的提高，是一个潜移默化的、循序渐进的过程。要排除一切干扰，努力学习，博采众家之长，不断实践，持之以恒；要学会和掌握中小学教育科研的基本方法和技巧，把教育科研能力的提高同日常的教育教学实践、科研活动有机联系起来；要解放思想，大胆创新，消除懒惰、坐等课题的思想，敢于选择教育教学及管理中的疑难杂症，寻求具有现实意义，特别是对本校教育教学实践具有直接指导作用的课题，使自己的教育科研紧扣教育教学实际变化的脉搏。大力倡导研学并举，创造条件，给予机会，使校（园）长人人参与课题研究，研究学校管理中的方法与措施在自己的行动中立得稳、站得住，以科研引领学校发展。组织专家举行科研课题专题讲座，提升校（园）长教育科研能力，转变校（园）长教育科研观念。运用网络资源，指导校（园）长在研课题，围绕教育教学实践中迫切需要解决的问题，对他们的课题研究状态进行分析，明确研究目标，指明研究路径。强调重实际、重实践、重实用，注重和学校工作密切结合，在课题研究中学习、反思、发展。

策略七：学习成果交流

激励校（园）长勤阅读、勤写作、勤反思，帮助校（园）长总结、提炼学习成果，定期组织校（园）长分享、交流心得体会、案例、反思、教育叙事、教育故事等，搭建展示平台，展示他们的学习成果，交流他们在学校管理中的成功经验，使校（园）长感受到强烈的学习获得感，持续激发校（园）长专业发展内生动力。要求教师带着不同研究问题参与交流，尤其是典型的，具有共性的问题进行互动研讨，各抒己见，寻求解决的方法与措施，围绕学校课程有关的问题及当下学校管理挑战，引导校（园）长针对自己在学校管理中遇到的困难和困惑进行探讨，从而使自己的思想和行为发生改变。

策略八：评价标准保障

充分发挥教育评价功能，以评价为抓手，实现教育评价增值、增效是名校（园）长培育工作保障。要建立形式多样的校（园）长培育考核评价机制，制定评价标准，实行定性、定量评价，既贯彻评价有章可循，又坚持以人为本的理念。建立校（园）长专业发展学分制评价并纳入校（园）长学校工作考核，用评价标准激励校（园）长学习动机。建立多元评价的校（园）长培育评价机制，引导校（园）长针对自己在学校管理中遇到的困难和困惑进行探讨，通过定性和定量相结合的原则对校（园）长参加培训学习活动的情况进行评价，变单一的校（园）长参与培训行为评价为校（园）长参与培训发展与改变的综合评价，不断创新名校

（园）长培育方式，使名校（园）长教师培育学习过程评价有效激发名校（园）长勤于学习、乐于创新、学而不厌、挫而不败的学习特质持续生发。

（三）青白江区名校（园）长培育路径实践

名校（园）长应具备专家型校（园）长的精神境界与突出的教育教学管理能力和较强的教育研究创新能力；要有教育情怀，对教育抱有极大的热忱，真心热爱教育事业，并愿意一生投身教育事业；要有对教育的理想和执着的追求，从"为党育人、为国育才"的战略高度，坚持以人民为中心的理念，加强责任担当；要有"办学为民、育人为本"的初心使命，让教育真正成为阳光普照的事业，让每一个学生真正成长成才。因此，培育实践中，要对课程精准优化，满足校（园）长多元需求，培育方式与评价机制不断创新，针对不同层次、类别、岗位校（园）长的需求，围绕校（园）长在规划学校发展、营造育人文化、领导课程教学、引领教师成长、优化内部管理和调适外部环境等方面的专业素质要求，丰富优化教育理想，坚定教育信仰，作为名校（园）长的必备品质培养培训内容。将厚植校（园）长教育情怀，坚守将提升名校（园）长的教育理论水平与战略思维能力、教育创新能力和引领学校可持续发展能力作为培训的主要内容。按"建立学习机制，坚定理想信念，教育理论提升、建立发展愿景，开展活动研修、厚植教育情怀"的实践路径，采取线上线下相结合的培育方式，精准施培。

1.建立有效学习机制，坚定教育理想信念，扎实提升名校（园）长价值素养

新时代名校（园）长培育中要始终坚持自我修炼、自我超越的精神状态，不仅要成为心静神定的领导者，而且要成为终身学习的践行者，要以深刻的反思和敏锐的判断增强工作学习的系统性、预见性、创造性，充分利用优质学习资源，履践致远，深学细悟，认真完成深度研学，夯实自身专业性，修炼思想独特性，突出知识引领性，实现自身认知的不断超越，实现学校高质量发展和自身专业成长的再促进、双提升。三年培育实践中，建立了有效学习机制，开展一切学习活动以提升校（园）长专业发展为前提，牢固树立理想信念，坚守教育本质，把提高校（园）长自身素质和教育家素养与党和国家的教育事业紧密联系起来，立足于教育事业发展全局的高度，促使每位校（园）长自身应有的格局、提高校（园）长政治站位、思想站位、能力站位，把他们培养成胸怀国之大者的"大先生"。

（1）教育阅读机制：专业阅读能够拓展校（园）长的视野，增长教育智慧，弥合教育理论与教育实践之间的鸿沟，为教育思想凝练奠定坚实的理论基础。名校（园）长应掌握检视阅读、分析阅读、主题阅读的方法，广泛研读教育经典著作，深入研习古今中外教育家的教育思想，深刻解读名校的办学案例，开阔视野、掌握理论、提升校（园）长的教育自觉和理论修养，增强办学治校能力和智慧，实现"腹有诗书气自华"的效果。我们把校（园）长教育阅读纳入年度考核，制

订阅读计划，指定阅读专著，订阅教育杂志，推荐阅读专题。为每位校（园）长配发了《学校管理理论与实践》《当教育界群星耀烁时》等教育专著，指导校（园）长阅读。《当教育界群星耀烁时》介绍近代教育家蔡元培、黄炎培、晏阳初、陶行知、马叙伦等的办学思想与主张，认真阅读这本专著，使他们得到启示与思考，凝练自己的办学思想与主张。通过阅读，校（园）长政治素养、认知素养、实践素养、哲学素养、领导素养得到全面提升，实现了校（园）长从个体学习转向群体共享的跨越，实现校（园）长的眼界从一所学校向一个区域的跨越，实现校（园）长的思维从学校发展到社会发展的跨越。

（2）教育写作机制：校（园）长教育写作旨在表达观点、思考问题、传播思想，需要校（园）长有良好的思维能力，需要校（园）长在一般的事实内容里加入学术理论，给予日常一般事件专业的理解，从而形成丰富的精神世界和理论表达。名校（园）长应立足办学实践，反思教育教学问题，坚持写作教育日志、教育叙事、教育案例、教育论文等，以形成系统的教育思想和办学理念。三年学习中，强化校（园）长教育写作，吴红丽校长民族地区送教随笔《黑水行》，她的所见、所闻、所思、所感，充满着对教育忠诚与热爱的深厚教育情怀。弥牟小学课程案例《传诸葛智慧，承古韵青花》，龙王学校《乡村学校美育创新探究——以美育实践项目"龙王草艺"为例》，至佳学校扎染课程案例等推荐申报省教育学会"立德树人"优秀案例评选。

（3）教育交流机制：努力开发培训资源，为名校（园）长发展寻机会、找平台，让他们的圈子更大，接受信息更多，发出的声音响得越远，小学校长加入四川省名校长鼎兴工作室研讨学习，推荐红旗学校吴红丽校长，大弯小学程辉校长分别作"文翁大讲堂"报告主持人和"专家对话环节"对话嘉宾。充分运用研究院培训项目和学习平台，为青白江项目名校园长提供学习机会，在这些平台上，展示自身素质，对外扩大影响，收到良好效果。选派吴红丽、程辉去民族地区送教，推荐吴红丽、赵泽高、陈露、何晓宏、程辉、巫开金、李昌华、肖洪、杨果、罗玲、钟德强、廖茂、刘清太、陈兵、薛原、李虹、阳铁桥、魏林、温国驰、王涛等在西部教育论坛，研究院培训项目学术活动中作交流发言和学术报告。

（4）"学分制"机制：建立"学分制"学习登记机制，制定了学分登记细则，实行了学分制管理。按学习考勤、教育写作、教育科研、评奖、发表、表彰等业绩与成果登记学分，三年学习达到最高学分的60%，结业视为合格。实行"学分制"管理，激发了校（园）长学习积极性，提升了校（园）长培训学习作业质量，促进了校（园）长自主学习。他们在学习过程中有了较为自由的选择权利，不仅可以选择课程，还可以选择作业内容。校（园）长自主学习形式更为独立、自主，有助于他们个性发展。他们根据自己的兴趣、爱好和特长进行选修，充分发挥了校（园）长学习的主观能动性，自觉引入学习竞争机制，增强了校（园）长的竞争意识，不断去改进学习方式、方法，提高了学习质量，促进了他们的专业发展。

（5）考核评价机制：加强对校（园）长年度学习考核评价，是做好校（园）长培训工作的有效保障。制定了年度总结考核方案和考核细则，制定了学员学习管理制度，制定了共同体学习研修工作意见，共同体工作室领衔人工作职责，实行项目推进工作"月报月清"制，制定了学分登记细则，实行了项目实施过程考核、学员评价制，项目实施年度考核制。分别给每个校（园）长建立了学习档案，对校（园）长学习过程与发展实行档案评价管理。总结考核中，校（园）长对一年学习和经历的专业发展关键事件作全面回顾与梳理，梳理中盘点这一年学习所取得的成果，盘点中看能得到多少与专业发展相关数据，找到自己发展的标志，找到自己的短板。

2.强化教育理论学习，建立发展愿景，培养执着追求的教育家精神

名校（园）长发展最好的路径，就是持续学习，"用以致学"是名校（园）长学习的重要方式。只有勤于学习，名校（园）长的教育理念和方法才更新更快，才容易成为教育改革和创新的领路人。

（1）教育理论线下专题学习

围绕办好人民满意的教育这一中心目标，把提高青白江校（园）长综合素质和促进校（园）长专业成长作为核心任务，突出针对性，彰显实效性，以国家教育政策法规为依据，遵循校（园）长的成长规律，坚持理论培训与教育实践相结合的原则，组织校（园）长参加线下专题报告学习。

青白江区名校（园）长培育教育理论线下专题学习回顾（以时间为序）：

——2021.5.21，名校（园）长培育项目启动开班，教育局党组书记、局长鲁涛动员讲话，成都大学教授陈大伟做主题报告《名师之名》。

——2021.6.18，名校（园）长《文翁大讲堂》学习，北师大教授徐斌主题报告：《百年大党关键抉择》，吴红丽校长主持对话环节。报告系统全面，振奋人心，思路清晰、内容丰富，既有理论高度，又有思维深度。在校（园）长们备受启发的同时，唤起了校（园）长们对新时期教育发展的重新认识和思考，对教育管理的重新定位，对人生的深刻感悟，铭记了历史，强化了责任。

——2021.7.17，成都大学教授陈大伟专题报告：《教育理想情怀与教育理念》。报告以强烈的信念感激励校（园）长学习与发展，在校（园）长发展路上指明了明确的目的和路标，校（园）长有了更强的内驱力，更快地突破专业发展困境，进入了新的发展阶段。

——2021.8.28，陕西师大教授袁利平专题报告：《学校课程建设与课程领导力提升》。报告高屋建瓴，释疑解惑，理论联系实际，既接地气又具有前瞻性，引起校（园）长们的强烈共鸣，激发了校（园）长们的责任感与使命感，更唤起了校（园）长们对新时期教育发展的重新认识和思考。

——2021.9.29，北师大教授薛二勇主题报告：《教育新政挑战下的新趋势、新发展》，程辉校长与专家对话。报告从 "教育新政下的新趋势、新挑战、新发展" 为校（园）长作了深入浅出的讲解，备受启发，他们高度认识到 "双减" 工作的重大意义，更加明确了 "双减" 意见是党中央、国务院站在实现民族伟大复兴的战略高度作出的重大决策部署，应带头扛起落实 "双减" 的政治担当，真正形成良好的教育生态环境。

——2021.12.22，四川省教育科学研究院《教育科学论坛》与教育志鉴编辑部主任，《教育科学论坛》主编崔勇专题报告：《高品质学校建设》。报告围绕 "高品质学校建设" 研究和实践的创新与校（园）长进行交流，校（园）长有很强的及时感、引领价值感、为校（园）长提供了高品质的学校样本。

——2021.12.24，名校（园）长《文翁大讲堂》学习，教育部 "长江学者奖励计划" 特聘教授、工学博士、博士生导师郑强教授专题报告：《国人教育、文化培植、价值取向》。郑教授围绕 "大学的事" "大家的事" "大国的事" 三个层面展开，他指出，一个地区、一个城市的发展靠教育，人没有教育好，代价是最大的。

——2022.10.28，刘仁富专题报告：《学习党的 "二十大" 精神，构建党建引领学校治理新格局》。青白江川化中学校长陈露主持了报告会。报告内容丰富、实用性强，新的理念，思路、方法让校（园）长们坚信 "立德树人" 的根本任务，赓续党的精神血脉，践行为党育人使命，不断增强 "四个意识"、坚定 "四个自信"、做到 "两个维护"，实现党性觉悟和业务能力双提升，为学校夯实党建基础提供了有力指导。

——2022.11.15，名校（园）长《文翁大讲堂》学习，西昌卫星发射中心原党委书记，中国航天基金会高级文化顾问孙保卫将军专题报告：《建设中的中国空间站与航天精神》：报告分享了感人的航天故事、辉煌的航天成就和伟大的航天精神，使校（园）长近距离感知了中国航天发展背后的艰难坎坷，从而发自内心地产生了对祖国的自豪感，引发了对航天事业的极大关注。

——2023.4.1，重庆第八届西部教育论坛学习，重庆市第十一中学党委书记、校长章显林专题报告：《新高考背景下学校特色发展的探索实践》。重庆教育科学研究院万礼修专题报告：《素养立意的高考与着眼素养培养的教学》。

——2023.5.10，人大附中联合学校总校常务副校长、教育部校长、教师 "国培计划" 专家库专家，教育部基础教育教学指导委员会数学指委会委员周建华校长专题报告：《教育解放心灵——以校长教育思想引领学校高质量发展》。报告从教育发展愿景、办学策略和精神内核及教育、教学、教研、教改等方面如何实现高质量发展做了深入浅出的分析，使校（园）长受益匪浅。

——2023.6.21，国家企业一级培训师，兰州资源环境职业技术大学副教授李彦霖专题报告：《校长即兴讲话的语言艺术与技巧》。报告富有较强的说服力和感染力，深受校（园）的高度赞赏和评价。强化了校（园）长的语言艺术与技巧，增强了校（园）长独特的思维深度和思想穿透力，提升了校（园）长的文化气质和思维拓展能力，使校（园）长在学校即兴讲话有观点、有思想、有高度，善于向师生传递国家的教育意志，善于启迪师生心智及情感需求，让校园风貌向善向美。

——2023.6.29，北京师范大学教授，中央马克思主义理论研究和建设工程专家，教育部大中小学《习近平新时代中国特色社会主义思想学生读本》编委会专家邢国忠专题报告：《新时代爱国主义教育探究》。报告意蕴深含、深入浅出，从新时代爱国主义教育的时代背景、历史意义、基本内涵、主要原则、实践路径等方面讲述了教育是国之大计、党之大计。用大量鲜活具体的案例对比说明爱国主义教育的重要性，所有教育工作者要自觉树立国家意识、民族意识、责任意识，把个人前途命运与国家、民族的前途命运紧紧地联系在一起，要落实立德树人根本任务的现实要求，扎根于中国特色社会主义的实践中，服务于国家发展的大局。

——2023.7.13，中国陶行知研究会教师发展与专业委员会理事长，无锡市教育科学研究院原副院长，特级教师、正高级教师赵宪宇专题报告：《新时代高品质学校建设的路径与表达》。赵宪宇副院长和校长们进行了幽默又深刻的分享，从高品质思维、高品质教学、高品质表达三个方面展开，指出高品质教学离不开深度的阅读和思考、跨学科思维、典型性学习方式；阅读是为了表达，表达要有情感、善良、想象和才学。

——2023.9.13，北京第一实验学校校长，教育部基础教育教学指导委员会副主任委员、兼任中国教育学会副会长李希贵专题报告：《世界会为高尚的目标让路》。新学校研究会副会长、中国教育报副总编沈祖芸专题报告：《如何在校园里放大教育的价值》。报告自然流淌，给了校（园）长们深刻启迪，通过"校长能力培养模型"展示目标、权力、价值和团队四条领导力修炼路径，强调了"学校管理者要学会区分任务和目标的差异、从任务中提取目标、调整错位目标。"

——2023.11.16，北京师范大学教育学部教授、博士生导师，现任北京师范大学教育管理学院院长苏君阳专题报告：《课堂教学变革的逻辑、理念与基本策略》。报告从遭遇教学变革的时代；我国花样频出的教学模式改革与课堂教学的样态；教学模式样态的科学探索；课堂教学模式建构与选择需要考虑哪些因素；教学模式变革的基本路径与方法；坚守教育初心科学推进教学模式变革六个方面系统分析和阐述了课堂教学模式变革的时代演变基本特点。给校（园）长很多启发，每一位教育工作者，要善于在实践中去总结分析、体验、运用，理性思考，课堂教学变革中遵循教育规律，这种变革才会真正地变成孩子们的福利。

——2023.12.7，中学正高级教师，特级教师，江苏省锡山高级中学教育集团总校长，上海交通大学教授唐江澎专题报告：《学校高质量发展与校长专业成长》。唐江澎校长以《办好的教育需要三个机制》为主题，从办好的教育的使命与原则；"规划引领"的发展机制；"分布式动力源"运行机制；"目标验核"的行事机制四个方面做了深入分析与阐述，结合自身的管理经验，深入浅出地对如何实现教育高质量发展进行了剖析，并以学者的态度引领校（园）长的思维理念，对校(园)长怎样办好教育进行了全面的指导。

——2023.12.21，中国教育科学研究院教育改革发展所副所长兼《教育文摘》副主编吴景松专题报告：《数字化时代高质量教师队伍建设——基于教育转型升级的视角》。报告强调了数字化时代高质量教师队伍建设，强调了AI技术在教育教学中的应用，校（园）长深刻地认识到网络信息技术在教学活动的应用提供了又一个新的方向，运用信息技术辅助教学，在促进学生思维发展的重要作用以及信息技术实现教学变革和创新的积极意义。

（2）教育理论线上专题学习

面对新冠疫情，调整工作思路，有效开展校（园）长线上专题学习。创新学习机制，激发校（园）长学习热情，做到学习任务不减，考核标准不降，校（园）长成长不延期，高质量举行线上专题学习活动，项目持续推进。青白江区名校(园)长培育教育理论线上专题学习回顾（以时间为序）：

——2021.11.20，名校（园）长鼎兴工作室线上学习，四川省教育科学研究院副院长，国务院义务教育均衡发展督导评估专家、教育部基础教育外语教学指导专委会副主任委员、四川省人民政府督学董洪丹专题报告：《落实"双减"新政，促进健康发展》。

——2021.11.27，名校（园）长鼎兴工作室线上学习，教育部关心下一代工作委员会常务副主任，中国家庭教育学会原副会长、教育部基础教育司原副司长、第八届国家督学，人民教育杂志社原总编辑、编审，教育部关工委常务副主任付国亮专题报告：《双减背景下怎样当校长》。

——2021.12.4，名校（园）长鼎兴工作室线上学习，电子科技大学原党委书记、研究员，中共十八大代表，美国得州A&M大学高级访问学者王志强专题报告：《"双减"的宏观形势和政策导向》。

——2021.12.11，名校（园）长鼎兴工作室线上学习，北京师范大学校长培训学院院长、博士，教育部华北教育管理中心副主任、教育部小学校长培训中心副主任、中国教育学会小学教育委员会副理事长兼秘书长陈锁明专题报告：《"双减"背景下如何规划学校发展》。

——2021.12.17，名校（园）长线上学习，教育学教授，四川西部教育研究院院长，中陶会新教育分会副理事长，重庆当代教育科学研究院名誉院长，"西部名师名校网"总监；"教师培训理论与实践"方向国培专家陈大伟专题报告：

《校长怎样观课议课》。

——2022.3.11，名校（园）长鼎兴工作室线上学习，教育部国培专家，正高级教师，四川省特级教师，享受成都市人民政府特殊津贴专家，西南大学和成都大学校外硕士生导师，教育部西师版小学数学新课标教材编委，电子科大附小党委书记、校长康永帮专题报告：《新课标教学，新在哪里？》。

——2022.3.30，组织名校（园）长参加全国"两会"精神线上学习，重庆市谢家湾教育集团党委书记、总校长。第十二届、十三届、十四届全国人民代表大会代表，重庆市特级教师，国务院批准的享受政府特殊津贴专家，全国五一劳动奖章获得者，全国科研型骨干校长刘希娅专题报告：《全过程人民民主需要我们共同参与》。

——2022.4.10，名校（园）长鼎兴工作室线上学习，北京教育学院教授，德育与班级管理研究中心主任，教育学博士，教育部"国培计划"专家库班主任学科专家，教育部名校长领航工程学术指导，北京市名校长工程学术导师迟希新专题报告：《培养有教育情怀的幸福教师》。

——2022.4.11，名校（园）长鼎兴工作室线上学习，教育部国培专家，正高级教师，四川省特级教师，享受成都市人民政府特殊津贴专家，西南大学和成都大学校外硕士生导师，教育部西师版小学数学新课标教材编委，电子科大附小党委书记、校长康永帮专题报告：《"双减"背景下的学校治理与教育创新》。围绕以学生健康成长、落实"双减"政策有关要求为核心的学校治理，分享电子科技大学附属实验小学教育集团办学经验，为各成员学校发展提供实践参考。

——2022.7.22，名校（园）长线上专题学习，北京开放大学党委副书记、校长。北京开放大学人文与教育学院教授，北京开放大学终身教育研究基地主任，第三批国家"万人计划"哲学社会科学领军人才、获国务院政府特殊津贴褚宏启专题报告：《推进核心素养导向的课程与教学改革》。福建师范大学教师教育学院院长，全国优秀教师，福建省高等学校教学名师，"新世纪百千万人才工程"国家级人选，获国务院特殊津贴专家余文森专题报告：《以核心素养为导向，构建与新课标相适应的新型教学》。

——2022.8.21，名校（园）长鼎兴工作室线上学习，教育部国培专家，正高级教师，四川省特级教师，享受成都市人民政府特殊津贴专家，西南大学和成都大学校外硕士生导师，教育部西师版小学数学新课标教材编委，电子科大附小党委书记、校长康永帮专题报告：《深刻理解新时代中小学校长的责任与使命》。

——2022.11.13，名校（园）长鼎兴工作室线上学习，重庆市谢家湾教育集团党委书记、总校长。重庆市特级教师，国务院批准的享受政府特殊津贴专家，全国五一劳动奖章获得者，全国科研型骨干校长刘希娅专题报告：《六年影响一生》。

——2022.12.4，名校（园）长鼎兴工作室线上学习，华东师范大学出版社福建策划部主任。著有《教育的细节》《做幸福的好教师》朱永通专题报告：《阅读，不断突破认知的学习》。

——2022.12.6，名校（园）长鼎兴工作室线上学习，北京开放大学党委副书记、校长。北京开放大学人文与教育学院教授，北京开放大学终身教育研究基地主任，第三批国家"万人计划"哲学社会科学领军人才、国务院政府特殊津贴获得者褚宏启专题报告：《推进基础教育高质量发展的学校行动》。

——2023.2.11，组织名校（园）长参加第二届中国基础教育论坛暨中国教育学会第三十四次学术年会（线上学习）。北京航空航天大学教育经济与管理博士，正高级教师，化学特级教师。曾任人大附中教学副校长，北航附中执行校长，海淀区教委副主任，北京市海淀区教师进修学校党委书记、校长，海淀进校教育集团总校长，中国教育学会副秘书长罗滨主旨报告：《促进教师专业发展，培养高素质教师队伍》。

——2023.5.31，名校（园）长鼎兴工作室线上学习，教育部国培专家，正高级教师，四川省特级教师，享受成都市人民政府特殊津贴专家，西南大学和成都大学校外硕士生导师，教育部西师版小学数学新课标教材编委，电子科大附小党委书记、校长康永帮专题报告：《校长必备的12个管理意识》。

（3）组织参加教育论坛学习

青白江区名校（园）长培育组织参加教育论坛学习交流回顾（以时间为序）：

——2022.4.19，组织名校（园）长参加鼎兴工作室《"双减"背景下的家校社协同育人研究》研讨活动，线上观看《2022年广东省名校长工作室"家校社协同育人"主题论坛》直播学习。

——2022.7.9，名校（园）长线下论坛《"双减"格局下的学校高质量教育教学体系建设》学习。

——2022.7.14，组织参加武侯区《五育融合育人课程建设》论坛活动（线上）：三个学校汇报交流：成都市第三十二幼儿园：幼儿园五育融合育人课程建设；川大附小：小学五育融合育人课程建设；川大附中：中学五育融合育人课程建设。

指导专家：郝志军，中国教科院课程教学研究所所长，研究员。

——2022.11.16，组织中学校长线上参加四川基础教育改革与创新教育论坛暨成都市中和中学第十五届学术年会。主题是：《深化潜能课程建设·提升学生核心素养》。

指导专家：乔文军，北京市生物特级教师，北京教育科学研究院基础教育教学研究中心中学生物教研员，高中《生物学》（北师大版）教材副主编。

——2022.12.3，组织名校（园）长参加成都大学主办，《教育与教学研究》

创新创业院承办《深入学习党的二十大精神，促进基础教育高质量发展》学术论坛。北京师范大学资深教授，博士生导师顾名远线上致辞。西南大学教授，博士生导师，《教育与教学研究》主编宋乃庆做《增值评价促进基础教育高质量发展》主题报告。

——2023.4.1，组织名校（园）长参加重庆第八届西部教育学术论坛活动。青白江教育局副局长易娜、大弯中学校长赵泽高、大弯小学北区校长阳铁桥分别在论坛活动中作交流分享。

——2023.11.26，组织名校（园）长参加《义务教育均衡发展与创建策略主题论坛》。青白江实验小学校长程辉在论坛活动中作《基于"实·创"教育的教师专业化发展实践》主题分享交流。

（4）推送教育专题线上学习

名校（园）长要有终身学习意识，要寻求多种方法培养自己的学习兴趣和良好的学习习惯。培育实践中，持续为名校（园）长推送教育专题。其中，推送《劳动教育关系民族发展大计》《名校长与名校校长》《什么是好学校？什么是好校长？》《日本教育减负30年反思：全民学力衰退，家庭不堪其累》《2025年前全面复兴传统文化》《校长必备的三类智慧》《校长该如何凝练办学思想》《校长如何培育更多的"大先生"》《"好校长"走得快，"共同体"走得远》《三个维度判断一所学校的状态》《校长走好这4步，好学校就办成了》等教育专题。组织线上学习，关注名校（园）长学习过程，强化学习评价反馈，校（园）长呈现出积极心理和学习氛围。

（四）组建学习共同体，高质量开展活动研修，厚植责任担当的教育情怀

名校（园）长培育作为一种特殊形式的成人教育活动，需要根据其特点进行有效组织，才能达成预期的目标。针对校（园）长培训在学习组织中存在形式单一、缺乏合作的问题，组建学习共同体，每个共同体制订了学期工作计划，确定了研修学习主题，共同体研修活动中，校（园）长与专家互动积极，对话交流热烈，引领校长们对新时代促进教育均衡发展，深化教育改革，迎接教育挑战，推进教育治理体系和治理能力现代化的认识和深入思考。

1.名校建设调研，聆听专家支招

组织校（园）长参加青白江"三名工程"名校建设调研研讨活动，亲身经历校园观察、汇报交流、专家访谈、资料查阅，引发校（园）长积极思考，拓宽校（园）长视野，促进校（园）长提炼办学思想、提高学校管理水平。使他们深刻认识到：办学的根本是不断向前发展，只有不断发展才能满足日益增长的教育需求，才能在激烈的竞争环境中生存下去。活动中，校（园）长带着积极的情感与认知参与观摩学习，对学校发展有新思考和新定位。围绕"共享、共建、共提升"原则，以名校建设的需求为导向，不断丰富深化校（园）长办学思想内涵，拓展校（园）长影响力，实现校（园）长学校治理层面、办学实践层面的能力全面提升。

——2021.6.8，组织幼儿园园长共同体参加巨人树幼儿园名园建设观摩学习、调研。钟倩园长说，作为幼儿园的领航人，应该建好团队，让自己沉静下来，依托地域及园本实际，思考课程建设及特色出口，切实落实"游戏是幼儿园基本活动"的理念，创设丰富的游戏活动支持幼儿自主游戏的环境，让幼儿多元学习、和谐发展。

——2021.6.10，组织小学校长共同体参加大弯小学名校建设观摩学习、调研。活动研讨中，晏世明校长说，我承诺我将继续做好学校办学的规划与设计，用学校文化引领教师和学校发展。

——2021.6.18，组织小学校长共同体参加实验小学名校建设观摩学习、调研。活动研讨中，李昌华校长说，办学的根本是不断向前发展，只有不断发展才能满足日益增长的教育需求，才能在激烈的竞争环境中生存下去。

——2021.6.23，组织九义校校长共同体参加清泉学校名校建设观摩学习、调研。活动研讨中，钟德强校长说，学校积极探索"养成教育"，实现学校"自主管理、自我完善、养成规范"的德育目标，初步构建起了"体悟式德育"管理体系，建立了三级学生代表大会制度、学生自治纠纷调解制度，推进学生自治，提升法治素养。

——2021.6.28，组织高中学校校长共同体参加大弯中学名校建设观摩学习、调研。活动研讨中，赵泽高校长说，学校遵循规律，因材施教，激发师生最大潜能，促进学生最好发展，顺性而为，顺势而成，让每一个孩子在大弯得到最好、最大的发展，培养心善行雅、体健能达、目光远大、勇于担当的时代英才。

2.凝练办学思想，亮剑办学主张

校长的办学思想是学校发展的核心和灵魂，凝练与确立办学思想是学校高质量发展的需要，也是校长专业发展的内在需求。组织"名校（园）长"在专家的指导下，按共同体开展"凝练办学思想"专题研讨活动，使校（园）长深刻领会教育的本质，了解当今教育发展的趋势和走向，把有理想、有本领、有担当的时代新人培养要求转化为自己的工作行为。引领校（园）长用符合教育规律、具有哲理性的语言概括表达自己的办学主张和核心价值观点，将自己多年的办学经验与学习思考成果显性化、明确化，主动回答了培养什么人，怎样培养人，为谁培养人这个根本问题。撰写《我的办学思想与主张》论文，已汇编《我们这样做教育》教育专辑，现代出版社出版。校（园）长的办学思想与主张，展示了他们的教育智慧与教育情怀，他们抛出的观点与专家学者进行碰撞、交流、分享、转化，寻求到新时代教育家型校（园）长的路径和方法，彰显了青白江名校（园）长学术魅力和专业领导能力。

——2022.3.23，组织小学校长共同体（2）在福洪小学开展《凝练办学思想，助推校长成长》主题研讨活动。各位校长从理念提出的背景、内涵解读、理论依据、师生内化和实际践行等方面，详细讲解自己的办学思想，总结并分享自己的办学理念和实践模式，对自己鲜明的教育思想和办学风格，产生的较大办学效益和社会影响，在基础教育改革发展中发挥的引领作用深入广泛交流讨论。

对自己学校的办学理念和实践，参会校长们如是说：

学校以"玉虹"二字为依托，确定了以"琢人成玉，成功如虹"的办学理念，以"让每一个玉小人都出彩"为办学思路，着力打造"玉"文化校园文化特色，让学校成为传承地方文化、弘扬时代精神的舞台。

——玉虹小学校长李昌华

学校以"新优质学校"建设为契机，着眼学校未来发展，确立了"生命教育"为学校办学思想，让学生了解生命的意义，感恩惜福，爱护大自然；让学生体会生命的无常，珍惜自己，关爱别人；让学生珍惜生命的价值，乐观进取，树立正确的人生观。

——外国语小学校长罗斌

学校遵循华小阳光教育传统，彰显华小国学教育特色，确立了"养正致和、悦享童年"的办学宗旨，以"天地和悦、万物生辉"为办学理念，"建成有影响力的高质量优品学校"为办学愿景，从"使自己阳光、给他人阳光、大家共同阳光发展"的教育共生中彰显办学思想。

——华严小学校长陈周明

学校以"明德至善，博学笃行"为办学理念，以"关注学生终身发展，养成好习惯，塑造好品行，为学生的一生奠基"为办学目标。树立终身学习观，建构和谐民主的师生关系，以创新课程改革，促进学生全面和谐发展。

——日新小学校长温国驰

学校以"让每朵花儿幸福绽放"为办学理念，"努力办成环境优美、设施齐全、特色鲜明、师生幸福的一流农村小学"为办学目标。在传承客家文化，把上学读书看成神圣的事业，以兴学为乐，以读书为本，以文章为贵，以知识为荣的办学实践中丰富办学思想。

——福洪小学校长晏世明

专家从提出办学思想的背景、办学思想内涵解读，办学思想实施路径和办学成效四个方面凝练校长的办学思想做了深入指导。

——2022.4.14，组织九义校长共同体在龙王学校开展《凝练思想，深化实践》主题研讨活动。活动中，各位校长从理念提出的背景、教育思想内涵解读、实践路径、师生内化和践行成效等方面，详细交流了自己的办学思想，在凝练自己的办学思想过程中所产生的困惑与专家近距离探讨。

学校以"生命教育"的研究和实践，推行"三学一展"生命课堂，劳动教育成效明显，"清白"文化进校园，法制文化助成长，"润泽"文化体系逐渐形成。"润泽生命、实现价值"已成为师生共识。

——龙王学校校长巫开金

学校以"和谐校园、和美人生"为办学理念，"万紫千红、和美为道"为办学主张，确立了办学主张和理念下的办学路径。致力于营造一个与自然、与他人、与自己和谐的适性扬才的教育空间，实现最美乡村特色学校的办学目标。

——人和学校校长廖茂

学校继承和发扬中华民族"仁爱"文化思想，深挖绣川书院办学精神，倡导追求和实施仁爱教育，用中华传统美德来引领学生树立正确的人生价值观。践行爱自己、爱他人、爱家庭、爱学校、爱家乡、爱祖国的教育实践，培养成功师生，创建成功学校。

——城厢学校校长徐磊

学校一直为实现城乡教育均衡发展，让山区孩子同享优质教育而努力奋斗。按照"高位求进、树区域品牌"的发展定位，将清泉学校办成一所"泉文化、德教育"为内涵的独具乡村风韵的品质品位特色学校，成为区内领先、全市知名、全省有一定影响力的农村九义名校。

——清泉学校校长钟德强

学校以"姚梦致远，竞渡同美"为办学理念，坚持在"立德树人"这一教育根本任务指引下，把"培育新时代的争渡人"作为追求目标。培育"德美、心美、体美、言美、行美"的"姚美"学子，共享美的教育，美的过程与美的成功。

——姚渡学校校长王国人

厘清凝练办学思想的思路，激发他们对教育的再认识和再思考，对《我的办学思想与主张》这篇文章呈现的办学思想背景、办学思想内涵解读，办学思想实践探索、取得的成效和未来展望专家做了深入阐述。

——2022.5.11，组织小学校长共同体（1）在大弯小学北校区开展《分享教育智慧，提升办学水平》主题研讨活动。活动中，各位校长阐述了自己的办学思想与管理思想，从理念、内涵解读与大家交流分享，从校情实际出发，从个人履行的岗位职责出发，整合资源，挖掘教育潜力，践行自己的办学思想与管理思想进行了广泛交流和讨论。

教育是一个漫长的过程，托管需顺势而为，按照"一年打基础，两年抓提高，三年创特色"的策略，本着互补、互助、互鉴的原则，努力构建师生生命成长的"新"学校。

——大弯小学副校长肖洪

学校各项工作以"新实小、新教育、新品质"的办学要求，为每一个孩子未来发展提供成长路径，协助校长对学校顶层设计进行新的思考与定位，并按照既定的发展规划坚定不移地执行与落实。

——青白江实验小学副校长李虹

大弯小学以"以美育人，一以贯之"为办学理念，工作中我坚持审美教育融入课堂、融入课题、融入课程。美是团结，是协作，是高效率地完成各项工作。

——大弯小学副校长杨果

大弯小学北区继承和发展了大弯小学本部的美育思想，提出了"做更美的自己"的办学主张，学生、老师每天进步一点点。学校以"健康的身、温暖的心、聪明的脑"为育人目标。

——大弯小学副校长阳铁桥

学校确立了"用教育创造奇迹，用爱心静候花开"的办学理念，"一切为了残疾儿童"的办学宗旨，"尊重生命，尊重差异，因材施教"的办学思想。

——青白江特殊学校校长高原

从"爱和责任"出发去思考不同学校的办学理念、课程建设和保障机制。以开放的心态和思想去用好各种社会资源，促进家校社的协同育人格局形成，努力担当"为党育人，为国育才"的教育使命。

——大弯小学校长程辉校长

为校长们写好《我的办学思想与主张》这篇文章，专家从背景分析、内涵解读、文化构建、实践探索、办学成效、未来展望的文章结构与校长们进行了深入交流。

——2022.6.21，组织初中校长共同体在青白江红旗学校开展《交流办学思想，共享发展理念》主题研讨活动。各位校长在发言交流中，阐述了自己的办学思想与管理主张，从办学思想内涵解读与大家分享，从践行办学思想的实践成效与大家交流，从人成长过程的复杂性决定了教育工作的复杂性进行了深入研讨。

学校秉承 "让每一个孩子得到最好的发展" 的办学理念，全员践行 "尊重教育、幸福同行"，坚持 "智慧教学、绿色课堂" 的教学主张。把学生放在教育舞台的 "正中央"，让好的办学主张落实落细，真正让至佳每一个孩子得到最好的发展，让每个师生都有极强的幸福感！

——至佳初中学校校长陈兵

学校以 "学生的全面发展、和谐发展、快乐成长" 为办学目标，学校教育以德为先，尊重学生个体差异，创造适合学生发展的教育，促进学生自主和谐发展、快乐成长。学校坚持践行 "和乐教育" 实践，实现了 "和乐" 的课程体系，校园充满生机与活力。

——祥福初中学校校长魏林

学校确立了 "课程强校、科研兴校、特色立校、文化浸校" 的发展策略，坚持 "求真务实、以人为本、实施全面育人、成就精彩人生" 的办学理念，秉承 "校园生活丰富多彩、环境整洁优美、师生素养和谐共进、办学水平区域领先、教学业绩同类一流" 的办学目标。

——红旗初中学校校长吴红丽

专家对各位校长的交流发言作了点评指导，为校长们厘清了凝练办学思想的思路，对《我的办学思想与主张》这篇文章呈现的办学思想背景、办学思想内涵解读，办学思想实践探索、取得的成效和未来展望做了深入解析。

——2022.7.1，组织幼儿园园长共同体在巨人树幼儿园开展《凝练思想，共谋发展》主题研讨活动。各位园长在活动研讨中，阐述了自己的办园思想与管理主张，从办园思想内涵解读与大家分享，从近年来自己的办园思想在幼教实践的成效与大家交流。

清泉幼儿园坚持"爱如清泉、润泽童年"的办园理念，践行"亲近自然、融合生活、释放灵性、和合共生"的教育理念，让孩子们有机会亲近自然，在自然中感受天空的辽阔、白云的瞬息万变，倾听鸟鸣虫语，触摸大地泥土的柔软和厚重。让儿童回归大自然，在自然中享受快乐，在如清泉的爱与教育中，润泽童年！

——清泉中心幼儿园园长钟倩

蜀韵幼儿园遵循"以人为本，为孩子的幸福人生奠基"的办园宗旨，以儿童视觉、文化浸润的思路，回归教育"为谁培养人，培养什么人"的价值追求，提出"蜀韵启蒙，慧悦童年"的办园理念，确立了"蜀趣健康，蜀典启智，蜀品养德，蜀艺怡情"的发展目标，追求"特色"与"本色"的和谐共融，着力构建富有生命力的园所特色，走个性化、特色化的内涵发展之路。

——能投润嘉蜀韵幼儿园园长刘波

巨幼集团将"树人"作为文化统领，建立起集团"管理共同体"和"发展共同体"，实现优质教育资源引领辐射。将"立德树人"的根本任务与幼儿园特有的文化符号——"树人"、"树巨人"相联系，建构起巨人树幼儿园教育集团所独有的"树人"文化。以"树顶天立地的中国儿童"为育人目标，通过"五位一体"的路径，"树"制度、"树"环境、"树"课程、"树"教师、"树"家长，形成集团内部多维合力，凝聚共识，走向优质。

——巨人树幼儿园园长罗玲

活动中专家与各位园长作了互动交流，从办园思想是名园长成长的关键因素、办园思想在幼儿园发展中的重大意义与各位园长做了深入引领与研讨。针对各位园长的办园思想和幼儿园核心文化表达做了深入交流，对各位园长进一步贯彻《幼儿园教育指导纲要》精神，推动幼儿园素质教育及幼教改革发展做了深入指导。

——2022.7.10，组织高中校长共同体在城厢中学开展《分享教育智慧，强化课程建设》主题研讨活动。

大弯中学始终坚持党的教育方针，始终坚持社会主义办学方向，以立德树人为根本任务，构建了以"适佳"为核心的文化品牌，以"生态教育"为抓手的文化措施，以"至高至佳、立善立美"为目标的文化追求，以新时代"中国梦"、文化自觉引领校园文化体系建设，形成了"循道尽性、化育成人"的办学理念。

——大弯中学校长赵泽高

学校坚持"守真立德、化育树人"的办学思想，充分尊重学校历史，顺应新时代教育要求，具有独特个性的文化样态。坚持"以德树人、以文化人，用爱和责任引领孩子健康成长"的办学理念。建设具有开阔视野、充满现代气息、充盈生命活力省一级优质普通高中为办学目标。

——川化中学校长陈露

学校全面贯彻党的教育方针，依法治校；坚持社会主义办学方向，将"追求真善美、培养有教养的人、让每个家庭的子女都成功"的办学理念融入"立德树人""五育并举"中，充分尊重学生发展个性，促进学生全面成长，实现了"为党育人、为国育才"的立德树人的根本任务，办学成绩显著，有较高的社会知名度、美誉度。

——城厢中学校长吴国林

学校秉持"满足需求、追求发展"的办学理念，满足社会对技术技能人才的需求，满足家长对子女成人成才的需求，满足学生不断获取发展动能的成长需求，满足学校育人育才树立品牌的需求；促进社会的和谐可持续发展，促进家庭和睦幸福发展，促进学生职业素养发展，促进学校品牌化发展。

——城厢职校副校长刘清太

学校秉持"以人育人为通·以文化人为德；以微达广为通·以情寓教为德"的教育理念，以"以人为本、面向全体、和谐发展、注重个体"为学校的办学理念，帮助每个人找到最适合自己的那条道路，为将来一生的成长奠定坚实的基础。学校以"培养时代所需复合人才，创建当代教坛风采园地"为办学目标，秉承长期以来的多元化发展思路，为学生提供更广泛的成才途径，并在区域内具有影响力和示范效应。

——青白江中学校长胡德宏

3.优质学校考察，问道强校之路

为青白江区名校（园）长搭建学习平台，拓展青白江区名校（园）长的视野与眼界，分享名校办学理念和教育智慧，提升青白江各类学校育人质量，进一步加强名校园长新时期教育教学改革的研究与探索，基于新课程改革背景下的学校管理与发展问题，我们组织名校（园）长深入省内外优质学校，进校园、进课堂、观摩教育教学活动、了解学校发展特色等，就智慧校园、课程建设、教学管理、教育科研、教师发展等进行深入考察、观摩、交流学习，一个个鲜活动人的管理故事引起校长们的共鸣，实现校与校、区域与区域之间校长交流互动，共同发展。

青白江区名校（园）长培育名校参访回顾（以时间为序）：

——2023.3.14，组织青白江名校（园）长小学校长"学习共同体"（1）全体成员到成都市电子科大附小、成都市光荣小学考察、参观学习。考察学习电子科大附小把儿童健康作为评价学校教育质量的第一标准；实施家长资格证考试制度；"走班制"教学；每天1节体育课和1小时阳光大课间等办学特色。

——2023.3.21，组织青白江名校（园）长初中校长"学习共同体"成员到成都市蜀西实验学校、成都市泡桐树中学考察、参观学习。围绕办学思想、文化精神、育人目标、核心品牌、改革举措、研学实践课程建设等多个方面考察学习，倾心分享在办学工作中的所得。

——2023.4.2，组织青白江小学、初中名校长到重庆市弹子石小学考察、参观学习。在校长们参观学习中，被学校深厚的历史文化底蕴、过硬的教育教学质量、开阔的教育视野、鲜明的办学特色深深吸引，学校"养石成玉"是学校的办学之魂，学校得以良性发展，纵横百年，赢得了社会各界的认可。

——2023.4.12，组织青白江名校（园）长高中校长"学习共同体"成员到成都实验外国语学校、成都市二十中学考察、参观学习。在学校对外国际部郭莉主任带领下，参观了极富外国语学校文化特色的校园。学校课程中心主任与校长们交流，向校长们全面介绍了学校教学治理工作，围绕学校教学"四新"，即新课程：突显校本课程特色；新课堂：打造生本课堂生态；新训练：提升学生作业设计质量；新高考：优化选课走班制度的实施路径和策略等方面向校长们作了交流分享。学校教师发展中心主任向校长们重点介绍了成外教师发展的框架与成外教师发展规划两个方面。成外学校注重教师培养，教师培养体系与机制操作性强，学校青年教师成长快、周期短，很值得借鉴。学校德育处主任重点从新时代、新高考、新德育三个方面与校长们作了交流。来到成都市二十中学，学校刘校长带领校长们参观了校园，并就学校智慧校园、课程建设、教学管理、教育科研、教师发展等方面给校长们做了介绍。

——2023.4.27，组织日青白江名校（园）长小学校长"学习共同体"（2）成员到成都市白果林小学、成都市锦西外国语实验小学考察、参观学习。学习成都市白果林小学牢固树立"三全"办学思想，坚持"教育就是服务"的办学理念，以"一切为了学生，为了一切学生，为了学生的一切"为办学宗旨，以"常规立校，科研兴校，质量强校，科艺特色"为办学方针，走现代化精品办学之路。

——2023.5.24，组织九义学校校长学习共同体成员到成都高新新城学校、成都市铁中府河校区考察、参观学习。活动中，在学校课程中心主任带领下，参观了学校极富特色的劳动教育实践基地。新城九义学校，近年来实施"三生"劳动教育，取得了五育融合，家、校、社、企共同育人的办学成效，校长们对学校在劳动教育课程设置、课程实施、课程管理和课程评价等方面的实施方法和经验有深入了解。走进课堂听课观摩，一起参与，亲身体验，交流中校长们深有感触地说：学校劳动教育落到实处，我们真正看到了办学特色，交流受启发、参观被感动、听课有体验。来到成都铁中府河校，学校魏校长带领校长们参观了校园，并就学校 "全人衔接教育"、课程建设、教学治理、教育科研、教师发展等方面给校长们作了交流。交流中，校长们深入互动，对学校 "面向全体学生，全面发展学生，全面关注学生" 的办学理念深刻领会，对学校治理产生了共识，制定好标准是我们学校治理的最高境界。

——2023.5.30，组织新优质学校创建学校校长廖茂、张盛林及学校班子成员到都江堰蒲阳小学参观学习。参观交流座谈中，学校班子成员向校长们重点介绍了学校文化建设和课程建设以及新优质学校验收评估中的关键环节和细节。参观学习后，校长们深受启发，明确了创建工作的重点和难点，创建工作信心更足，目标任务更清晰，决心在青白江区教育局党委坚强领导下，深入学习习近平新时代中国特色社会主义思想，全面贯彻党的教育方针，以立德树人为根本，坚定理想信念，坚持内涵发展，坚持改革创新，团结奋进、锐意进取、真抓实干，努力办好让学生满意、让家长满意、让社会满意的教育，推进新优质学校创建工作，交一份满意答卷。

——2023.6.16，组织幼儿园园长学习共同成员到成都市三幼、成都市草堂哥幼儿园考察、参观学习。学习成都市三幼秉持 "尊重人的自然发展、激励人的自信发展、成就人的自主发展" 的 "三自" 办园理念，坚持 "游戏为儿童基本生活" 的办园原则，园长们在交流中一致认为将游戏视为园本研究重点，构建 "幼儿自主游戏" 与 "单元教学活动" 为一体的 "自主游戏化课程体系"，形成以 "游戏" 为特色的办园目标。

——2023.7.10，组织部分名校（园）长到江苏无锡市春城实验小学考察、参观学习。春城实验小学校长钱科英以强师兴校的实践路径为例，为大家作了名为《高品质师资团队建设的思考和实践路径》与大家分享。

——2023.7.11，组织部分名校（园）长到江苏无锡市东林中学考察、参观学习。校长们亲身感受到学校坚持 "真实劳苦" 和 "勤肃朴洁" 的教育实践与教学努力，积极培养学生自强精神，造就大批报国人才的办学氛围。亲身感受 "教育是培养有用的人才，并不是书袋教育！"

4.创新教育实践，践行办学思想

实践是孕育名校（园）长功底之花果的肥沃土壤，组织高质量校（园）长实践研修活动，能使校（园）长全身心投入其中，沉浸其里，既是校（园）长最享受的研修时光，又是校（园）长最幸福的学习感觉，更是对名校（园）长功底的最大夯实与修炼。

实践自己的办学思想与主张，践行校长办学思想，促进学生全面发展，是成为名校长的基本素养。古今中外的教育家，无不是在教育理论指导下，不断更新自己的办学思想，选择恰当的教育行动，开展科学系统的教育改革实践，养成具有独特精神气质的卓越校长。教育家型校长办学治校的特有行动是创新教育实践，更是在教育实践中要践行的职责使命。为促进区域教育均衡发展，积极践行校长办学思想，我们组织名校（园）长聚焦核心专题，有效开展教育家型校长特有的教育思想实验活动研讨，扎实推进校（园）长办学思想与主张落地见效，把学校教育聚焦在学生的健康成长和全面发展上，认真落实立德树人根本任务，从培养学生"有理想，有本领，有担当"的育人目标方面践行自己的办学思想与主张，让校（园）长的使命、愿景、价值观等精神文化渗透于实践办学思想的每个学校活动之中，使学校成为先进教育思想、教育理念的实验场所。

——2021.10.12，组织九年一贯制学校校长共同体在清泉学校举行"九年一贯制学校制度体系建设"主题研讨活动。清泉学校钟德强校长对学校制度建设、制度执行以及制度产生的办学效益的情况介绍。从制度建立规程，保障民主参与；健全制度体系，实现有章可循；坚持民主法制，确保制度权威等方面与校长们作了深入交流。参与研讨全体校长感悟很深，清泉学校独具特色的学校制度建设值得我们学习、借鉴。四川省中小学正高级教师，首批四川省中小学名校长于建，对各位校长的研讨、交流发言作了点评，并以《中国教育现代化2035》和《义务教育管理标准》两个文件解读，引领校长，提升校长学校治理能力。共同体工作室领衔人龙王学校巫开金校长对本次活动做了总结，活动主题鲜明，"双减"背景下，对学校制度梳理、修订非常必要，有利于我们谋划学校"双减"工作，把"双减"工作落实到位。

——2022.1.14，组织初中学校名校长学习共同体在至佳中学开展《探索"双减"课堂，完善课程体系》主题研讨活动。参会校长们如是说：

教育的初心是育人，是提高学生的核心素养，学校不等同于分数老师也不等于成绩，要把学生在学校的生活质量放在教育的最中央。校内多种选修课开拓孩子的视野，职业生涯规划帮助学生树立学生学习生活的目标，劳动教育培养学生生活自理能力，至佳师生努力践行：让每一个孩子得到最好的发展！

——至佳中学校长陈兵

提高课堂教学质量，课外开展丰富多彩的活动，提升课堂质量，提升学生素养，以"分层作业""多样作业"减轻学生负担，以"课标研究""试题讲解比赛"为推手提升教师能力，以家长主讲"生涯课程""双减家长会"促成家校共育，用学校的暖心服务，让学生开心，让家长放心！

——红旗学校校长吴红丽

"双减" 政策已经落地，减负增效、切实提高学校教育教学质量已成共识，"双减" 首先要让学生走出教室，全校师生参与活动，其次要做一个学生喜欢的老师，育人先育心，上一堂学生喜欢的课，那这样的课堂就是一堂真实有效的课堂。

——祥福学校校长魏林

我们所想的、所倡导的教学课程能一直坚持下去，将单一的活动变为有育人目标的系统课程，学校课程建设得越来越有特色，大家对课程的引领能力也不断提升，为五育并举的落地生根厚植课程的土壤。"双减" 不减责任，不减质量，不减成长。此次主题研讨活动，不仅为兄弟学校的交流互动搭建了平台，更是一次互学互鉴互促进的过程，为提升四校教师专业素养，强化教师队伍建设，实现教育高质量发展打造有力 "引擎"。

——人和学校校长廖茂

——2023.9.12，大弯小学举行名校（园）长名校建设研讨活动。赵泽高、钟德强、程辉、肖洪、罗玲在活动中就名校建设工作做了专题汇报，名校建设中践行自己的办学思想与主张及学校课程建设作了交流分享。

——2023.10.10，青白江区名校（园）长小学校长共同体（2）全体成员，在青白江区大同小学举行《践行办学思想与主张课程建设》研讨活动。从学校概况、课程背景、课程目标、课程内容、课程实施、课程评价与成效等方面，进行了详细讲解与分享，结合自己的办学思想和学校的核心文化办学理念做深入广泛交流与研讨。

学校以 "为孩子的幸福成长奠基" 为办学理念，培养 "体健、德美、智高" 的幸福少年。建构了 "1+3+N" 的学生成长课程，为学生提供多样化、可选择的优质学习资源，使学生的道德品行、文化知识、学习习惯、意志品质、学习技能、创造能力等方面得到进一步提升。

——大同小学校长晏世明

学校以 "惟正笃行，日有所新" 为办学理念，培养 "善良、美好" 的新时代少年，建构了 "正体、正德、正行、正知、正雅" 五正课程，提供了适合学生发展的教育。坚持以学生为主体，以人的发展为核心，积极发展学生个性，全面深化素质教育，陶冶学生情操，增强学生社会责任感，促进学生全面和谐发展。

——日新小学校长温国驰

学校以"立德成慧、求新力行"为办学理念，建构了"学会做人、学会学习、学会合作、学会创造、学会劳动"五会课程体系，为学生提供了丰富而适性的课程，使学校课程结构更合理，学校特色更鲜明，使每一位独具个性的学生在德、智、体、美、劳等方面得到充分发展，做"有理想、有本领、有担当"的社会主义建设者和接班人。

——弥车小学校长李昌华

学校以"适性扬长、多元共生"为办学理念，培育"有中国根脉、健康体魄、国际视野"的时代少年，通过"贯通整合、合作共赢"实施路径，实现"根植生命，焕发生机"的教育目标，建构了"人文博积、科创精思、身心健康、品德笃行"共生四大课程群，开发了一系列配套学生读本，实现了学校课程开放化、校本化、特色化。

——外国语小学校长陈周民

专家对各位校长的交流发言作了点评指导并就课程在学校的战略性思维作了引领，激发了校长们"办什么样的学校，为谁办学校，怎样办好学校"的深度思考。

在今天这样的教育大背景下，学校的教育目标转化为培养面向不确定世界的终身学习者，而国家的未来，就在今天的校园里，学校作为教育的重要承担者，各位校长在学校课程建设中要把握扩大教育价值的四个开关：目标、连接、需求、选择。

——2023.10.24，"青白江项目"名校（园）长九义学校校长共同体全体成员，在青白江区龙王学校举行了《践行办学思想与主张学校课程建设》研讨活动。龙王学校巫开金校长主持研讨活动并介绍了活动的目的意义，对活动开展提出了要求，希望全体校长要坚定树立"卓越课程成就卓越学校"的意识，在学校教育中，坚持践行自己的办学思想与主张，把学校办好，办出特色。

学校坚持"让校园充满成长气息，为师生创造润泽平台"的办学理念，建构了"三级、三类"学校课程体系，即国家、地方、校本三级课程，通过整合与生成，形成生本化的学科整合课程、个性化的实践体验课程、一贯化的学生成长课程三大类校本化的课程。课程实施中，完善了课程评价机制，制定了《龙王学校课程质量考核方案》《龙王学校校本课程考核方案》《龙王学校社团考核制度》等，在具体的评价指标上突出课程理念、课程架构、组织实施、成果考核、师生满意度等，充分发挥评价在学校课程体系建设中的导向作用。

——龙王学校校长巫开金

学校"以学生全面发展为本"的校本课程，让学生能够得着、有收获，与国家课程，地方课程形成互补；通过缤纷多元的校本课程，满足学生的兴趣和个性化需求，促进学生的全面发展；充分发掘在地资源，包括学校资源，城厢古镇文化资源，绣川文脉，彭家珍革命教育资源等，促进特色品牌学校的形成；引入区域资源、高校资源等，打造特色校本课程，彰显亮点，办学有特色；搭建平台，发挥教师的才华和特长，促进教师文化素质提高和专业成长。

——城厢学校校长徐磊

学校坚持以习近平新时代中国特色社会主义思想为指导，全面贯彻党的教育方针，围绕凝聚人心、完善人格、开发人力、培育人才、造福人民的工作目标，发展素质教育。将"体悟式教育"作为学校的办学特色，在深入挖掘"泉文化"内涵的基础上，逐步建立了"体悟式教育"课程体系，通过重视并实施德育、智育、体育、美育、劳动教育，促进人的全面发展。落实"实践育人"教育理念，改变育人方式，在体验中学习，在学习中领悟，直至达到"体验丰富、领悟深刻、勤奋自强、心灵纯净"之效果，培养"会体验、善领悟、重坚持、净心灵"的社会主义事业的建设者和接班人。

——清泉学校校长钟德强

学校秉持"姚梦致远，竞渡同美"的办学理念，建构姚梦课程体系，坚持立足乡村，以心怀梦想，奔向远方作为课程建设理念，培养会生活、会学习、会合作、会创新的姚梦少年。将中小学的课程内容进行衔接与整合，在知识教学时进行适当的拓展和穿插，实现学科融合，既有利于中小学知识的衔接，又有利于学生知识框架的构建。利用乡村学校得天独厚的优势，开辟种植基地和烹饪实践基地，充分发挥劳动教育"以劳启智、以劳修德、以劳健体、以劳育美"的积极作用，结合中医药文化，开设中医药特色课程，让学生在学习的过程中既增长知识，又深刻地感受到中华民族传统文化的魅力。

——姚渡学校校长张盛林

指导专家对各位校长的交流发言作了点评指导并就学校课程建设如何与学生的发展相连接作了深度交流与引领，使全体校长更进一步明确课程是学校人才培养蓝图，课程是教育活动的基本依据，课程是学生吸取知识的主要来源。

全体校长要牢固树立"办学为民、育人为本"的办学思想，秉持"为党育人、为国育才"的坚定信念，深入推进素质教育，把学校课程建设好，实施好，充分体现以人民为中心发展教育的价值追求，加强对学校课程建设的宣传，让学生有获得感，教师有成就感，家长有幸福感。

　　——2023.12.7，组织名校（园）长参加在青白江区实验小学开展的《AI赋能的数学教与学数字化专题研讨》活动。青白江区实验小学程辉校长从学校管理推进策略、网络画板数字化应用场景打造、网络画板数字资源建设、数学实验特色课程建构、融入数学实验的"致性创享"的课堂教学样态等方面进行分享。

　　——2023.12.14，青白江区名校（园）长初中学校校长共同体全体成员，在青白江区至佳中学举行了《践行校长办学理念，加强学校课程建设》研讨活动。至佳中学陈兵校长带领大家参观了学校扎染室，向大家介绍了扎染作为非遗文化的意义，扎染对于教育的意义以及学校开展扎染基础课程、扎染社团、扎染活动等。

　　研讨活动中，参会校长们结合自身办学治校情况，进行了交流：

　　学校严格落实四川省义务教育课程计划要求，进行了四轮学校课程方案编制和课程建设，在开齐开足所有国家课程的基础上，科学合理安排选修课程、STEAM理念，有效开展综合实践活动，逐渐形成五育融合的学校课程体系。不断完善教学管理规程，加强学校课程建设，保障教学秩序规范。秉持"让每一个孩子得到最好发展"的办学理念，实现"为培养全面的人、丰富的人，对中华文化有历史感、对外来文化有开放眼光的人打好素质基础"的发展目标，学校形成"至真、至诚、至善、至美"至佳文化内涵，构建了国家课程校本化、校本课程个性化、德育课程生活化的至佳课程体系，设置卓越学院培优课、基础学科专题课、薄弱学科强化课、知识拓展性选修课、综合实践类选修课、品位提升类选修课、中西融合专题课、实践创新专题课、高尚品行专题课、身心健康专题课等30余门课程。实现全过程、全方位、全覆盖的课程育人。

　　　　　　　　　　　　　　　　　　　　　——至佳中学副校长张宝图

　　学校以青白江区建设"学有优教"成都教育发展样板区为契机，以大力推进新优质学校、"公办初中强校工程"建设为抓手，构建完善"真善美教育"发展体系，积极探索生态特色育人模式，建设良好班风、校风，形成班级温馨、师生文明、校园和谐的良好氛围，使学校成为教师专业发展的沃土，学生健康成长的乐园。优化学校"真善美课程"体系，在已有"善美课程"建设基础上，制订未来五年学校课程改革方案。严格执行国家课程计划，全面落实国家课程目标，将国家课程和校本课程有机融合，着力探索国家课程与校本课程结合点，建设生态教育、科创教育、智慧教育等特色课程群，为学生发展、学校发展需求提供多样化、多元化课程。学校坚持以"备课精细、授课精彩、辅导精心、作业精巧、评价精当、反思精准""六精"教学，完善了为各年级、各学科质量增值提供有效帮助的学校课程。以"真善美教育"理念为引领，探索建立新型"智慧学本课堂"

教学模式。以"学为中心，问题为导向，师生发展为本"，建构了"先学后导、问题导学、小组合作、对话展示、多元评价"的课堂教学模式。

——红旗学校校长魏林

学校课程建设中，我们秉持和挖掘学校教育资源，通过探索和尝试，找准学校课程建设与学校教育理念建设的有效契合点，将学校教育理念进行校本化，让学校特色教育理念引领学校特色课程的建设和发展。第一，让每一个孩子得到最好的发展。为此，我校在国家课程开足开齐开好的基础上，不断优化校本课程。第二，让学生站在教育舞台的中央。从衣食住行出发，大力发展学校德育课程。第三，以学生为中心、以教师为中心。积极践行"双中心"的办学主张，尊重教育。陈兵校长还就如何丰富德育课程？怎样构建以学生为中心的课堂，开创和丰富学校课程体系？怎样做到以教师为中心，提升教师的荣誉感和幸福感与各位专家作了深入交流。

——至佳中学陈兵校长

专家对各位校长的交流发言作了点评指导并就学校课程建设如何找到学校课程在学校落地的切入口和生长点，打上学校印记的特色学校课程落地作了深度交流与引领，使校长们更进一步明确如何以学校课程建设彰显学校价值追求，以师生发展为目的，培育学校师生基本的价值取向，奠定幸福人生根基。

青白江区总督学吴红丽充分肯定了两所学校在办学理念和课程建设上的亮点。她从课程目标准确性、课程建构完善性、学校制度规范性三个方面提出改进建议和新的思考。希望各学校能完善细节，把学校教育理念视域下的学校特色课程体系建设与评价方法研究在学校特色课程建设中再审视、再梳理、再丰富、再提升。以国家课程标准和学校教育理念为指导，明确学校特色课程建设的前提是利用该地区和学校优越的教育资源，发展学生的个人需求作为目的。定期调研和跟踪调查来辅助完善课程，完善课程管理和课程评价体系等提出了很好的建议。一是学校课程建设要体现以育人为本；二是要鼓励教师开发课程；三是要让学生参与课程开发。努力探索学校教育理念视域下学校特色课程实施策略，在学校文化中孕育课程，在课程中彰显学校文化，努力将学校魅力和学校特色课程活力形成自己教育的合力，承载教育境界的自觉升华。

四、青白江区名校（园）长培育成效经验

青白江"三名工程"名校（园）长培育项目实施三年，得到青白江区党委、政府和教育主管部门领导对《项目》工作高屋建瓴的决策、关心和支持，得到省

内外众多专家学者提供的理论支撑和专业引领，在四川西部教育研究院领导对《项目》实施的精心策划和指导下，我们充分运用网络和研究院培训资源，找准突破口，全面诊断青白江区名校（园）长专业发展现状与水平，深入了解他们专业发展需求，分析他们学习工作难点，化解他们学习中的困惑，进行针对性课程设计。通过专家引领、转变思想、更新观念，以规划学校发展、营造育人文化、领导课程教学、引领教师发展、优化内部管理、调试外部环境校长专业标准，精准设计课程。通过三年培育，青白江区名校（园）长思想政治素质和政治能力得到显著提升，忠诚党的教育事业，推进教育公平发展，树立正确的教育理念与办学思想，熟悉国家的教育法规和政策，依法治校的能力和水平明显提高，教育理论和教育管理知识更加丰富，学习意识、服务意识、教育质量意识、创新改革意识明显增强。项目实施三年，取得了良好效果，推进了青白江教育可持续发展，促进了名校（园）长专业发展，产生了良好的社会影响。

（一）名校（园）长培育的标本性意义已经显见

青白江名校（园）长培育效益和成果产生了积极的影响，受到业内外一致认同。校（园）长办学思想与主张论文已编入《我们这样做教育》论文集正式出版，校（园）长论文《西部教育视窗》刊登，校（园）长贯彻落实"双减"政策论文汇编《"双减"我们在行动》论文集。校（园）长撰写课程案例推荐申报省立德树人优秀案例评选。其中，弥牟小学《传诸葛智慧，承古韵青花》，龙王学校《乡村学校美育创新探究——以美育实践项目"龙王草艺"为例》学校特色课程案例在成都市教育学会九年一贯制教育专委会"2023课堂改革"教学观摩暨"2023年学术年会"论坛交流。活动中校（园）长接受省报、电视台记者采访，区级以上交流、讲座2021年94人次，2022年104人次，2023年124人次，参培校（园）长三年培训学习中，职务晋升7人，升迁重要岗位5人，获得荣誉、业绩、科研、论文发表等均达到省市特级评选条件15人，16人均达到市区领航校长和优秀校长推荐条件。三年来，全体校（园）长结识了众多专家，深交了同行朋友，解决了教育管理实践中的困惑，增强了专业成长的信心，共同度过了美好的三年学习时光。他们在学习中充实，在交流中分享，在合作中共进，在感悟中提升，在培育中发展。这些经历和体验是他们宝贵的精神财富。他们建立了毕生学习理念，秉承自己的教育理想，挥洒热情，播种希望，担当起时代赋予他们的光荣责任。

（二）名校（园）长发展共同体良好运行

"要想走得快，就一个人走；要想走得远，就结伴而行"。项目实施中，打破培训传统组合，经过重新组合，搭建新平台，创设新环境，激发新动力，启迪新思维，校（园）长学习发展共同体良好运行，发挥了他们学习的主体作用，促进了校（园）长深度学习，学习获得感明显增强。激发了校（园）长参训积极性，提高了培训实效、克服了当前校（园）长培训存在的弊端。在学习共同体中，不仅校（园）长的学习得以深入，更关键的是校（园）长的合作意识、团队精神得以激发。在这样的团队中，每位校（园）长都能找到自己的位置，每位校（园）长都得到成长，每位校（园）长都享有尊严。学习共同体使校（园）长的学习由个体的单打独斗转变为团队成员的相互协作，由被动学习转变为主动学习，由平面化学习转变为立体化学习。突破了机械重复平面式的学习方式，校（园）长的学习由浅入深，由点及面，在有专业引领、有组织、规范地开展系统深入的学习研修活动，把共同体作为培育教育家精神的关键组织，把校（园）长作为在共同体中践行教育家精神的关键主体。这样的研究和学习，校（园）长更有兴趣，更贴近了校（园）长工作实际，更适合校（园）长的成长需要，校（园）长的参与欲望和探究意识更加强烈。在校（园）长共同体运行中，我们组织开展研修活动42次，在校（园）长研修活动中掀起"头脑风暴"，使他们进一步反思自己的想法，亲身感受"参与式学习"的神奇。在《凝练办学思想，亮剑办学主张》，《践行办学思想，分享教育智慧》等主题研修活动中，校（园）长撰写论文《我的办学思想与主张》，他们用符合教育规律、具有哲理性的语言概括成一句话来表达自己的办学主张和核心价值观点，将自己多年的办学经验与学习思考成果显性化、明确化，主动回答了培养什么人，怎样培养人，为谁培养人这个根本问题。观览他们对办学思想与主张的提炼，无不展示出他们的教育智慧与教育情怀，他们抛出自己的观点与专家学者进行碰撞、交流、分享、转化，寻求新时代教育家型校长的路径和方法，在行动中思考、反思、内化，更新，彰显了青白江名校（园）长学术魅力和专业领导能力。

赵泽高校长的"循道尽性、化育成人"；陈露校长的"守真立德 化育树人"；吴国林校长的"追求真善美、培养有教养的人、让每一个家庭的子女都成功"；刘清太校长的"重德强技，自信成才"；吴红丽校长的"尚善尚美、成人成才"；陈兵校长的"崇德、笃学、强体、创新"；胡德宏校长的"青出于南，德成于通"；魏林校长的"培养新时代真善、真美的好少年"；巫开金校长的"润泽生命、实现价值"；钟德强校长的"勤奋自强，厚德载物"；徐磊校长的"以爱立人，以文化人"；张盛林校长的"姚梦致远，竞渡同美"；程辉校长的"实验创新，通达未来"；肖洪校长的"学真知、练真才、求真理、做真人"；阳铁桥校长的"做更美的自己"；高原校长的"尊重生命，尊重差异，因材施教"；廖茂校长的"以和润心·以美育人"；晏世明校长的培育"体健、德美、智强"的幸福少年；陈周民校长的"适性扬长 多元共生"；李昌华校长的"立德成慧 求新力行"；温国驰校长的"蒙以养正，辉光日新"；张宝图校长的"差异发展 健康成长"；李虹校长的"为每一个孩子未来发展提供成长路径"；薛原校长的"让孩子回归天真无邪的快乐"；杨果校长的"为孩子提供有营养的教育"；罗玲园长的"以巨人之心，树幸福未来"；钟倩园长的"爱如清泉，润泽童年"；康成凤园长的"顺天致性，行知合一"；刘波园长的"童蒙养正　知行合一"等等。这些思想与主张，凝聚着校（园）长的心血，他们将学校多年的办学经验和潜在特质清晰化、明确化、概念化地表达出来，从而更好地引领学校发展。校（园）长之间相互探讨和交流，面对面地协作互动，激发了校（园）长自身的研究和问题求解的机会，实现了取长补短，共学共鉴，共同提高。

（三）名校（园）长工作行为持续改变

青白江名校（园）长培训启动，进行了问卷分析，大多数校（园）长在学校工作中还处在"躺平"的状态。针对这种情况，培训中，着重加强了对校（园）长教育理论提升，教育理念更新，教育观念转变，办学思想凝练。校（园）长工作行为发生了持续改变，他们对党的教育方针、国家的教育政策、学校的育人思想有了更深刻的认识和理解，对教育的认知逐渐从思想升华到个人的理论素养的提升得到深刻，真真切切地去办老百姓家门口的好学校。

一是教育管理行为发生了深刻改变，从亲力亲为走向引领示范，更多地相信班子成员、中层干部、教职工、学生和家长，为师生搭建成长平台。

二是校（园）长办学思想与主张的提炼、确立与实践，造就了有情怀、善引导、勤学习、勇担当的持续发展型校（园）长，培育了善思敏行、全面发展、个性凸显的自主成长校（园）长，学校未来发展方向明确，办学主张旗帜鲜明。

三是校（园）长更加注重与师生的沟通与交流，他们过去更多地关注于行政管理和决策执行，而忽视了与师生的交流与互动。现在他们能积极走进教师、学生之中，深入教研组、备课组活动，深入课堂，倾听师生的意见和建议，关注他们的需求和困惑，努力为他们创造一个更加和谐、积极的工作环境。

四是校（园）长更加注重团队协作和集体智慧，他们深知一个人的力量是有限的，而一个团队的力量则是无穷的。因此他们积极倡导团队合作，鼓励教师之间的交流与分享，共同解决教学中遇到的问题。同时，注重发挥集体的智慧，集思广益，为学校的发展出谋划策。

五是校（园）长学习方式改变，他们更加注重自身的学习与提升，深知作为校长责任重大，必须不断学习和进步，才能跟上时代的步伐。改变了过去被动接受学习的方式，积极参加各种培训和学习活动，不断提升自己的专业素养和管理能力，引领学校发展。

六是校（园）长更加注重学校工作效率提升，学校工作中，能合理安排时间，优化工作流程，提高了工作效率。

七是校（园）长更加关注学生发展，改变了过去以分数衡量学生的教育观念，他们能始终将学生的成长和发展放在首位，关注学生的个性化需求，为学生提供多样化的教育资源。

八是校（园）长更加注重家、校、社协同育人，对家庭教育理解更到位，善于开发社区教育资源，促进学生全面发展。

通过三年学习培训，结业时，我们再用编制的校（园）长25项工作行为进行问卷。分析结果：非常不符合占0.2%，比较不符合占3%，比较符合占43%，非常符合占54%。其中非常符合提高了34%，32位校（园）长175项工作行为从开初的比较符合改变为非常符合。三年学习中，大家相互交流，相互支持与勉励，得到了许多收获与快乐，校（园）长们经历了一次次的教育思想与教育理念的洗礼，三年经历使他们具备了更为开阔的办学视野与更高的教育站位，具备了承担传承和发扬教育家精神的时代使命。

（四）名校（园）长队伍建设已见成效

建设一支名校（园）长队伍是引领区域教育高质量发展的关键，也是建设教育强国的关键。名校（园）长培育三年中，我们围绕教育家精神的培育和弘扬，发起教育家精神学习、研究、讨论专题活动，从学校教育教学治理实践、教育理论研究等多角度深入思考教育家精神。引领校（园）长涵养"躬耕教育、强国有我"的志向和抱负，形成全体校（园）长争相践行教育家精神的良好氛围。以教育家精神为导向，丰富和优化相关培训课程，加强优秀典型事迹的传播和表彰。

1.教育信念更坚定。通过学习，他们深刻认识到要自觉做中国特色社会主义的坚定信仰者，要自觉把党的教育方针贯彻到教育教学和管理工作的全过程，严肃认真对待自己的职责。努力提升思想政治素质和职业道德水平，把社会主义核心价值观贯穿到治学治校全过程，用习近平新时代中国特色社会主义思想武装头脑，加深对中国特色社会主义的思想认同、理论认同、情感认同，率先成为先进思想文化的传播者，学生健康成长的指导者。

2.教育思想更深入。教育是心灵的沟通、灵魂的交融、思想的碰撞、人格的对话。三年中，通过教育阅读，他们认真研习古今中外教育家的思想观点、理论理念，努力成为具有教育思想的学者。以终身学习的思想，注重继承与发展，广泛涉猎科学、文学、艺术、哲学、管理知识，开阔视野，丰富想象，掌握规律。完善了学校办学思想体系，凝练了鲜明的办学思想与主张。

3.教育实践更创新。三年学习中，准确把握新时期学生成长的特征，积极探索培养创新人才的途径，树立正确的人才观和科学的质量观，按学生成长规律的特点，不按一个标准、一个模式培养学生，力图为每个学生提供适合的教育，促进学生全面而有个性地发展。以丰富多彩、积极向上的校园文化活动为载体，让学生在日常学习生活中接受社会主义先进文化的熏陶和文明风尚的感染。

4.教育情怀有担当。名校（园）长在三年学习中，不仅办好了自己的学校，还具有使命担当。他们的思想水平、价值追求、办学境界在一定程度上影响青白江教育的发展与未来，其使命已经超出了办好自己的学校。他们努力把自己的教育管理工作与实现中华民族伟大复兴的"中国梦"结合起来，与"两个一百年"的奋斗目标紧密结合起来，家国情怀，责任担当，教育家精神在每一位校（园）长身上体现出来，在各自的岗位认真实践，不断追求！

（五）名校（园）长专业发展的自觉性显见提升

组织专题培训、活动研修、论坛交流、教育阅读、教育写作等多种形式的学习活动，引发了校（园）长们的深切反思与改进，名校（园）长的条件性知识、本体性知识、实践性知识、文化知识得到进一步提升和优化。他们在学习、研修、交流活动中，表达的专业精神和责任有深刻认识，爱岗敬业的专业素养得以明显提升。

一是思想认识显著提高。从教育"立德树人"的根本任务，到习近平总书记关于教育的论述；从为党育人、为国育才总体要求到培养德智体美劳全面发展的社会主义建设者和接班人；从"为谁培养人、培养什么样的人，怎样培养人"三个教育的根本性问题，到学校的顶层思想体系的构建。全体校（园）长在学校教育教学管理工作中，忠诚党的教育事业，敬业尽责，敬畏自己的事业，全身心地投入自己的工作中去，尽心、尽力、尽职、尽责。

二是理论修养快速升位。从"校长论坛"到"文翁讲坛"，从成都的电子科技大学附属小学到江苏无锡的东林中学，他们一次次和教育界的顶级教育思想家、著名校长碰面。袁利平教授讲述的一所学校的课程的设置和实施的过程，就是一所学校教育价值取向，办学理念，学校文化师生发展的实践过程。教育时代变革与教育改革，改到深处是课程，改到痛处是教学，改到难处是教师，改到实处是学生。教育理念决定课程理念，课程理念决定教学理念，教学理念决定教学行为，教学行为决定教学质量。在一次次学习聆听中，在一次次的交流分享中，校（园）长理论素养在不断提升，对教育的认知逐渐从思想升华到个人的理论素养的提升，他们孜孜不倦地求索，寻找教育改革的方向，真真切切地去办老百姓家门口的好学校，实实在在地为当地百姓服务，将立德树人作为教育的根本任务。

三是管理理念更新更快。学习中接触到了许多著名的大学教授、著名的校长、有名的专家，毫无保留地向校（园）长分享他们的管理理念、管理方法，很多管理思想振聋发聩：赵宪宇先生提出的教育就是讲故事；习近平总书记说，要讲好中国故事；作为教育人，就应该讲好教育故事。要坚持德育为首，教学为中心，科研为先导，更新教育理念，深化教育教学改革，改进教学方法，全面推进素质教育。要强化管理，从制度建设入手，规范办学行为，向管理要质量，要在教学常规管理和学生日常行为规范管理方面狠下功夫，建立以人为本、科学高效的学校管理模式。名校（园）长要有全新的战略眼光，必须明确，学校规模的逐步扩大，既是一个全新的发展机遇，也是个前所未有的挑战。

四是实践方法更加丰富。名校（园）长在三年学习中，不仅有思想理念的学习，也有实践方法的丰富。在学校管理的实际问题中，他们不仅得到了高屋建瓴的思想引领，而且获得了实际的操作经验分享。江苏无锡一位校长就分享了自己的管理经验，现阶段情况下，面对教师"躺平"的现象，校（园）长如何做才能让老师们不敢躺、不能躺、不愿躺。西部教育研究院陈大伟院长，教师如何通过"观课议课"提升课堂教学效果，不仅告诉校（园）长为什么要做，还告诉校（园）长如何做，这些成功的经验分享，让校（园）长少走了很多弯路。

五是竞争意识明显增强。名校（园）长竞争意识必不可少，特别是在当前教育大背景下，学校的高效课堂建设、学校的文化建设等活动中，尤其要有这种意识，才能让活动精彩的同时更能出彩。

六是规划好了学校蓝图。规划是名校（园）长的战略工具，对于名校（园）长来说是职业素养的不断提升，对于学校来说是不断发展。

一名好校长，最重要的是实践，在实践中提升自己。青白江名校（园）长勤于实践，只有不断探索实践，才能有所作为。校（园）长要在实践中，不畏艰难、勇于探索、真抓实干，结合本校实际，找出问题所在，研究对策方法，制定措施策略。三年培育，建立了学习成果评价机制，规范了校（园）长荣誉的类别和层次，运用教育评价功能，调动了他们学习积极性，教育成果意识明显增强。名校（园）长三年学习在荣誉表彰、论文发表、成果评奖、教育科研、指导教师、教育交流等业绩突出，成果显著。

项目实施三年，完成全部培育课程，全体校（园）长勤政、优政、督政、廉政，紧紧围绕"立德树人"根本任务，以"办百姓家门口的好学校"为工作主线，以党建工作为引领，以重实际、抓实事、求实效为原则，用心推进青白江教育高质量发展。学校教育秩序组织有序，升旗仪式、课间活动规范，德育教育彰显实效，教学科研扎实开展，教师培养有计划推进，师生主动发展非常明显，家、校、社协同育人开创新局面，全面促进学生德智体美劳全面发展，办学水平得到社会、家长广泛赞誉。

◎ 第四章 ◎

青白江区推动名教师成长的策略和路径

一、新时代区域领航名师培养的意义与价值

新时代区域领航名师培养的意义与价值，不仅是对教育发展的深刻洞察，更是对地区教育未来的坚定信心。在时代的洪流中，教育作为国家的基石，其重要性越发凸显，而拥有一支高素质、高水平的教师队伍，更是推动地区教育事业发展的核心力量。因此，加快培养区域领航名师，无疑是对青白江区教育高质量发展的深远布局，具有不可估量的价值。

（一）理论与政策依据坚实，领航名师培养势在必行

随着教育改革发展的步伐不断加快，教师队伍建设已成为提升教育质量、实现教育可持续发展的关键所在。青白江区作为教育改革的先行示范区，更是深刻认识到培养领航名师的重要性和紧迫性。从国家政策学习到培训理论优化，再到区域措施的制定与实施，我们都为领航名师的培育作出了充分的准备和坚实的支撑。在理论层面，我们依据教师专业发展理论、教育领导力理论、教育创新理论、终身学习理论以及教育生态学理论，为领航名师的培养提供了科学的指导。这些理论不仅强调了教师个体的成长与发展，还注重教师的领导力、创新能力和专业素养的提升。在政策层面，国家及地方的相关政策文件为领航名师的培养提供了有力的支持，为培养新时代的领航名师指明了方向。《国家中长期教育改革和发展规划纲要（2010—2020年）》明确提出要加强教师队伍建设，提高教师的整体素质和专业水平，实施名师培养工程。青白江区也结合自身实际，制定了一系列地方教育措施，为领航名师的培养提供了政策保障。

（二）现实诉求迫切，领航名师培养刻不容缓

面对成都市委、市政府对青白江区提出的"陆海联运枢纽·国际化青白江"的发展定位，青白江区教育局深知加快教育高质量发展和人才培养的紧迫性。优秀的教师是提升教育质量和培养未来人才的关键所在，而领航名师更是教师队伍中的佼佼者，具有引领示范作用。然而，当前青白江区教师队伍整体素质还有待提升，教育教学方式相对落后，这些问题严重制约了区域教育的进一步发展。因此，培养领航名师已成为一项紧迫而重要的任务。我们需要通过选拔和培养一批具有高超技艺、示范引领作用的领航名师，来引领和推动青白江区教育的深入改革和发展。

（三）价值取向明确，领航名师培养方向清晰

在培养领航名师的过程中，我们始终坚持正确的价值取向。正如本项目首席专家陈大伟先生所言："一线教师的教学研究是运用思想和行动结合的力量让自己的教育生活变得舒适美好；研究能够让工作变得不累，让行动更有质量和效率，如果只是'埋头拉车'，糊糊涂涂地工作，不会有好的效果。"[1]

第一，我们注重素质教育核心地位的确立，强调名师不仅要关注学生的知识掌握，更要注重学生的品德修养、能力素质和创新精神的培养。第二，我们重视教师专业发展，通过加大职业培训投入、提供学习机会和发展空间等方式，促进名师不断更新教育观念、提高教学水平。第三，我们还强调实践能力和创新精神的培养，鼓励名师勇于尝试新的教学方法和手段，为教育事业的发展贡献力量。第四，我们倡导团队合作和共享精神，促进名师与同行之间的交流合作，共同提高教育教学水平。第五，我们关注名师的社会责任感和使命感，鼓励他们积极参与社会公益活动，发挥教育在社会发展中的积极作用。

总之，培养新时代区域领航名师是青白江区教育事业发展的重要举措。我们相信，在不久的将来，青白江区将涌现出一批批优秀的领航名师，为区域教育事业的发展注入新的活力和动力。

二、青白江区领航名师培养对象选拔依据

名师的培育是提升教育质量、引领教育改革的强大引擎，因此，为精心遴选出具备卓越潜质的领航名师培养对象，我们必须建立一套既科学又公正的选拔机制。这一机制将全面、深入地评估候选人的各项素质和能力，确保选拔出的名师培养对象能够真正肩负起引领教育未来的重任。

---

[1]陈大伟：向教育最深处"漫溯".《教育导报》，2024年1月。

我们的选拔流程严谨而细致，涵盖了自愿申报、组织推荐、课题组比对遴选条件、专业理论测试、现场答辩、专家组评议、领导小组审核以及区教育局党组审批等多个环节。每一个环节都精心设计，旨在从教育理念、教学能力、学术水平、实践经验和社会影响力等多个维度对候选人进行全面评估，最终从400多人报名中优选了150名培养对象。

（一）教育理念

教育理念是名师培养的灵魂所在。我们期望的选拔对象应拥有先进而独到的教育观念，始终关注学生的全面发展，致力于激发学生的创新精神和实践能力。他们应紧跟教育改革的步伐，勇于探索新的教育模式，为学生的成长提供最佳的教育环境。

（二）教学能力

教学能力是教师的基本功。优秀的名师培养对象应具备扎实的教学技能，能够灵活运用各种教学方法和手段，激发学生的学习热情和兴趣。同时，他们还应具备优秀的课堂管理能力，确保教学质量和效果达到最佳状态。

（三）学术水平

学术水平是名师培养的重要支撑。我们期待的选拔对象应在学科领域具有深厚的学术造诣，能够关注学科前沿动态，积极参与学术研究，为学科发展贡献智慧和力量。他们的学术成果和科研项目是我们评估其学术水平的重要依据。

（四）实践经验

实践经验也是名师培养不可或缺的一环。我们期望的选拔对象应具备丰富的教育教学实践经验，能够将理论与实践相结合，解决教育教学中的实际问题。同时，他们还应具备团队协作和领导能力，能够带领团队共同推进教育教学改革。

（五）社会影响力

社会影响力是名师培养的重要体现。我们期望的选拔对象应在社会上具有一定的知名度和影响力，能够积极传播先进的教育理念和实践经验，为教育改革和发展贡献自己的力量。他们的社会贡献和公益活动参与度将是我们评估其社会影响力的重要指标。

综上所述，青白江区领航名师培养对象的选拔依据涵盖了教育理念、教学能力、学术水平、实践经验和社会影响力等多个方面。这些依据相互补充、相互支撑，共同构成了我们选拔名师培养对象的完整框架。我们相信，通过这一严谨而科学的选拔机制，我们一定能够选拔出真正具有潜力和实力的领航名师培养对象，为青白江的教育事业注入新的活力和动力。最终经过层层推荐、严格筛选出来的具有较高专业素养、精湛的教学艺术、教学成绩斐然的教师群体，在教学、教科研型、班级建设等方面的获得过各级各类优秀称号的"未来名师"共150人的高端教师团队。这批培养对象在青白江的教师群体"五级梯队"中大约处于中间第三层次，介于区骨干教师与专家型教师之间，通过培养，未来将成为研究型的教育教学专家。

三、青白江区领航名师培养策略

名师培养，是一项既深远又充满挑战的重要任务。它的核心在于对教师队伍进行系统化、精细化的塑造，旨在打造出一批在教育理念、教学技艺、科研成果和社会声誉等方面均达到卓越水平的教师精英。这些名师不仅应具备高尚的师德师风，成为学生的楷模和引路人，更需要在教学实践中不断创新，形成独特的教学风格，让每一堂课都成为学生的心灵盛宴和成长记忆。在名师培养的目标定位上，我们决不满足于仅仅提升教师的教学技能和学术研究能力。我们更期望培养出具备前瞻性教育理念、深谙教育真谛的名师，他们能够以智慧和知识激发学生的无限潜力，引导他们成为有思想、有能力、有担当的未来社会的中坚力量。同时，名师还应成为学科建设和教育科研的引领者，推动学科不断创新发展，为提高整体教育质量贡献自己的力量。在具体实践中，形成一些具体策略和方法。

（一）精准把脉起点需求，明确制定培育目标与路径

明确培养对象的起点和需求是项目开展的基础。为了确保青白江区领航名师培养项目的成功与高效，我们必须深刻洞察每位名师的起始水平和内在需求。为此，我们采用问卷调查、深度访谈及实地探访等多重精细化手段，对名师们的现状进行了深入且细致的剖析，对他们的潜在需求进行了精准识别，形成《青白江区"三名工程"领航名师培养项目教师教育教学现状诊断分析》和《青白江区"三名工程"领航名师培养项目培训需求前测调研报告》。通过科学而严谨的调研分析，我们不仅精准地掌握了名师们现有的专业水准和能力状况，更深入地了解了他们在教学实践中的困惑与瓶颈以及他们对于专业成长的热切期待和宏伟目标。这些数据和信息为我们提供了制定项目策略的重要依据。基于这些宝贵的数据和反馈，我们为项目设定了明确的培育方向和目标。

1.培育愿景

深刻把握新时代国家教育改革发展要求，全面提升参培名师在教学理念、教学方法、教育科研等核心领域的综合能力，将他们塑造成一支业务精湛、理念先

进、具有创新精神的高素质名师队伍。

2.总体目标

以青白江区名师队伍的实际需求为出发点，以省、市骨干教师标准和省、市特级教师标准为导向，涵养"教育家精神"，从师德、教育、教学、教研科研等方面核心素养与能力要求为主线，通过学习与实践现代教育前沿理论、德育理论、学科教学教研与科研专业知识，使青白江区名师队伍实现专业自主发展，分级分类逐步达到省、市特级教师和省、市骨干教师、学科带头人专业标准。

3.培育路径：聚焦课堂教学+教育科研+教学主张凝练+展示影响

（1）提高教师全面实施新课程课堂教学的实践能力

①通过参加培训，掌握现代教学理论，了解课堂教学发展趋势。

②建构课堂教学目标愿景，确立和追寻理想课堂。

③学习运用现代教育技术，掌握先进教学方法模式。

④进行以实践反思、行动研究为核心的课堂教学研究方法，提升课堂教学的反思和创造能力，提高课堂教学质量。

（2）提高教师教科研能力，促进专业自主发展

①通过参加培训，掌握基本的科研方法，端正科研态度，详细了解科研的流程，意识到科研与教学的相辅相成、密不可分的关系。

②解决直接面对的教学问题，改进教学质量，促进教师的专业成长与专业发展。

③能对研究课题进行全面规划和科学设计，熟练地掌握提出研究假设、选择研究对象、明确研究变量、选择研究方法、规划研究方案和预期成果等方法和技巧。特级教师候选人能主持区级及以上的课题研究。

④发表科研论文。

（3）凝练鲜明教学主张，构建与教学主张匹配的教学操作系统，形成独具风貌的教学风格

（4）结对名师发挥示范影响作用，带动区域教育持续发展

①锤炼优秀教师队伍，树立当地名师示范。通过结对名师和名师工作室领衔人，高效、持续地帮扶研修，使受训教师逐渐成长为"教育实践专家"及名师工作室核心成员，并成为地方教育科研、教育改革的骨干力量和带头人。

②发挥示范作用，带动地方教师队伍整体发展。以名师为榜样，总结成长经验，在传、帮、带中提高地区教师队伍的整体素质；以点带面，发挥辐射作用，以名师带名校，以名校带地区，促进地方教育水平的提高，形成教育品牌。

③总结交流教育教学成果，树立当地教育品牌。在高品质和持续的学术研修中不断造势，激发教师积极上进求学的愿望，帮助地方营造并形成良好的学术氛围。

（5）提升领航名师专业发展自我进阶能力

在研修过程中强调培养学习意识、指导学习方法，通过开展专业阅读、专业写作、素质教育沙龙、同伴交流与研讨、撰写"学思行"记录表等多种形式的活动帮助教师形成和建立良好的、有效的学习习惯和学习能力，获得可持续发展的能力。

（6）构建领航名师群榜样力量，扩大美誉度

①和教育局一起举办大型教育教学研讨会，总结交流教学经验，展示宣传当地的优秀教师，扩大在本省乃至在全国教育领域的影响力。

②西部教育论坛、四川教育电视台"名师名校名校长"栏目、名师名校网、四川西部教育研究院官网、官微公众号，《教育界》《教育家》杂志等供参培教师输出自己的经验与思想，扩大其影响力。

同时，我们紧密围绕名师们的实际需求和发展方向，精心策划了研修主题内容。这些主题既融入了教育教学的最新理论研究成果，又紧贴名师们在教学实践中遇到的现实问题，旨在通过系统的研修学习，助力他们开阔视野、更新观念、提升能力，实现个人与团队的共同成长。通过聚焦师德修养、课堂教学、教育信息技术、教育科研、教师的表达等主题，增强教育情怀、凝练教育思想、提升创新能力、拓展学科前言、发挥示范引领。

（二）高端配置资源，导师引领助力教师专业成长

每位教师的专业成长都离不开资深导师的引领与助力。因此，在培养对象的成长道路上，我们特别配置了高端的教育资源——资深教师或教育专家，作为他们的专属导师进行理论与实践指导。这些导师不仅在教学经验上极为丰富，其专业素养也极为深厚，他们将以身作则，通过言传身教，为培养对象传授教学之道，助力他们迅速成长为教育界的佼佼者。更值得一提的是，导师们还会结合自己的教育实践，为培养对象提供宝贵的教育智慧和人生建议，帮助他们在职业生涯中更好地规划方向，迎接挑战。我们也会定期组织学术交流和研讨活动，让培养对象有机会与业内人士面对面交流，拓宽视野，增长见识。同时，我们注重培养对象的个性发展，尊重他们的兴趣爱好和特长优势，为他们量身定制个性化的培养方案。我们的导师团队由各领域的专家组成，他们将为培养对象提供最专业、最精准的指导，引领他们在各自的领域里不断探索、不断前行。

为确保培养效果最佳，我们建立了定期的沟通交流机制，让导师与培养对象能够随时保持信息畅通，及时分享教学心得，共同探讨教育问题。这样不仅可以使培养对象得到更加精准的指导，还能帮助他们更快地调整自己的教学策略，实现个人成长与专业发展的双赢。

成都市青白江区领航名师培养项目实践导师工作指南（节选）

为使"学科研修"有序进行和达到预期目标，拟为每个学科研修配置1名实践研修指导导师（主要聘请省内相关学科的特级教师、省市教研员、省市名师工作室领衔人物担任，负责学员教学实践能力和执教水平的提升）。

为充分尊重学科研修指导导师的学术研究成果和劳动成果，特制定学科研修指导导师的职责：

一、指导导师的确定

基于了解学员需求基础上，学科研修指导导师由四川西部教育研究院与相关的专家学者协商选定。

二、导师的指导工作任务与职责

1.导师给学员指定专业书籍或专业论文，并给出研讨话题，组织讨论。

2.与学员交流，明确每个学员的论文或课题选题并予以开题和结题指导，或论文撰写指导。

3.提供导师自己的单元教学设计或课例，供学员观摩学习，布置学员教学设计作业，批阅每个学员的单元教学设计或课例至少两次。

4.观看每个学员的授课实录并予点评，每人至少一次。

5.结束时对每个学员写出带教述评「学习态度，进步表征，问题与建议」。

6.与组长共同设计并实施七次集中带教活动内容自定，线上线下均可。

7.平常以问题为导向，学员与导师之间开展网上答疑、云端对话，学员与学员之间开展问题探讨、感悟分享。

8.提醒组长完成过程性资料收集。过程性资料按月上报（活动通知、照片、活动记录表、简报、指导记录、专家修改稿、修改后定稿等）。

（三）围绕主题培训，激发内生动力，提高内生能力

引导教师自主发展需求，让他们从内心深处产生自我提升、自我完善的驱动力，引导他们对教育的热爱、对知识的渴求和对成长的追求。激发他们内生发展动力，从而让名师在教育实践中更加积极主动，不断探索新的教学方法，提升教学效果，成为引领教育变革的重要力量。在成长的过程中更注重教师能力的培养和形成，为教师提供必要的支持和帮助，如提供培训资源、搭建交流平台等，让他们能更好地到实践当中去提升自身的能力，让他们更加主动地投入自主发展中来。

课堂教学始终是教师成长的主阵地，名师成长更是如此。在实施名师培育的进程中，我们自始至终坚持和引导参培名师关注教学，关注自己课堂教学的变革，

这无疑对促进名师的成长具有根本性的价值和意义。本项目实施的三年中，我们从来没有脱离过教师的课堂教学而纸上谈兵，全面落实参培名师的课堂教学改革(改进)实践是名师培育的核心主题。

首先，通过《教育理想情怀与教育理念》《观课议课对象与策略》《高质量课堂》等专题培训，唤醒名师对理想课堂的追求，树立更远大的教学目标，追求更高的教育境界。

其次，通过分学科公开课观摩实践活动，在实践中通过主题培训、研究课、示范课提升教学能力，以及学术研讨、教学交流等活动，让名师在互动中碰撞思想、交流经验，从而激发其内生发展动力，提升其内生能力，让名师的专业发展表征化。

这之中我们不断追求的价值目标是： "让全体教师的教学要不断实现从'提供思想'到'促进思想'的变革"[1]。

(四) 多方合作共建领航名师成长平台

为了充分发挥名师的引领和示范作用，青白江区教育局和四川西部教育研究院积极搭建教师专业发展平台，为青白江区领航名师成长提供成长的土壤和养分。

在这个过程中，教育局和教师培训机构联手打造了一个完善的网络，将名师的才能、知识和技能集结在一起，让他们能够在新的环境中充分展现自我，展示出他们在教学领域中的专业实力。通过共同开展各种研修活动，让名师们在不断地实践和学习中不断进步，以此来推动他们更好地发展。

与此同时，结合青白江区域教育整体规划发展，四川西部教育研究院还为名师们提供了丰富的资源，包括教育理论、教学方法、教育技术等方面的书籍和资料，以便他们能够获取更多的知识，拓展自己的视野。

此外，青白江区教育局和四川西部教育研究院还制定定期联席会议。定期积极与名师们进行交流和沟通，倾听他们的心声和建议，帮助他们解决在实际工作中遇到的困难和问题。

另外，发挥行政力量手段，在职务晋升、职称聘任、评优选先、培训考察等方面，我们将优先考虑获得荣誉证书的培养对象。以期激励更多的培养对象积极参与目标考核和动态管理，不断提升自身的能力和素质。在发展过程中多位学员表现突出，荣获省市级荣誉称号，提拔为不同级别的管理干部，在更多的位置上发挥引领示范作用。

---

[1]陈大伟：向教育深处"漫溯".《教育导报》，2024年1月。

（五）坚持任务驱动，实现从"外促"到"内生"的转变

名师的培养并非一蹴而就，而是一个从"外促"到"内生"的渐进过程。这一过程需要我们精心规划，悉心引导，帮助教师从外在的压力与激励逐渐转变为内在的动力与自觉。这一转变的关键在于我们如何通过设定明确的教育教学任务，为教师提供一份明确的成长方向，从而激发他们的内在潜能，促进他们的专业成长。

第一，在培训过程中，我们将教师的个人发展与学校的发展目标紧密结合起来，使教师的工作更具针对性和实效性。确定适合的学习任务，既能够为教师提供实践与挑战的机会，又能够为他们创造一个积极的成长环境，通过结果导向，推动他们持续进步，成为更有影响力的教育者。

第二，开展课题研究。课题研究是名师培养的重要途径。通过参与课题研究，教师可以深入研究教育教学问题，探索新的教学方法和手段，提高自己的研究能力和教学水平。

第三，组织教学观摩和交流活动。教学观摩和交流活动是教师相互学习、借鉴经验的重要平台。通过观摩其他教师的课堂教学、交流教学经验和方法，教师可以不断拓展自己的教育视野，提高自己的教学水平。

第四，建立激励机制。通过建立完善的激励机制，如评优评先、职称评定等，我们可以激发教师的积极性和创造性，促进他们的专业成长，通过完成学习任务，形成的成果可以直接参与评优评先评奖，大大激励老师们的学习动力。

在任务驱动下，教师需要不断地学习新知识、掌握新技能、更新教育观念。这要求他们具备高度的自我学习能力和自我管理能力，能够自觉地规划自己的职业生涯和专业发展路径。同时，教师还需要具备创新意识和实践能力，能够在教学中不断探索新的教学方法和手段，提高教学效果和质量。

（六）递进式进阶发展，系统规划三年课程体系

经过精心规划，我们设计了一套为期三年的持续研修课程，旨在通过系统全面的学习，递进式助力每一位学员实现卓越的自我发展。这套课程涵盖了通识类、学科教学类、学科实践类、示范引领类等多元化的课程模块，旨在为学员提供宽广的视野和深入的专业知识。培训采用集体研修、个性研修、课题研究、示范引领等多样化的研修方式，确保每位学员都能找到适合自己的学习路径，实现个性化的成长。在这三年的学习旅程中，我们始终秉持着目标导向、问题导向和实践导向的原则，通过整体系统来规划三年的课程，有效助力学员发展。

第一年，我们致力于建立紧密的学习共同体，明确研修目标，并深化对教育事业的热爱与情怀。通过任务的分解与落实，我们将理论知识与实践技能相结合，助力学员提升专业素养，培养创新思维。通过任务的分解与落实，我们将理论知识与实践技能相结合，助力学员提升专业素养，培养创新思维。

第二年，我们将焦点放在专业领域的深化提升上，力求破解教育难题，推动实践创新。同时，我们鼓励学员拓展国际视野，学习前沿理念，提升思想表达能力。这些举措将帮助学员在专业领域取得显著进步，为未来的职业发展奠定坚实基础。

第三年，我们将更加注重思想的凝练与成果的推广。学员们将有机会将所学所得转化为实际成果，通过示范引领和成果输出，将先进的教育理念和教育实践传播给更广泛的群体。此外，我们还将对学员的学习成果进行全面评估和总结，确保每位学员都能在这三年的研修过程中取得显著的进步和成长。

四、青白江区名师培养的实施路径

根据培养目标和课程设置，培训坚持以专家引领、导师导航、任务驱动、实践锻炼、名师带教、科研提升等多路融通，实施青白江名师培养项目。

（一）专家领航，紧跟时代前沿

青白江区领航名师培养，无疑是一座汇聚行业精英的璀璨舞台。在此，我们精心组建了一支结构严谨、实力雄厚的专家指导团队，成员涵盖了知名高校学者、资深教研员以及一线杰出的学科专家。我们不仅满足于汇集他们的智慧，更将一线专家型教师的丰富实践经验、高校专家的深厚理论底蕴以及优秀教研员理论与实践相结合的独特优势，巧妙融合，形成一股无可匹敌的力量。这样的团队，无疑为我们的领航名师培养注入了强大的动力和信心。

【培训回顾】课堂教学、师德师风专题

1.课堂教学与实践专题：始终应将学生的学习与发展需求放在教学的核心地位。

项目首席专家、成都大学教授陈大伟以他独树一帜的授课风格和深入浅出的案例，为学员深刻揭示了有效观课的精髓与理想课堂的构建之道。他不仅是在讲述，更是在引领我们学员探索教育的真谛。他提出的有效观课要素和理想课堂的十条要求，如同一盏明灯，照亮了教育教学的道路。陈教授强调"以学论教"，将学生的需求与发展置于教学的核心位置。他倡导追求平等互动，鼓励我们面向实践，开展深入的议课对话，从而不断挖掘和丰富教学的内涵。他引导我们研究教学行为背后的教育理念和教学追求，揭示教学策略和方法的奥秘，以科学的视角审视教学，为教学的创新与发展注入新的活力。

2.师德师风专题：从影像中摄取教师职业道德力量。

陈大伟教授长期从事师德师风教育的专题研究，其授课选题更是独树一帜。他采用影像教学方式——从世界范围所拍摄的有关学校教育、教师教育活动、家庭教育等的优秀影片中，分析萃取师德师风精神力量，以生动的影视片段来展开师德师风教育。教学中，生动解析鲜活的道德案例，特别是学员之间的德育故事，让师德培养不再是空洞的讲座和刻板的约束。他巧妙地引导我们反思自己的教育行为，诱发教师内心德性的优秀因子，释放内生性德性光辉。这样的教学方式，不仅让师德培养变得更加生动、有趣，更让我们深刻感受到了教育的温度与力量。

（二）任务驱动，自主提升发展

领航名师的成长，首先在于严谨庄重、博学广进学术氛围的营造；同时更在于教师对自己世界观、价值观、教育观、教学观的改造。我们强调研修作业对于促进学员专业成长的重要性，任务驱动实现自我提升。培训者严格要求每位学员在研修期间，务必全面完成包括专业阅读、教科研、教育教学实践、教学展示、教学指导及专业写作等在内的各项研修作业。

1.专业阅读：旨在深化学员对教育教学理论的理解，每位学员每学期需自主研读至少一本关于课堂教学改革和教育理论的专著，并详细记录读书笔记，撰写不少于五千字的读书心得。在此基础上，还需要进行一次专题理论讲座，将所学知识进行系统的梳理和分享。

2.教育教学实践：要求学员将理论知识转化为实际教学能力。学员需按照新课程理念的要求，精心撰写一堂课教案设计，并准备一篇说课讲稿。同时，还需要提供一节示范课的课后反思以及一堂多媒体教学课件，并在集中交流展示中分享自己的教学经验和心得。

3.教学展示：检验学员教学能力的关键环节。每位学员每学期需至少上1至2节示范课，并做一次教学经验交流。此外，还需要提供一份教学实录，并主持一次校本研修活动，以展现其在教学和研修方面的全面能力。

4.形成教学主张：每位学员要结合自己的教学实践，凝练出自己的教学主张，形成教学主张的文章。认真思考自己真正的教学理念是什么？希望给学生带来怎样的影响和改变？如何使我的课堂充满活力和创新？深入挖掘那些被时间证明为有效的教学方法和策略，最终凝练出自己独特的教学主张。

这些具体而严格的研修作业，看似简单而传统，但它却是促进参培名师不断实现自我提升的逻辑闭环。从专业阅读到教学实践，再从教学展示到形成教学主张，不仅是对学员专业素养的全面提升，更是对其从教育教学理论到实践研究的全面过手与突破。我们认为，通过这一研修过程，每位学员才能实现真正意义上的专业发展。

（三）加强实践锻炼，提升专业修炼

在培训方案的设计中，我们秉持着理论与实践并重的原则，侧重于实践智慧的深度积累与提炼。我们认为，只有在实践中学员们才能真正孕育出智慧的火花，催生出思想的果实，进而实现个人的不断成长。为此，我们精心设计了包括外出参观考察、援教指导、在岗实践、课堂展示等一系列实践研究活动。这些活动不仅为学员们提供了丰富的实践机会，更让他们在实践中磨砺技能，锤炼意志，从而积累起宝贵的实践经验。

1.外出学习

为培育新时代的专业化的高素质学校管理团队及创新型的教师队伍，推动教育事业的革新和发展开创新的篇章。2023年7月10日至14日期间，四川西部教育研究院组织"青白江区'三名工程'2023年教学管理与教育研究能力提升高级研修班"到教育高地江苏无锡进行学习。培训以国家教育政策为指导，以推动高品质学校建设与教师专业化发展为核心，采取"专题讲座+论坛研讨+名校考察"的多元化模式，确保理论与实践的深度融合。培训内容紧扣"双新"背景下的教育变革，从课程设计、教学技术、课堂管理等多方面进行了深入剖析，让参训的领航名师培养对象代表，收获了满满的教育智慧与实践动力。

【培训回顾】江苏无锡学习考察：学名师智慧，筑成长基石

——赵宪宇老师，无锡市教科院原副院长，特级教师、正高级教师，全国教育改革创新的杰出代表，他以丰富的经验和独特的视角，为我们揭示新时代高品质学校建设的核心路径与精彩表达。

——钱科英校长，江苏省特级教师，正高级教师，全国优秀教师，她在无锡市春城实验小学的舞台上，分享她对于高品质师资团队建设的独到见解和实践智慧，让我们一同感受教育的力量。

——叶映峰校长，作为江苏省无锡市东林中学教育集团的总舵手，他带领我们走进课堂的深处，探索优化课堂实践的秘密，用实践来定义我们心中的"好课堂"。

——武凤霞校长，作为江苏省特级教师，全国模范教师，她在东林小学的舞台上，展现她如何在校本实践中实施"素质表现型"学科育人模式，为我们呈现一个充满活力的教育世界。

——赵怡副校长，无锡市第一中学的卓越领导者，将为我们解读"双新"背景下的教育变革，分享她在融合育人特色创新实践中的宝贵经验。

通过外出参观学习，我们的名师学员有了深刻的领悟，对全面深化区域的教育改革形成了独特的认识。选摘几段如下：

【思想火花】名师学员外出培训心得（选摘）

——为了紧跟时代的步伐，必须全面革新我们的思想认识。

——必须坚定信念，强化理念的前瞻性和先进性，不断刷新我们的教育观念和教学方式。

——必须点燃内心的热情，提升主动作为的精神和意识，全身心投入教育教学改革的洪流中。

——必须深化研究，提升研究能力和研究深度，通过系统化和常态化的教研活动，为教学质量和教师的研究能力注入新的活力。

——必须对教学行为和方法进行彻底的革新，打破传统模式的束缚。

——我们要充分尊重学生的主体性和参与性，采用项目式、活动式等前沿教学行为和方法，激发学生的兴趣和创造力。

通过这样外出学习不仅拓宽教师的视野、更新教育观念、提升教学能力，还能增强合作、促进资源共享、激发热情、提升职业幸福感并塑造榜样、引领教育风尚。因此我们在组织实施项目过程中积极鼓励和支持教师外出参观学习，为他们提供更多的机会和平台让他们在教育的道路上不断前行、不断成长。

青白江区名师培养学员赴江苏学习考察

2.援教指导

在青白江区领航名师培养过程中，我们始终秉持一个核心理念：教师不仅是知识的接受者，更是知识的传播者和引领者。我们深知，一位优秀的教育者，不仅要有深厚的学术素养和教学技能，更要有能够激发他人潜能、引领他人成长的引领力。为此，我们特别注重发挥学员的引领辐射作用。在培养过程中，我们鼓励学员将所学所思付诸实践，通过援助教育、送教下乡等多种形式，将先进的教育理念和教学方法传播到更广阔的领域，助力更多教师和学生的专业成长。

在援助教育活动中，学员深入偏远地区，与当地的教师和学生面对面交流，分享自己的教学经验和心得。他们不仅传授学科知识，更注重培养学生的创新思维和实践能力，激发他们的学习兴趣和热情。通过这种方式，学员们不仅实现了自我价值的提升，也为当地的教育事业注入了新的活力。

在送教下乡活动中，学员将自己的课堂带到乡村学校，为那里的学生带去新颖的教学方法和丰富的学习体验。他们用心备课、精心设计，让每一堂课都充满趣味性和启发性。这样的教学活动不仅让乡村学生感受到了知识的魅力，也让他们对未来充满了希望和憧憬。

【名师送教】名优教师九龙行：示范引领

2023年11月13日至17日，陈亮老师荣幸地加入了成都市青白江区 "名优教师九龙行" 的名师送教活动。活动中，陈老师不仅倾囊相授，献上了一场篮球变向运球的精彩示范课，为九龙高中的高一学子们带来了前所未有的学习体验；更以独到的见解和深厚的专业素养，开设了专题讲座《体育 "一体化总体构建·大单元整体实施" 跨学科主题学习的思与行》，引领了教育同人们对体育教育创新模式的深度探讨。

尤为值得一提的是，陈亮老师与九龙高中的体育翘楚徐净秋老师结下了深厚的师徒情谊，并欣然接纳其为工作室成员。这一举措不仅体现了陈亮老师对后辈的悉心栽培，更体现了对教育传承的深情厚谊。我们坚信，在陈亮老师的引领和指导下，徐净秋老师将在体育教育领域取得更加辉煌的成就，共同为培养更多优秀的体育人才贡献力量。

2023年 "青白江区名优教师九龙行" 送教活动

送教活动中陈亮老师举办专题讲座

在青白江区名师培养过程中，我们注重发挥学员的引领辐射作用，让他们成为推动本地区教育改革发展的重要力量。我们相信，通过这样的培养方式，学员的成长一定能够看得见。我们鼓励学员们立足课堂，将所学理论和经验融入教学实践之中，通过不断的尝试和探索，指导并改进教学方法，丰富教育智慧，提升实践能力，最终形成独具魅力的教学风格。同时，通过专题讲座、课堂研讨、名师课堂、跨校授课等一系列活动，让学员们与业内专家、名师零距离接触，学习他们的教学经验和教学方法，发挥专业引领和辐射作用。

3.课堂研讨

在课堂教育改进与实践的道路上，我们秉持着坚定的决心和执着的追求，将理论指引下的课堂教学实践置于首要位置。我们致力于构建一种独特的"理论引领+课堂教学改进"的实操模式，旨在通过深入的理论研究，引领并驱动课堂教学质量的全面提升。我们荣幸地邀请到了李松林教授，他为我们带来了精彩的《核心素养导向的课堂改进》专题讲座。李教授的讲座深入浅出，将核心素养的理念与课堂教学实践紧密结合，为我们指明了课堂改进的方向。同时，陈大伟教授也以其深厚的学术功底和丰富的实践经验，为我们提供了观课议课的理论与实践指导。他的观点独到，见解深刻，为我们的课堂改进实践提供了宝贵的启示。此外，刘静波校长以其卓越的教育理念和高效的课堂实践，为我们展示了高质量课堂的魅力。他的实践经验为我们提供了生动的案例，让我们深刻感受到理论与实践相结合的重要性。在理论与实践的双向驱动下，力争我们名师的课堂教学取得更大的进步。

【实操模式1】 "理论引领+课堂教学改进"模式探索

一、学员理论建构：引导学生进行深度学习。

1.专题讲座：李松林教授《核心素养导向的课堂改进》专题讲座。

李松林教授《核心素养导向的课堂改进》专题讲座

2.课堂改进：李教授在专题培训中指出，我们的课堂普遍缺乏情感的激荡、思维的碰撞和智慧的火花，缺少那种深入骨髓的体验、触及灵魂的思考、透彻心扉的理解以及持久深远的影响。针对课堂的问题为我们指明了前进的方向：引导学生进行深度学习。他坚信深度学习不仅是知识的积累，更是能力的锻炼和素养的提升。他主张积极推动"三线、五点、一式、三型"的课堂深度学习改造：

"三线"，即触及学生心灵的柔软之地，深入知识的核心地带，展开问题解决的真实场景。这不仅是深度学习的基本样态，更是我们教育的初衷和使命。

"五点"，则涵盖了深度学习的五大特质：深层动机，让学习成为内心的渴望；切身体验，让知识不再是冰冷的文字；高阶思维，让大脑在挑战中不断成长；深度理解，让知识在心灵深处生根发芽；实践创生，让学习成为改变世界的力量。

"一式"，即问题解决，这是深度学习的基本范式。

"三型"，则是深度学习的操作模式：习题式学习，让学生在解题中巩固知识；课题式学习，让学生在研究中拓宽视野；项目式学习，让学生在实践中锻炼能力。这三种模式相互补充，共同构成了深度学习的完整体系。

二、学员教学实践与反思研讨

1.实践活动：观课议课。

在教育和课程实施专家组的指导下，学员在学习专题理论的基础上分小组开展教学实践，进行了严谨而富有深度的观课议课活动。

2.观课课例：中学数学组姚渡学校滕雪梅老师执教《图形的旋转（一）》研讨课。

3.课例设计：滕老师在本课教学中，巧妙设计了六个紧密相连的环节，不仅体现了因材施教的教学原则，也为学生提供了更多展示自己才华的机会，展现了其深厚的教学功底与独特的教学风格。

第一，创设情境，将生活中的单摆、雨刮条、摩天轮的运动引入课堂，引导学生通过观察图形的运动，进而归纳出图形旋转的基本概念。这一环节不仅激发了学生的兴趣，也为他们后续的学习奠定了坚实的基础。

第二，设计情景问题，引导学生对图形的旋转中的对应点、对应线段、对应角进行巩固，使学生形成清晰的概念。

第三，鼓励学生进行实践操作，通过动手探索，让学生自主发现旋转的性质，真正实现了把课堂还给学生的教学理念。

第四，巩固新知、形成技能环节，腾老师设计了层次分明的练习，让学生在运用中发现问题、解决问题，以达到巩固新知的目的。她注重培养学生的独立思考能力和解决问题的能力，使学生在学习中不断成长。

第五，回顾反思、深化提高环节，腾老师鼓励学生分享自己的收获与困惑，通过培养学生的表达能力，及时解决他们的困惑。通过总结评价，帮助学生更好地认识自己的学习状况。

第六，分层作业促进发展环节，腾老师充分关注学生的个体差异，力求让每个学生都能在适合自己的学习节奏中取得进步。

姚渡学校滕雪梅老师执教《图形的旋转（一）》研讨课

4.议课活动：说课、议课互动。

说课：滕老师对本节课的整体设计思路进行了深入的阐述。她强调要从生活中的常见现象入手，力求把课堂还给学生，让学生在实践中学习、在探索中成长。同时，她也分享了在教学中遇到的一些困难以及如何通过网络画板等工具来辅助解决这些问题。她的这一做法得到了参会老师的高度肯定。

议课：重点在实施课堂改进上进行探究。与会老师建议可以抓住知识核心——点的位置变化，类比前一节平移的研究思路引导学生进行主动探究。这样不仅可以让学生进一步体会科学的研究方法，还可以培养他们的创新能力和实践能力。

三、课堂教学改进提升：高质量"五星网状教学设计"策略方向

1.专家指导：在课堂结构改进方面，指导专家刘静波老师对如何将本节课改造为五星网状模型进行了精彩的分析。他通过"五改"策略——推动、框架感、

节奏感、体验感、品质感等——对参会的老师进行了深入的讲解。

2.重构设计：在刘老师的引导下，大家最终将本节课设计为一个由启动、构建、巩固、运用、总结五个方面组成的高质量五星网状教学设计。这一设计不仅提高了课堂的教学效率，也为学生提供了更加丰富多彩的学习体验。

刘静波校长指导名师学员教学实践并合影留念

这样的例子只是众多名师课堂教学实践改进中的一个缩影。与此类似我们可以看到，在金秋的灿烂时光里，青白江区至佳中学也正进行着一场围绕 "五感一味" 语文教学主张的课堂教学探究。刘鹤老师以其深厚的学识和精湛的教学技巧，呈现了一堂名著导读课的典范。他巧妙地将同学们引领至一个色彩斑斓、栩栩如生的文学世界。在这堂课中，同学们不仅领略了作者用词汇之精髓所描绘的纯粹而真挚的情感，还深入体验了文字所演绎的至善至仁的动人故事，更被那语言色彩所绘制的瑰丽绝美的风景深深吸引。同时，刘静波校长的 "五感一味" 语文课堂理念也在此得以生动展现，这一理念的提出无疑是对语文课堂的高瞻远瞩与深入规划。在他的引领下，一群热衷于语文教学的教育者齐聚一堂，共同探讨、交流，分享彼此对经典名著的独到见解，以此推动课堂品质的不断提升。整堂课气氛热烈而庄重，既展现了教育者们的专业素养，又凸显了语文教学的魅力与深度。

名师学员刘鹤老师上公开展示课

除此，在数学组课堂教学研讨中，王怡静和徐宏梅两位老师带来两堂精彩展示课：王怡静老师引领初二年级的学子们深入探索《一元一次不等式组》的奥秘；徐宏梅老师带领初三年级同学们进行《直线与圆的位置关系》的探索。在观课议课环节，陈大伟教授与两位授课老师进行了深入的交流研讨，对两位老师的授课表示了由衷的感谢和极高的认可，他们的教学风采和深厚的教育情怀赢得了在场所有人的尊敬。针对王老师提出的关于课堂顺畅与否的问题，陈教授给予了积极的鼓励。陈教授表示，当课堂出现不顺畅时，这恰恰是学生们在思考、在质疑的表现，是教学过程中的宝贵契机。他鼓励王老师开启课堂录像，以便课后能够细致观察学生的反应，整理课堂教学实录，并建议老师站在学生的角度去思考问题，去反思自己的教学方法，从而设计出更符合学生需求的教学方案。

陈大伟教授课堂实践指导

4.跨校授课

中学英语组教师探索创新，为深化英语阅读教学，定期组织跨校教研活动，跨校授课，共同实践英语逆向法教学魅力。

【教学研讨】中学英语：逆向法阅读教学研究

在2023年4月20日的培训中，杨倩和方琳老师以独特的视角和精湛技艺，为我们展示了逆向法阅读教学课例。

课例1：杨倩老师以初二下册Unit6 Section A P43 Reading为蓝本，引导学生探索Monkey King的魅力世界。通过文本解读，她帮助学生捕捉关键信息，分析Monkey King的能力与性格，激发学生热烈讨论。最终，引导学生从Monkey King这一传奇角色中汲取人生智慧。

课例2：方琳老师使用Book 2 Module 5 Understanding Ideas Blogging Australia为教高一学生的素材，运用逆向法教学。她先通过练习检测学生预习，再指导学生从基本信息、职业和价值/贡献三个方面自主提问、复述内容。在活跃的课堂气氛中，学生提高了复述能力，学会了预测文章后续内容，拓宽了思维。

研究主题：中学英语逆向法教学

在逆向法教学指引下，英语组教师以教学目标和评价标准为基石，整合课程内容六要素，通过实践性的英语学习活动，有效提升学生的核心素养和高阶思维能力。活动设计情境化、层次化，注重实效，始终围绕教学目标，为学生的全面发展打下坚实基础。

中学英语组教师们以多元化教学方式推动课堂改革和专业成长，不局限于传统教学，积极参与课题研究，深化英语教育实践。这既深化了他们对英语教育的理解，也为学生提供更丰富、深入的学习体验。跨校授课是他们的亮点，通过合作分享经验、学习他校特色，促进教师交流，丰富学生资源。教师们提高专业素养，推动英语教育进步，以实际行动培养学生综合能力和创新。

杨倩老师上研究展示课

方琳老师上研究展示课

5.名校跟岗

2023年3月1日，中学物理组领航名师学员前往成都七中八一学校进行跟岗学习。老师们听了一堂谢荣老师的《圆周运动》公开课，他将理论与实践结合，生动地讲解了线速度、角速度等核心概念。课后，参培学员与成都七中八一学校物理教研组进行了深入研讨。大家认为谢老师准备充分，教学实验设计精心，能引导学生深入理解物理概念。

中学物理组领航名师学员赴成都七中八一学校跟岗学习

这次联合教研活动得到了四川省特级教师王平老师的高度评价。他强调了教研活动的重要性，并指出教师应注重培养学生的核心素养，包括科学态度、科学思维和科学精神，这应是每位教师心中的坚定信念。成都七中八一学校对教研活动的重视，不仅体现在时间和制度上的保障，更在于形成了促进教师自我提升的教研文化氛围。他进一步指出，教师之间的相互学习至关重要，这种学习应如长流水般源源不断。这样的跟岗研训活动精彩而有实效，集体的智慧为授课教师提供了成长空间，也让我们名师收获了成长与感悟。

6.边远地区支教

2021年至2022年间，领航名师班学员杨春春老师前往甘孜藏族自治州九龙县中学支教。她以坚定的信念，不仅展现了卓越的教学能力，更引领学生走向成功。支教中，杨老师勇挑重担，负责多个班级的语文教学工作，通过精心设计教学方法，学生们的进步显著。除了教学，她还关注学生成长，组织班级活动，开展励志班会课和生涯教育课。对于特殊学生，她耐心辅导，让他们感受到温暖与关爱。

杨春春老师在甘孜州九龙县中学支教中进行经验交流汇报

杨老师还积极推广先进教学理念，指导年轻教师，为九龙县中学留下了丰富的复习资料。杨老师的支教工作得到了九龙县教育局和支教学校、老师的广泛赞誉，同时更建立起青白江区与九龙县教育协同共进、共筑发展的渠道和纽带。

刘茜老师是领航名师班学员支教中的又一名成员。一年的时间中，刘老师领略了不同学校文化的独特魅力，体验了多样化的学生管理和课堂氛围，对农村学校的坚守者们深感钦佩。一年的支教经历，不仅让刘老师的精神世界得到升华，而且更加坚定了自己服务区域教育高质量发展的信念。刘老师全身心投入教育教学的研究中，深入研读《义务教育语文课程标准》（2022年版），积极探索大单元教学和"双减"背景下的作业设计，力求在专业理论水平上实现质的飞跃。她积极参与学校、全区乃至全市的教科研活动，汲取先进的教育教学理念，将理论知识与实践紧密结合。在每一次的教科研活动中，都倾注心血，不断假设、修正，力求研究内容更加完善、精准。她表示，能参加青白江区"三名工程"领航名师培养深感荣幸，同时也任重而道远。结合一年的支教活动，刘茜老师有了巨大收获：首先以教育科研思维和方法为要点，提升自我。认真学习掌握教育科研内容，努力提升专业理论水平，用理论武装自己、善于发现问题、大胆尝试，提升教育科研能力和学校管理能力。第二，教育科研为课堂教学添彩。以教育科研思维指导和落实教学工作，解决教学问题。回顾自己在城厢学校（青白江区农村学校）支教期间所担任的语文教学，面对不同层次学生，潜心钻研课堂教学，提高教学质量。所教班级语文成绩显著提升，获得领导和老师的好评。第三，反思引领未来成长。坚持勤思、善问、好学，迅速调整教学策略，因材施教。反思教学成功与失误，整理参编多本教材和读物。计划继续探索和追求，申报教育科学规划课题，争取更大进步。

刘茜老师在城厢学校支教

（四）交流展示，共享共长

在教育的神圣殿堂中，名师不仅是知识的灯塔，更是实践的舵手。为了点燃这群领航者的智慧之光，我们精心策划了一系列独具匠心的展示与交流盛宴，让名优教师们得以在此"挥毫泼墨"，尽情施展教学才华，分享他们的实践智慧，探寻教育的真谛。

1.名师讲堂

名师培育中，定期举办的《青白江名师讲堂》汇聚了区内众多优秀的教师，他们有的是教学经验丰富的老教师，有的是在教育领域崭露头角的新锐。每一期的讲堂，都会邀请不同的名师进行主讲，分享他们的教学心得和成功案例。这些分享不仅让在场的教师们受益匪浅，也激发了他们对教育的热情和创新精神教师的教学水平和专业素养。

在我的教学主张这一专题，来自大弯中学的杰出代表余永聪老师和卢子素老师，各自以其深邃的教学洞见，发表了震撼人心的交流发言。余老师以"乘生成之舟觅教学深处享成长之路"为题，引领我们深入探寻教学之路上的智慧与成长；卢老师则在《从做中学把舞台让给学生》的分享中，展现了将学习主动权交还学生的独特教学魅力。紧接着，江苏省教育学特级教师、国家职业二级心理咨询师秦德林专家，以他深厚的学术底蕴和丰富的实践经验，对两位老师的教学主张进行了鞭辟入里的点评。秦专家的点评不仅是对两位老师教学理念的肯定，更是对在场每一位教育同人的鼓舞与激励。通过名师展示，专家引领，我们深刻领悟到作为教师，我们不仅要关注知识的传授，更要关注学生的成长与发展；不仅要关注个人的专业素养提升，更要关注教育的社会价值和责任担当。老师们在这样的学习和互动中共同铭记这场启迪心灵的教学盛宴，将专家的智慧结晶融入我们的教学实践之中，为培养更多优秀人才贡献自己的力量！

领航名师学员、成都市大弯中学余永聪老师分享自己的培训心得

2.多平台展示

提及教育名师，他们拥有丰富经验和独特见解。为此，我们策划了一系列研讨会、论坛及活动，为他们打造展示平台。在《双减背景下提高学科课堂教学效能的思考》沙龙研讨会上，名师们探讨教学策略优化，碰撞智慧火花。在《青白

江名师的专业成长与追求》主题论坛则汇聚教育精英，分享成长经历，探讨教育之道。此外，我们还举办了跨地域的交流平台，让各地名师共话教育未来。其中，中陶会第三届中小学教师"同上一节课 结构化教学"研修活动更是教育盛事，名师们共同研讨结构化教学，互相学习、共同进步。这些活动不仅为名师提供展示和交流机会，也为教育工作者带来宝贵学习机会，推动教育发展。

青白江区领航名师培训"名师的专业成长与追求"主题论坛

中陶会第三届中小学教师"同上一节课 结构化教学"研修活动徐宏梅上展示课

3.积累总结成果

全面总结名师成长经历及其成果，汇集成册的《为"明"而耕·向"理"而耘》一书，不仅汇聚了名师们的教育教学故事、科研成果和教学思想，更是他们智慧与汗水的结晶。这本书记录了参培名师们不懈追求、持续创新的足迹，成为激励全区教师不断成长的榜样力量。

4.塑造榜样力量

定期举办的典型推介会，更是将学员们的教学与管理思想、实践成果推向了新的高度，让他们的声音更加洪亮，影响力更加深远。在江苏无锡等教育高地学习过程中，名师代表借助这一舞台与当地名校老师进行深入交流和学习。

——实验小学北区教导主任温庆以《基于TRAIN素养的学校课程建设》为题，

为我们解读TRAIN素养下的学校课程建设，让我们在教育的道路上更加坚定前行。

——大弯中学教师发展中心主任余永聪进行《高中语文"生成—深度"课堂建构》主题分享，将分享他对于高中语文课堂的独特理解，带领我们一同走进"生成—深度"的课堂世界。

——大弯中学国际部主任陈道丽以"传承·变革·超越——大弯中学在中外人文交流中立德树人实践探索"为主题为我们呈现大弯中学在中外人文交流中的立德树人实践，让我们一同感受教育的力量与魅力。

——姚渡学校副校长林清全以"中医药文化特色校本课程开发与实践研究"为题分享他在中医药文化特色校本课程开发与实践中的宝贵经验，让我们一同感受传统文化的魅力。

——无锡市锡东高级中学陈平副校长做"为未来而学，在创造中成长"主题分享，为我们解读如何在未来导向的教育中，培养学生的创新精神和实践能力，让我们一同为未来的教育描绘蓝图。

——无锡市东林中学王清华副校长以"竞志文化引领　成事成人并兴"为题为我们解读竞志文化在教育中的引领作用，让我们一同感受文化育人的力量。

领航名师学员、青白江区实验小学（北区）温庆主题汇报

领航名师学员、青白江区姚渡学校林清全主题汇报

领航名师学员、青白江区大弯中学陈道丽主题汇报

在青白江教育的引领下，名师们正以前所未有的热情和活力，投身到教育教学改革的实践中去。他们用自己的智慧和汗水，书写着教育的华章，为培养更多优秀的人才贡献着自己的力量。让我们共同期待，这些名优教师们在未来的教育舞台上，能够继续"亮剑"前行，引领教育的潮流，成就更加辉煌的未来！

(五) 评价引动，质量至上

为激发教师参与名师培养的积极性，我们探索建立起一套适合青白江区名师培育的激励机制。我们对在培养过程中表现优秀的名师进行表彰和奖励，为他们提供职业晋升的机会和特殊津贴。这些措施不仅是对教师辛勤付出的肯定，更是对他们未来发展的鼓励和期许。

我们不仅将年度考核、阶段考核与届满考核相结合，更是采用了前瞻性的预前设计、实时的同步评估以及灵活的反馈调节机制。通过这一系列精细化的管理、评估、指导和调整，致力于实现培训效果的最大化。我们尤为注重教师的自主评价能力，鼓励每位学员每年撰写专业成长报告，并提供详尽的发展证明资料。同时，我们还引入了领导、同伴、学生、家长等多元评价体系，确保评价结果的全面性和客观性。考核结果将形成详尽的书面报告，并正式记入学员档案，这不仅是教师个人成长的见证，更是他们迈向更高荣誉的坚实基石。

对于通过考核的优秀教师，我们将积极推荐他们成为省、市级名师的后备人选，为他们搭建更广阔的发展平台，让他们的教育智慧和热情得以充分展现。我们坚信，通过这套科学、系统的考核与激励体系，我们将共同见证和助力更多名优教师的崛起，共同书写教育事业的辉煌篇章。

五、青白江区名师培养的实践成效

(一)凸显名师培养标本意义，教师队伍素质整体提升

以名师培养项目为抓手，以名师的引领和示范为突破口，带动区域内教师队伍整体素质的提升，形成积极向上的教育氛围。通过严格的选拔标准和系统的培养体系，在名师培养项目的推动下，一批批具有潜力和才华的教师脱颖而出，成为教育战线的中坚力量。庄剑梅和张健老师顺利晋升为正高级教师，有4位老师获得特级教师的称号，罗兴华老师发展成为成都市名师工作室领衔人，三年培训学习中，校级职务晋升22人，获得荣誉、业绩、科研、论文发表等均达到省市特级评选条件30人。他们不仅在教学上取得了显著的成绩，更在教育改革和创新中发挥了积极的引领作用。在名师的引领下，教师们纷纷参与到教育改革的实践中来，共同探索教育创新的新途径、新方法。他们相互学习、相互借鉴、共同进步，形成了一个团结协作、积极进取的教师团队。

(二)课堂教学质量优化改进，教育质量显著提高

在理论导师和学科导师的引领下，教研员和参训教师都积极参与，围绕课堂教学中的师生行为进行分析改进，名师们通过深入研究教育教学规律，不断创新教学方法和手段，使得课堂教学更加生动、有趣、高效。他们的创新和变革使得他们的课堂不仅是知识传授的场所，更是启迪智慧、激发潜能的殿堂。学生在这样的课堂中学习，不仅能够获得扎实的学科知识，更能在思维能力、创新能力等方面得到全面提升。通过聚焦主题的学科研讨活动，80多位老师贡献研究课、示范课。徐宏梅老师在中陶会第三届中小学教师"同上一节课 结构化教学"研修活动上展示课，钟惺老师在四川省职业院校教师教学能力大赛二等奖；在《教育家》开展的"青年教师金课"公益推介活动中，杨春龙老师执教《大众传媒媒介的更新——"小变化"与"大时代"》和温庆老师执教的《平行四边形的面积》作为优质课例发布。通过活动的推进名师的教学理念和教学方法得到广泛传播和实践，有效促进了教育质量的提升，学生学业成绩和综合素质得到明显提高。

(三)教育科研水平显著提升

名师培养项目自启动以来，对于提升教育科研水平所发挥的作用日益凸显。这个项目不仅聚焦于教师科研能力的培育，还通过搭建一系列平台和机制，极大地推动教育科研的深度和广度。

首先，参与此项目的教师们，在系统的培训与指导下，科研热情被点燃。他们不再满足于日常教学的经验积累，而是积极投身于课题研究的海洋，探索教育

教学的新领域。在论文撰写上，他们追求的不再是简单的数量堆砌，而是注重研究的深度和广度，力求在理论上有所创新，实践上有所突破。这种转变让高质量论文在国内外知名学术期刊上涌现，充分展现了教师们深厚的学术造诣与卓越的科研能力。

其次，名师培养项目为教师的科研工作提供了坚实的后盾。通过搭建科研平台，整合各类资源，该项目为教师打造了一个优质的科研环境。这些平台不仅为教师提供了交流合作的机会，更为他们提供了展示成果的舞台。在这样的环境下，教师的科研工作得到了充分的支持，科研成果的质量和数量均有了质的飞跃。

更为重要的是，名师培养项目致力于推动科研成果的转化与应用。项目鼓励教师将科研成果与教育教学实践紧密结合，将理论成果转化为实践动力。通过举办学术研讨会、教学成果展示等活动，项目为教师提供了展示与交流的平台，促进了科研成果的推广与应用。

在深入探讨教育教学的实践难题中，名师们以独到的洞察力和不懈的努力，提出了诸多革命性的解决方案。这些方案不仅赢得了业界的广泛赞誉，更在实际应用中大放异彩，成效斐然。例如，陈晓霞老师针对学生阅读障碍这一顽疾，深入研究后提出了一套极具针对性的教学策略。这套方法经过实践的检验，不仅极大提升了学生的阅读能力和兴趣，更为他们铺设了通往知识殿堂的坚实基石。这样的成功案例在名师培养项目中层出不穷，充分彰显了该项目在推动教育科研成果转化与应用上的巨大威力。

综上所述，名师培养项目在提升教育科研水平方面取得了令人瞩目的成果。通过增强教师的科研意识与能力，优化科研环境以及促进科研成果的落地与应用，该项目为教育教学实践提供了坚实的后盾和强大的动力。展望未来，我们有充分的理由坚信，名师培养项目将继续在提升教育科研水平方面发挥举足轻重的作用，培养出更多的教育精英，为推动教育事业的蓬勃发展贡献更多力量。

（四）区域教育品牌影响力不断扩大

名师的成就和影响力不仅限于教育领域内部，还通过四川科教频道、中国教育报、四川教育导报、教育家杂志等等媒体宣传等渠道扩大了教育的品牌影响力，提高了社会对区域教育的认可度和满意度。通过青白江区名师教学主张名师论坛，名师以其独特的教学风格和显著的教育成果，成为区域教育品牌的典范。他们的声名远播和影响力，将吸引更多优质生源流向他们所在的学校或地区，从而显著提升区域教育的整体竞争力。此外，名师们的创新实践和探索，为区域教育品牌的塑造提供了不竭的动力源泉，使我们在激烈的市场竞争中独树一帜，独具特色。

经过名师培养项目推进，区域领航名师培养的成效显著，不仅提升了教师队伍的整体素质和教育质量，还推动了教育的均衡发展和科研水平的提升。在未来的教育改革中，我们应继续加大对名师培养的投入和支持力度，不断完善培养机制和政策体系，为教育事业的长远发展注入强大动力。

六、青白江区名师成长案例

在青白江区这片教育热土上，众多教师秉持着教书育人的信念，用自己的智慧和汗水，书写着一个个感人至深的成长故事。众多名师以其卓越的教育实践和创新的教学理念，成为区域教育的一面旗帜。从名师的教育思想、教学实践、教学主张以及教育科研等方面，探寻名师专业成长的内在逻辑和规律。

（一）名师思想：启迪智慧的火花

名师之所以成为名师，首先源于他们独特的教育思想。这些思想如同智慧的火花，不仅点燃了学生们求知的渴望，也引领着教育的发展方向。青白江区不同的老师以其务实的教育实践和创新的教学理念，成为区域教育的一面旗帜。

【教师心语】以美育人：川化情缘之美
参培名师：四川省成都市川化中学　段又萍

在教育的道路上，我们孜孜不倦地追寻；在成长的道路上，我们不断地学习。时代赋予我们神圣的使命与责任。身为教师，我们更应对自己提出高标准，力求成为有思考力、创造力、执行力和影响力的引领者。身为外来美术教师，我对川化情有独钟，这份情感深深地融入我的美术创作，也流淌在我的教学之中。

一、萦绕心头的"川化"印象

川化厂，我国"一五"时期的骄傲，一座巍峨的化肥企业，正是它孕育了青白江的繁荣。初识青白江，那些川化上下班的工人、高耸入云的烟囱和水塔，都让我驻足凝望，细细品味。有幸进入川化厂区参观，那壮观的厂房、精密的设备、繁忙的生产线，都成为我心中难以磨灭的印记。我深知，这里的素材犹如繁星，璀璨而繁多，等待我去发掘、去描绘。

二、以画笔赞美"川化精神"

身为美术教师，我坚守课堂，同时也不断地钻研业务，提升自己的教学水平。在不断进步中，我荣幸地成为川化中学美术教研组组长。为了探索具有本校特色的美术教学工作，我选择了川化厂和"川化精神"作为创作的源泉。"川化厂虽已停产，但它的'川化精神'却历久弥新，值得我们传承和弘扬。"这种精神，正是我追求的美学资源。因此，我带领美术组成立了"川化印象"课题组，深入研究，积极编写校本课程与教材。通过挖掘本土文化资源，我们促进了川化文化的传承，提高了学生对校园文化的认同感，用川化文化的升华带动学生审美认知功能的全面发展。

我不仅在课堂上传授美术知识，还常常带领学生走出校园，感受生活的美好。在参观川化旧厂区时，我为学生讲解川化的历史文化，欣赏历史图片资料，讲述川化厂的发展变迁。学生在实际场景中深受触动，对学习和创作的热情更加高涨。因此，我们创作了一系列精彩的"川化印象"系列作品，如《川化记忆——建设者》、《川化记忆——新时代》等，这些作品都凝聚了学生对川化的深情厚谊。

我经常带领学生到厂区采风、写生，与他们共同设计、搭建"川化印象"场景展区。在这些实践活动中，学生的美术素养得到了提升，创作出了各种形式的美术作品。这些平面和立体作品让"川化印象工作坊"的表现丰富多彩，特色鲜明。在2019年和2023年的区一校一展区特色展示中，"川化印象工作坊"两次主题鲜明、特色突出的展示均荣获"特等奖"。

三、意外的惊喜与收获

这些以画笔赞美川化的日常行为，却给我带来了意想不到的惊喜。因为心中充满对川化的热爱，我渴望用更好的作品形式来呈现它。因此，我指导学生创作出艺术性和思想性兼具的美术作品，在全国、省、市、区中小学生的展览和比赛中屡获佳绩。其中，指导学生创作的两幅版画组图《川化记忆》在四川省第九届中小学生艺术展演活动中荣获绘画类一等奖；水彩作品《川化记忆——童年》在四川省第十届中小学生艺术展演活动中荣获绘画类二等奖。

我自己也不忘以画笔赞美川化。我创作了版画作品《川化记忆——倒计时》，作品以鲜明的红黑色调展现了川化厂昔日的辉煌和艰苦创业、顽强拼搏的"川化精神"。这不仅是对过去的回顾，更是对未来的期许，寓意着"川化精神"将始终贯穿在青白江不断向前发展的历史进程之中。在全区师生美术作品展中，这幅作品荣获一等奖，这既是对我创作的肯定，更是对川化精神的传承与发扬。

水彩画《川化黑冰粉》则是我对川化厂区附近一家卖冰粉摊的深情描绘。这幅画充满了浓郁的生活气息，它唤起了人们对过去的美好回忆，也展示了川化人民对生活的热爱和向往。这幅作品在全区美术教师水彩作品创作大赛中荣获二等奖，这是对我艺术创作的又一次肯定。

在名师班学习中，几年的兢兢业业、用心耕耘、潜心展现，不仅让我在艺术道路上取得了显著的进步，也为我带来了个人的成长与荣誉。2020年9月，我被评为成都市优秀青年教师，这是对我在教学工作中的辛勤付出的认可。2022年4月，我更是荣幸地被评为"蓉欧工匠"，这是我艺术道路上的一座重要里程碑。

作为一名教师，我深知自己肩负的责任与使命。一个教师的最大影响力在于给学生以人生的影响，帮助他们完善知识、塑造性格、关注成长、懂得贡献、体味价值。我希望通过我的教学，能够培养出更多能够超越自己的人。如果多年以后，我的学生们身上能够隐约可见我的影子，那么，我就会认为自己是一个成功的老师。

在日常教学中，我时刻注重自己的一言一行，希望通过自己的潜移默化，给学生以正向的引领。作为一名有影响力的教师，我时刻思考着"人存在的价值与意义"，努力让每一刻都充满意义，让自己的人生充满价值。

在我看来，建立影响最简单的方式就是帮助别人。因为帮助别人，你不仅会收获友谊，更会得到同等份额的快乐。这种快乐来自看到他人因为你的帮助而成长、进步，这种成就感是任何物质奖励都无法比拟的。在未来的日子里，我将继续用我的热情和才华，为教育事业贡献自己的力量。我相信，只要我们用心去做，用爱去教，就一定能够培养出更多优秀的人才，为社会的进步和发展作出更大的贡献。

【名师教学】问题驱动、启发学习：《基于问题驱动的高中化学课堂教学案例》

参培名师：成都市大弯中学　王晓玲

自从我大学毕业踏入这片教育的圣地，已有二十余载。在这漫长的岁月里，我始终致力于高中化学的教学，不断探索、实践、总结。不论是旧教材的经典，还是新教材的革新，我坚信，最适合学生心理发展、最能提升教学效率的教学方式，非"问题驱动"莫属。

一、探索问题驱动的魅力

问题，是推动我们前行的动力源泉。在化学课堂上，问题驱动不仅是一种教学方法，更是一种教学实践的艺术。它让我们置身于真实的生活情境中，感受问题的存在，通过科学探究和团队合作，寻找答案，交流思想，实现知识的升华。问题驱动，不是一种固定的模式，而是一种基于核心素养的教学理念，它融合了教学的认知、情感和方法论，让化学课堂焕发出别样的光彩。

在问题驱动的教学中，教师如同导演，巧妙设计问题，引导学生深入探究。这些问题，既要符合学生的认知规律，又要贴近生活实际，具有真实性、复杂性、挑战性和开放性。这样的设计，旨在诱发学生的学习欲望，让他们在解决问题的过程中，不仅掌握知识，更培养了终身学习的能力。

二、问题驱动在高中化学课堂的应用

1. 创设情境，点燃智慧的火花

每一个课堂，都应该有一个灵魂问题，它能统领整节课的教学内容。在创设情境时，我们要紧密结合学生的生活实际，让他们在熟悉的环境中发现问题、提出问题，从而激发他们的学习兴趣。

2. 分解问题，搭建知识的桥梁

灵魂问题虽然统领全局，但往往较为抽象。因此，我们需要将其分解为若干个子问题，形成一条有内在联系的问题链。这样，学生在解决子问题的过程中，就能逐步构建起完整的知识体系。

3. 学生探究，体验学习的乐趣

设计的问题，必须符合学生的认知水平，让他们在探究过程中既能感受到挑战，又能体验到成功的喜悦。无论是查阅资料、实验探究还是分组讨论，都是学生展现自我、实现价值的舞台。

4. 归纳总结，升华知识的价值

解决了子问题后，我们要引导学生对所学知识进行归纳总结，形成完整的认知结构。这样，学生在解决问题的过程中，不仅掌握了知识，更培养了解决问题的能力。

三、教学实践：以"铝及铝合金"为例

在"铝及铝合金"的教学中，我们以探索铝制易拉罐为主线，贯穿课堂的始终。通过生活中的铝制餐具使用说明和医学专家的提醒等情境，设置问题链，引导学生深入探究铝及其化合物的性质。这样的教学设计，让学生在解决问题的过程中，初步体验了有序操作实验、敏锐观察实验现象的乐趣，并培养了他们的学科思维和问题解决能力。

接下来我们以"从易拉罐之铝认识铝及铝合金"为例来分析问题驱动，启发学习的教学流程：

问题驱动	启发课堂活动	设计说明
请同学们讨论，为什么市面上的主流易拉罐都选择了铝呢？	【生】同学们讨论，回答。 【多媒体】展示铝合金的性能优势。	创设生活情境，激发学生探究兴趣。
我们刚刚提到了铝合金的耐腐蚀性，那么你对铝制品的耐腐蚀性知多少？从物质类别角度分析，Al属于活泼金属，活泼金	【生】与氧气反应生成氧化铝，与酸反应生成氢气。 【师】实践是检验真理的唯一标准，我们开始实验。 【实验探究1】：分别取一片未经打磨和打磨过的铝片，放入试管中，滴加少量稀盐酸，有什么现象？ 表格： 物质 / 未打磨铝片 / 打磨过的铝片 现象 化学方程式 离子方程式 【师】请同学来描述一下有什么现象呢？ 【学生】打磨过的铝片与盐酸迅速反应，而未打磨的铝片	通过实验建立对氧化膜、铝的性质的认识。通过图示，从微观视角认识氧化膜的组成及结构，树立"结构决定性质"的意

问题驱动	启发课堂活动	设计说明
属能与哪些物质反应？	与盐酸刚开始无明显现象。 【师】那根据你所学的知识，这是为什么呢？ 【学生】未打磨的铝片表面有一层氧化膜，开始没现象是在和氧化膜反应。 【师】请在同学们写出化学方程式及离子方程式并拍照投影纠错。 铝分别与盐酸和氢氧化钠反应的离子方程式为： $2Al+6H^+=2Al^{3+}+3H_2\uparrow$ $2Al+2OH^-+6H_2O=2[Al(OH)_4]^-+3H_2\uparrow$ 【小结】从生活常识知道，铁极易生锈，铝箔却不易生锈，但金属活动性，铝比铁活泼，这是为什么呢？我们来以微观视角出发。 【多媒体】展示致密的氧化铝。	识。培养宏观辨识与微观探析的学科核心素养。
铝制餐具不宜长时间储存碱性食物，为什么？	【实验探究2】：分别取一片未经打磨和打磨过的铝片，放入试管中，滴加少量氢氧化钠溶液，观察现象。 | 物质	未打磨铝片	打磨过的铝片 | |---|---|---| | 现象 | | | | 化学方程式 | | | | 离子方程式 | | | 【师】找同学起来说一下有什么现象呢？ 【学生1】打磨过的铝片与氢氧化钠反应，立即有气泡产生，而未打磨的铝片刚开始无明显现象后面有气泡产生。	通过生活情境，提出问题，引导学生思考并实验，揭开"易拉罐的秘密"培养科学探究、证据推理与模型认知的学科核心素养。
产生的气体是什么呢？请从化合价角度分析。	【生】相互讨论：从化合价升降的角度分析气体产物是氢气。 【师】点评学生答案。	
那么该怎么检验呢？用哪些方法检验更方便，更有效呢？	【师】评价、强调：同学们的想法都很好，回想我们铁和水反应的实验，我们可以在旁边还用蒸发皿装了一碗肥皂水……你猜我一会儿要做什么？ 【学生】吹泡泡！然后点燃！ 【师】选用一个注射器，预先在里面放入铝片，再抽入氢氧化钠溶液，然后用胶塞堵住注射器口，请问现在注射器起到了一个什么作用？ 【学生】容纳、收集氢气。 【师】我们来看看铝和氢氧化钠溶液反应的方程式是怎么样的呢？原来不止铝和氢氧化钠，水也参加了反应，都生成了四羟基合铝酸钠。 【师】它是一种钠盐，钠盐都是易溶于水的强电解质，这意味着？ 【学生】：在书写离子方程式的时候可以拆。 【师】请同学们书写铝和氢氧化钠反应、三氧化二铝和氢	

续表

问题驱动	启发课堂活动	设计说明
	氧化钠反应的离子方程式。 【师】像氧化铝这样既能与强酸又能与强碱反应的氧化物，被称为两性氧化物。	
但易拉罐中也有铝，为什么可以用来装可乐等碳酸饮料呢？那我们一起来探究易拉罐的"秘密"。	资料：1.铝在神经系统堆积后不易清除，会造成记忆力减退，对儿童则会严重影响其智力发育！ 2.食物长期与裸露的铝制品接触有不小的健康风险。 易拉罐中也有铝，为什么可以用来装可乐呢？ 【实验探究3】：将一块易拉罐碎片的外漆打磨掉一半，放入烧杯中，滴加适量稀盐酸，观察现象。 【生】有一层透明的软薄膜。 【师】对了，来我们看看易拉罐的真实结构。 【师】原来，它除了外层的涂料和中层的铝外，其内层还有一层不与酸碱反应的有机物薄膜，在座的各位小朋友如此聪明伶俐，全靠这层塑料膜。请同学们相互展示一下你们所发现的这层塑料膜。	通过生活情境，引导学生思考、讨论，解决生活中的问题，总结铝及铝合金的性质。
通过生活中铝制餐具的使用细节及易拉罐的性质探究，我们对铝及铝合金的性质有哪些认识？	【生】学生讨论。 【生】学生总结。 一、铝合金特点 二、铝及其化合物 1.与酸反应 $2Al+6HCl=2AlCl_3+3H_2\uparrow$ $Al_2O_3+6HCl=2AlCl_3+3H_2O$ 2.与碱反应 $2Al+2NaOH+6H_2O=2Na[Al(OH)_4]+3H_2\uparrow$ $Al_2O_3+6HCl=2AlCl_3+3H_2O$ $Al_2O_3+2NaOH+3H_2O=2Na[Al(OH)_4]$	总结反思，回归"铝及氧化铝的性质"的核心问题。

四、结论与反思

经过核心素养的洗礼，我们应用问题驱动的教学方法，将"铝及铝合金"这堂课的精髓凝聚在"易拉罐之铝"这一核心问题上。我们将其拆解为一系列子问题，串联成一条问题链，如同珍珠项链般熠熠生辉。在此过程中，我们充分尊重并发挥了学生的主体地位，鼓励他们主动探究，成为学习的真正主人。

这些子问题不仅层次分明、逻辑严密，更在解决过程中巧妙地帮助学生理解那些因抽象而难以捉摸的教学内容间的逻辑关系。如此，教学难点在这条问题链的牵引下得以轻松突破，如同山重水复疑无路，柳暗花明又一村。

问题驱动的教学方法，不仅帮助学生构建了完整的知识体系，更激发了他们的发散思维，让他们在探究中完成对学习内容的意义构建。这无疑提升了学生的学科核心素养，让他们在学习的道路上越走越远，成为具有深厚学科素养的未来之星。

（二）教学实践：磨砺技艺的砺石

名师的教学实践是他们专业成长的重要载体。他们通过不断尝试、反思和总结，形成了具有个人特色的教学方法和风格。在教学实践中通过引导学生发现问题、分析问题、解决问题，培养学生的自主学习能力。

【教学设计】1+X群文阅读：《猫之语》

参培名师：成都市青白江区福洪中学　陈雪梅

亲爱的同学们，今天我们将一起探索一场特别的文学之旅——《猫之语》群文阅读。在这个旅程中，我们将一同感受猫的魅力，理解它们所承载的深厚情感。

本次课程是针对七年级学生的第二课时，在教学指导思想方面，我们遵循2022年版的义务教育语文课标标准，旨在让学生在"阅读与鉴赏"中，通过欣赏文学作品，体验自己的情感，初步领悟作品的内涵，从而获得对自然、社会、人生的有益启示。

在教学内容上，我们将在七年级上册第16课郑振铎的《猫》的基础上，拓展教学两篇文章，分别是夏丏尊的《猫》和《朝花夕拾》中的《狗·猫·鼠》。这三篇文章将形成1+X的群文教学模式，通过解读猫的形象，来体会人类通过刻画动物来抒情的深层意义。

接下来，我们来分析一下学情。对于新入学的七年级学生，他们从小学阶段对文本的理解，正逐步转向对人性、社会的深入体会。因此，我们将采用切入式教学，将事物的刻画和人物情感的渗透有机结合，最后进行单元建构能力的整合和思维扩展的训练。

在学习目标方面，我们希望通过群文阅读，使学生既能学习和理解"托物咏情"的内涵，又能运用这种手法来品读文章，从而获得人生感悟。同时，我们也希望学生能明白，凡事不能单凭印象，主观臆断，更重要的是弄清事实；对人对事不存偏见私心；对人对物要宽容、仁爱，要同情弱小者。

教学重点在于梳理三篇文章内容，体会作者情感，并探究本文的写作技巧——托物咏情。而教学难点则在于把握三篇文章作者写作的意图以及寄托在统一的动物——猫身上所要表达的思想情感。

在学习评价设计方面，我们不仅要关注学生对知识的掌握，更要关注他们能力的提升和价值观念的形成。我们希望学生在学习过程中，能够找到三篇有关"猫"的篇目的共同点，品味语言，探究写作技巧，并提升自己的阅读和写作能力。同时，我们也希望学生能够通过学习，形成正确的处事态度，懂得尊重和关爱生命。

在教学方法上，我们将采用小组合作学习探究法、比对教学法和归论法，以激发学生的学习兴趣和主动性。

在学习活动设计方面，我们将通过一系列环节，引导学生逐步深入文本，理解作者的情感和意图。首先，我们将通过探谜导入的方式，激发学生的学习兴趣。然后，我们将通过师生探究文本的方式，让学生深入理解文章内容和作者的写作意图。接着，我们将引出表现手法——托物咏情，让学生理解并应用这种手法。最后，我们将通过拓展延伸和作业布置的方式，让学生将所学知识应用到实际生活中。

在课堂小结环节，我们将总结三篇文章的共同点，强调"托物咏情"的表现手法，并让学生思考这种手法在日常生活中的应用。

最后，在教学反思中，我们认识到这次群文阅读教学实践是一次富有成效的教学尝试。通过整合学习内容、情境方法和资源等要素，我们设计出了富有成效的语文学习任务群。学生在欣赏文学作品的过程中，不仅有了自己的情感体验，还能初步领悟作品的内涵，从中获得对自然、社会和人生的感悟。

【教学设计】《直角三角形边角关系微专题："胡不归问题"
——"PA+kPB"型最值问题》
参培名师：成都市青白江区福洪中学　陈光

亲爱的学生们，欢迎来到我们的数学世界！今天，我们将一起探讨一个引人入胜的话题——直角三角形的边角关系，特别是"胡不归问题"中的"PA+kPB"型最值问题。这是一个充满挑战和乐趣的数学领域，我相信你们一定能够收获满满的知识和乐趣！

一、教学内容分析

本节课是北师大2012版九年级数学下期第一章的重要内容。在学习了正弦的相关知识后，我们将深入研究"两定一动"且"系数不为1"的"PA+kPB"型最值问题。通过本节课的学习，你们将能够熟练掌握解决此类问题的基本策略，并深刻体会"数形结合"和"化归"思想在数学中的应用。

二、学情分析

在此之前，你们已经对直角三角形和轴对称中的"将军饮马"问题有了深刻的认识。现在，我们将在此基础上进一步拓展，探索更加复杂的"PA+kPB型最值问题"。这将有助于你们加深对正弦概念的理解，初步体会数学建模的魅力，提升探究问题和解决问题的能力。

三、学习目标确定

1. 掌握解决"PA+kPB"型最值问题的有效策略。

2. 体验从实际问题出发，建立数学模型的过程。

四、学习重点及难点

1. 准确识别"PA+kPB"型最值问题。

2. 掌握解决"PA+kPB"型最值问题的基本策略。

五、教与学活动设计

环节一：情景呈现

我们将通过生动的网络画板展示"胡不归问题"的背景和情景，激发你们的好奇心。通过两个设问，为引出"PA+kPB型最值问题"打下坚实基础。

环节二：情景分析

利用网络画板展示动画，引导你们逐步分析问题。通过问题串，帮助你们归纳得到"PA+kPB"，从而初步认识"胡不归问题"的奥秘。

环节三：例题分析

我们将展示精彩的例题，并利用网络画板动画功能进行分析。在教师的引导下，你们将完成例题的解答，逐步归纳解决"PA+kPB型最值问题"的方法。

环节四：解题策略

通过对问题的分析，我们将归纳出"PA+kPB型最值问题"的基本特点和解题策略。这将帮助你们更好地理解问题，为独立解决此类问题奠定坚实基础。

环节五：课堂小结

我们将引导你们回顾本节课的学习内容，思考"胡不归模型"的特点和解题策略。通过课堂小结，你们将对"PA+kPB型最值问题"有更深刻的认识。

六、学习评价设计

为了检验你们的学习成果，我们将提供两道练习题供你们挑战。通过练习，你们将巩固所学知识，提升解决问题的能力。

七、板书设计

我们的板书将清晰展示本节课的核心内容，包括"胡不归问题"的特点、解题策略以及例题分析。这将帮助你们更好地理解和记忆所学知识。

八、教学反思

在完成了《直角三角形的边角关系》的教学后，我深知学生们对于勾股定理、轴对称，特别是"将军饮马"问题（PA+PB）已经有了深入的理解。因此，我选择了"PA+kPB"型最值问题作为我们进一步探索的课题，旨在巩固并拓展他们的知识体系。

为了使学生们更好地将数学理论与实际应用相结合，我引入了"胡不归"这一富有故事性的情境。通过这一情境，我引导学生们将数学问题转化为生活场景，帮助他们更加深入地理解和分析问题。在授课过程中，我精心设计了一系列小问题，旨在引导学生们逐步将问题抽象化，从而培养他们的问题解决能力。

在深入探讨过程中，我引入了特殊的图形——菱形，以及特殊的系数，将一般问题特殊化。我鼓励学生们学习如何"转化"问题，并借鉴"将军饮马"问题的解决策略。在这个过程中，我特别强调了"折化直，斜化垂"的思路，帮助他们更加高效地找到问题的解决方法。

为了体现从特殊到一般的思想，我又提出了将菱形沿对角线剪掉一半变成三角形，以及将三角形沿对角线剪掉一半变成更普通的三角形等问题。这样的设计使得学生们能够逐步理解"PA+kPB"型最值问题的本质，并对解题策略有了更加深刻的认识。

值得一提的是，本次教学中，我充分利用了网络画板制作课件。与传统的教学方式相比，动态的演示使得问题更加直观，有助于学生们更好地理解知识。因此，我认为在初中数学课程中，我们应该更多地利用网络画板进行教学，以提升教学效果，激发学生们的学习热情。

（三）教学主张：引领教育的旗帜

名师的教学主张是他们专业成长的灵魂。他们根据自己的教育实践和研究成果，提出了具有创新性和前瞻性的教学主张，引领着教育的改革和发展。长期的实践中青白江区的名师们也形成自己独有的教学主张。

【教学主张】"四安"课堂　期许有为
参培名师：成都市工程职业技术学校　熊萍

为深入贯彻总书记关于社会主义核心价值观的重要精神，我们坚持立德树人、育人为本的教育理念。面对中职生中超过五成的家庭贫困与复杂结构，如单亲、留守、重组、孤儿等问题，我们深知心理健康教育的重要性。我校不仅关注学生的知识、能力和素质，更注重他们的心理健康，帮助他们适应社会，实现可持续发展。

作为一名深耕职业教育心理健康领域20年的教师，我深知中职学生的内心需求。预防与发展，而非单纯的矫治，应成为我们心理健康教育的核心。通过不断的学习和实践，我逐渐形成了"四安"教学理念：安全、安心、安乐、安益。

首先，"安全"是心理健康的基石。课堂应成为学生心理相容的港湾，让他们感受到归属与接纳。根据马斯洛的需要层次论，学生在满足生理和安全需要后，才能追求更高层次的发展。因此，我们特别关注少数民族学生的融合问题，通过"学校—教师—心理委员—学生"四级文化认同模式，促进各民族学生的融合，为他们创造一个安全的学习环境。

其次，"安心"是学习的保障。课堂应引导学生静心学习，感受尊重与鼓励。教育以人为本，而人以心为本。我们注重培养学生的安心感，让他们在成长过程中感受到关爱与支持。例如，对于心理压力大的学生，我们提供持续的关心与帮助，确保他们安心学习，最终成功考入大学。

再次，"安乐"是课堂的魅力所在。生动有趣的教学能激发学生的内驱力，让他们在快乐中成长。我们鼓励教师幽默风趣，与时俱进，找到学生的兴趣点，帮助他们打开心扉，实现从"要我学"到"我要学"的转变。例如，通过设计有趣的课堂环节，让学生在轻松愉快的氛围中表达自我，提升自我。

最后，"安益"是教学的目标。课堂应有利于学生未来的发展，培育他们的心理素养。我们注重心理课程的实用性与意义，让学生在学习中受益，成为一个心理富足的人。通过户外教学等创新方式，让学生在实践中学习人际沟通技巧，完善和提升自我。

总之，"四安"教学理念贯穿于我们的课堂与学生管理工作中。我们致力于整合社会资源，建立"医校社家"四方联动机制，为学生提供全方位的关心与支持。我们相信，在这样的教育环境中，每一位学生都能感受到安全、安心、安乐和安益，成为自尊、自信、自强的有为青年。在关注学生心理素质的全面提升和健康人格的精心培育上，我始终坚守着预防与发展的原则，同时辅以必要的矫治与危机干预。我将"四安"教育主张深入贯彻于学生管理工作的每一个环节，具体付诸了以下实践：

首先，我巧妙地将心理课题融入日常教学，与华西心理卫生中心紧密合作，对学生进行全面的心理普测与干预。我们创新性地构建了"双路径、两维度、全覆盖"的学生心理干预模式，确保心理健康教育能够全方位、全员、全程地渗透到学生的学习生活中。这样的做法不仅促进了学生的全面发展，更让教育工作者全员参与，共同营造了一个全区和抱持的校园环境。

其次，我积极整合各类社会资源，建立了"医校社家"四方联动机制，坚持学校、家庭、社会系统的共建。我们努力争取社会各界的关注与支持，引导学生安定、静心地学习与生活。这种全方位的支持体系，让学生在成长的道路上倍感温暖与力量。

此外，我校心理健康教育还创新性地采用了"1—2—4"班级心理委员的培养模式。通过选拔一支优秀的心理委员队伍，我们架起了一座座连心桥；通过开展两类培训，我们提升了班级心理委员的能力；通过搭建四个平台，我们充分发挥了班级心理委员的作用。这种模式让学生学会自我管理、自助到自治，让学生在安好、快乐的氛围中快乐成长、认真学习。

最后，我们不断完善心理健康教育课程实施体系，根据中职生的实际需求，开发建设了一批优质的心理活动课程学案与资源。这些课程与资源不仅有利于学生的未来发展，更能促进其心理素养的培育，让学生真正实现"安益"。

在课堂里，我们的老师用温情的、慈祥的眼神鼓励着每一位学生，他们的行为尊重而平等，洋溢着真诚与包容。在这样的环境中，每个孩子都能自然、始终地感受到安全、安心、安乐、安益。我相信,此时此刻教育的力量定能真正彰显,激励每一位中职生自尊、自信、自强、成长!这样的教育理念与实践,不仅有助于学生的全面发展,更是对教育事业的深刻贡献。

【教学主张】顺天致性　静待花开
参培名师:成都市青白江区巨人树幼儿园祥福分园　陈富容

在名师班的三年培养中,我深深感受到了教学的魅力与价值。每一次理论学习都是对我人生观的启迪,使我更加坚信读书的力量。在研修考察中,我领略到了探索的无限魅力,看到了不一样的教育风景。而实践的脚步,更是让我一步步成长,一点点改变。最宝贵的收获,是在不断的总结与反思中,我初步形成了"顺天致性,静待花开"的教学主张。

一、研磨教学案例,铸就教学之魂

我从事教育工作已有27载,历经多个成长平台,从幼儿教师到园长助理,每一步都充满了挑战与收获。2020年,我有幸成为青白江区名师培养学员,这更是一次教学灵魂的觉醒。

在专家的指引下,我开始深入梳理自己的保教工作,整理出十多个典型教学案例,进行深度研究。我发现,幼儿的学习是以直接经验为基础的,游戏和日常生活是他们学习的最佳场所。作为教师,我们应珍视这些独特的教学资源,创设丰富的教育环境,充分尊重幼儿的主体地位,遵循他们的成长规律,支持并满足他们通过直接感知、实际操作和亲身体验来获取经验的需求。这样的教学方式,不仅有助于幼儿良好个性、心理、思维品质和行为习惯的培养,更能促进他们德智体美劳的全面发展。

于是,我凝练出了"顺天致性,静待花开"的教学主张。这意味着我们要顺应孩子的天性和自然成长的规律,避免过度干预,静静守候,悉心培育,让孩子们在自由的环境中自由生长,绽放出最美的童年。

二、多维联动融合,践行教学之道

有了教学主张后,更重要的是要在实践中进行验证与丰富。我从三个方面着手践行这一理念。

首先,我充分利用环境的教育力量。虞永平教授曾指出:"幼儿是在与环境的相互作用中学习的。"因此,我们努力为孩子们营造一个自然灵动的成长乐园,包括农家小院、花果绿道、小山坡等多样化的环境。在这里,孩子们可以亲近自然、探索自然,养成热爱自然、保护自然的情感和习惯。他们在游戏中自我唤醒、自我舒展、自我创造,享受着童年的快乐。

其次,我注重自由生长的课程建设。在"顺天致性,静待花开"的理念下,我们以生态思维引领课程建构，指向儿童发展的五大领域。我们创设了基础课程与节日课程两大板块，努力形成本土化、园本化的课程内容图谱。节日课程引导幼儿自我设计、实际操作，让他们在分享、交流、展示中增长知识才干，成为更好的自己。

最后，我深入进行课题研究。近年来，我成功申报了多个区级和市级课题，聚焦自然材料在幼儿数学活动中的应用以及传统节庆文化活动游戏创新实践等方面进行研究。这些研究不仅丰富了课程内容，也提高了孩子们的学习兴趣和探究能力。同时，课题研究也为我践行教学主张提供了有力的支持。2020年，我成功申报了区级课题《自然材料在幼儿数学活动中的应用研究》，荣获区一等奖。课题组初步形成了两套自制的益智类玩教具——"竹智多谋"和"奇思盖妙想"，两套玩教具分别获得成都市第八届幼儿园优秀自制玩教具二等奖和四川省第九届幼儿园优秀自制玩教具二等奖。2023年，我申报的市级课题《基于幼儿健康发展的传统节庆文化活动游戏创新实践研究》成功立项。

三、教学主张引领专业发展

提炼并践行教学主张的过程加速了我的专业成长。我主研的多个微型课题获得了市级和区级的奖励；撰写的论文也在国家级、市级、区级刊物上发表或获奖。近千名儿童在我的教学理念下顺天致性、绽放花蕾。幼儿园的教育质量也得到了家长和社会的高度认可。

未来我将继续深化对教学主张的理论研究与实践探索，让"顺天致性，静待花开"成为我持续前行的动力源与加速器。在这条充满挑战与收获的教学之路上我将与孩子们一起成长、一起绽放最美的教育之花。

（四）教育科研：开拓视野的钥匙

名师的教育科研是他们专业成长的动力源泉。他们通过深入研究教育的本质和规律，不断探索新的教育方法和手段，为教育的创新和发展提供了源源不断的动力。例如，著名教育家叶圣陶通过深入研究语文教学的理论和实践，提出了"以读促写、读写结合"的教学方法，有效提高了学生的写作能力和语文水平。这种教育科研不仅丰富了教育的理论和实践，更为名师的专业成长提供了有力支撑。

【课题研究】"多层·立体"园本研修的建构与实践：
《"单项深度法"在美工区的有效实施探索》
参培名师：成都市青白江区城厢中心幼儿园　彭红梅

一、案例背景

《3—6岁儿童学习与发展指南》为我们指明了艺术领域的发展目标：感受与欣

赏、表现与创造。它倡导我们为孩子们创造充分的条件和机会,支持他们的艺术表达和创造,尊重他们的兴趣和独特感受,从而培养他们的艺术表现能力和创造力。在幼儿园,除了专门的美术集教活动,美工区活动也是孩子们接触美术教育的主要形式。然而,在实践过程中,我们发现了两种不容忽视的问题。

第一种,是成人主导的美术教育模式,过分追求结果,却忽视了幼儿的创造过程。这种模式下,技能和美观被过分强调,导致作品效果凌驾于幼儿发展之上。

第二种,则是过分追求提供丰富材料和工具的支持,却忽视了幼儿与材料的深度互动和探索。这两种现象都未能真正体现"以儿童为中心"的教育理念,前者可能扼杀幼儿的艺术想象力和创造力,后者则可能让幼儿永远在熟悉材料的过程中,失去了对材料创造性表现的机会。

为了探索学前美术教育对儿童发展的真正价值,我们开始反思并寻找前瞻性、优质的理论与课程模式。其中,高瞻课程中的"单项深度法"引起了我们的关注。这种方法不以艺术为中心,而是以儿童为中心,鼓励儿童对一种或一类艺术材料或媒介进行深度的持续探索。成人的角色是适时地为儿童提供"脚手架",确保他们探索的连续性和深入性。

将"单项深度法"引入美工区活动,并非简单之举。而园本研修,包括园本教研、园本培训和教师的反思性实践,这三种行为构成了一个连续的过程,有助于教师深入理解"单项深度法"的理论概念,并将其应用于实践中。基于此,我们开启了基于园本研修的"单项深度法"探索之旅……

二、案例描述

(一) 组建研究共同体,实现教师共同成长

表1 园级研培组织表

站在幼儿园长远发展的角度,我们对全体教师的成长需求进行了深入分析,结合幼儿园课程建构与研究的重点,优化了研培模式,建立了研培组织,以推动师资队伍建设向纵深发展。这一研培模式涉及幼儿园所有岗位,教师们按年级和领域进行了分组,艺术组便是其中的一支重要力量。(表1)

艺术组由专职美术教师领衔,每班都有一名教师参与,保教管理人员提供专业支持。每月至少开展一次专题培训和专题教研。为了促进艺术组教师的专业成

长，我们围绕一个主题进行深入研究，通常持续一年时间。2023年，我们选择了"基于单项深度法在班级美工区的有效开展"作为小专题进行深入探索。

（二）采用多种培训方式，加深理论认识与理解

《园本研修——与幼儿园教师专业成长》一书中强调，将每一位工作者都吸纳到培训中来，有利于在幼儿园内形成一个真正的学习型组织，推动每位园所内的工作者都获得成长。从学期初开始，我们对园本培训的方式进行了创新。培训者不再局限于园长、副园长等管理人员，而是扩展到了幼儿园的所有成员。以"单项深度法"的专题培训为例，我们主要采用了以下方式：

1.读书笔记

利用电子检索工具、购买书籍等途径，我们查阅了大量相关文献。组员们收集了一系列关于"单项深度法在实践中的应用"的文章和案例，为我们开展小专题研究提供了宝贵思路。我们精选了一些具有参考价值的文章，鼓励教师结合文本和实际工作撰写读书笔记和工作反思，帮助教师更深入地理解"单项深度法"的核心理念。（表2）

表2　文章与案例表

序号	文章或案例名称	文章发表
1	基于"单项深度法"的自然材料艺术创作实践研究	《幼儿100》2022.03
2	探究"单项深度法"在大班手工活动中的运用	《早期教育—美术》2018.06
3	基于单项深度法的幼儿园美工区域活动实践研究	《儿童与健康》2020.10
4	单项深度法中艺术材料投放方式改变的实践研究	《早期教育—美术》2016.09
5	单项深度法下幼儿纸艺表达活动的支持策略研究	《早期教育》2022年26期

2.专题培训

《我是儿童艺术家——学前儿童视觉艺术的发展》一书中所介绍的"单项深度法"，这一基于高瞻课程模式的理论与实践的艺术教育方法，正逐渐在我们的教育实践中占据一席之地。它坚信儿童是积极的探索者，当他们在成人的引导下按照自己的兴趣去探索时，学习效果将达到最佳。虽然我们的教师对"单项深度法"有了初步的了解，但要真正掌握其精髓，还需要深入实践。实践是检验真理的唯一标准。因此，我们特别开展了专题培训，旨在深化教师对"单项深度法"的理解，从理论与实践两方面达成理念共识。这一方法的核心要素包括环境、教师、时间与材料，其中，材料的选取与使用尤为关键。我们需要从多个角度考虑：哪些材料、多少材料、如何使用等问题。

同时，"单项深度法"的结构与序列也是我们关注的焦点。它引领儿童在艺术中思考，经历引入、拓展、创作、反思四个阶段。这一过程不仅培养了儿童的艺术鉴赏能力，更激发了他们的创造力。

3.共读共享

《指南》与艺术领域的目标紧密相连，其中感受与欣赏、表现与创造是两个核心目标。而高宽课程则将视觉艺术能力细分为艺术鉴赏与艺术创作。这两者之间的共性认识，使我们更加坚信"单项深度法"的重要性。因此，在专题培训的基础上，我们还加入了《儿童艺术领域核心经验》的学习，旨在深化教师对通识性知识的理解。

我们为每位美术组教师购买了《学前儿童学习与发展艺术核心经验》的书籍，并每月提前安排共读章节，两位教师分享交流。这种共读共享的方式，不仅拓宽了教师的视野，更为他们提供了一个交流学习的平台。

（三）实践探索：发挥园本教研的实效

园本研修是提升教育教学质量的关键环节，其中园本教研更是具有极强的实践性。我们的教研选题来源于实践，教研过程就是教育实践的过程，而教研的成果则体现在促进教育教学实践工作的改进和教育质量的提升上。因此，开展形式多样的园本教研，落实"单项深度法在班级美工区活动中的运用"，显得尤为重要。

我们组织了一系列专题教研活动，如"单项深度法背景下班级美工区环境与材料的调整""基于单项深度法在班级美工区活动中的运用——以环境与材料调整现状为例"以及"单项深度法在大班美工区的实践探索——以纸艺材料为例"。这些活动旨在让教师深入实践，亲身体验"单项深度法"的魅力，从而找到真正适合各班美工区实施的共性策略。

三、案例反思：园本研修的深度影响与未来方向

园本研修不仅关乎幼儿园教师个人的专业成长，更直接影响到儿童的全面发展和教育质量的整体提升。通过深度探索和实践，我们对园本研修有了更为深刻的认识，并明确了前行的方向。

（一）材料选择：深度胜于广度

当我们面对琳琅满目的材料时，很容易陷入一个误区：认为提供更多的材料就能带给孩子们更丰富的艺术体验。然而，单项深度法为我们提供了一种全新的视角。它倡导幼儿针对一种或一类特定的材料或媒介进行深入探索，而不是盲目追求材料的多样性。通过深度探索，孩子们能够更专注于材料本身，逐步揭示其独特的特性和表现潜能。这种方法提醒我们，材料的质量远比数量更为重要。

（二）重复与持续：艺术探索的必经之路

深度法作为一种艺术指导策略，鼓励孩子们在重复与持续的探索过程中逐渐深化对艺术的理解。正是在这种持续的努力中，孩子们与材料建立起深厚的亲密关系，并运用自己的经验和想象力进行创作。这种过程不仅培养了孩子们的耐心和毅力，更激发了他们的创新精神和艺术潜能。

（三）教师的角色：观察者、引导者与支持者

在幼儿的艺术探索之旅中，教师扮演着至关重要的角色。作为组织者、计划者、支持者和合作者，教师需要密切关注孩子们与材料的互动情况，及时反思和调整自己的指导策略。通过观察孩子们在游戏中使用的操作技能和创新行为，教师可以更准确地评价他们的艺术发展水平，并给予针对性的鼓励和支持。在这个过程中，教师的观察与反思成为推动孩子们艺术成长的重要动力。

【课题研究】走向高效的初中语文群文阅读教学：读写结合的艺术

参培名师：成都市青白江区大弯中学 李柯 刘茜

成都市青白江区大弯中学初中学校的李柯和刘茜两位老师，深入探讨了如何让初中语文群文阅读教学更高效的问题。他们指出，阅读与写作是语文课程中不可或缺的两大要素，而"读写结合"则是一种极具实效的教学策略。

在《义务教育语文课程标准（2011版）》中，对学生的阅读能力和写作能力提出了明确要求。然而，现实的课堂教学中，这两大能力往往被割裂开来，阅读课和写作课各自为政。这种教学方式不仅效率低下，而且无法真正培养学生的语文核心素养。因此，他们提出了将读写结合应用到群文阅读教学中的主张，认为这将有助于学生全面提升阅读和写作能力。

回顾历史，我们可以看到叶圣陶、余映潮、南岩等语文教育界的前辈们，都对"读写结合"进行了深入的研究和实践。他们的理论和实践成果为我们提供了宝贵的启示。然而，尽管前人的研究已经取得了丰硕的成果，但关于"读写结合"群文阅读教学策略的研究仍然相对较少。因此，他们呼吁更多的教育工作者能够从新的视角、新的观念和方法出发，进一步探究和挖掘群文阅读中的"读写结合"资源。

在他们的研究中，他们提出了初中语文"读写结合"群文阅读教学策略的基本原则和方法。他们强调，群文阅读教学应以课标为依据，指向读写结合；同时，要关注学情，了解学生的实际需求；更要聚焦教材，深入挖掘文本的精髓。他们通过具体的案例，展示了如何运用精读课文学技法、赏读课文品语言、阅读课文学构思以及专题训练促写作等方法，将读写结合融入群文阅读教学中。

然而，他们并没有止步于此。他们对自己的研究成果进行了深入的反思和展望。他们意识到，单篇阅读、单元阅读和群文阅读在"读写结合"教学中各有其作用和价值，需要根据实际情况灵活运用。同时，他们也意识到已有的读写结合的群文阅读教学模式还需要进一步完善和优化。他们希望能够通过更深入的研究和实践，探索出更加适合学生发展和社会需求的语文教学方法和策略。

最后，他们强调了读写结合在群文阅读教学中的重要性。他们认为这不仅是

提高学生阅读和写作能力的有效途径，更是培养学生语文学科核心素养的必然要求。他们呼吁广大语文教育工作者能够紧跟时代的步伐创新教学方式，将读写结合真正贯彻到教学实践中去，为学生的全面发展奠定坚实的基础。

总之，李柯和刘茜两位老师的研究为我们提供了一种全新的视角和思考方式，让我们看到了读写结合在群文阅读教学中的巨大潜力和价值。让我们携手共进共同推动初中语文群文阅读教学走向更加高效、更加美好的未来！

【优秀案例】在中外青少年人文交流活动中“立德树人”的探索实践
——以大弯中学中外人文交流特色项目“多国文化节”为例
参培名师：四川省成都市大弯中学　陈道丽

在2023年8月的炎炎夏日中，一条振奋人心的消息传遍了四川省成都市大弯中学的每一个角落：我校的“多国文化节”特色项目荣获教育部中外青少年人文交流优秀案例的殊荣。这不仅是一项荣誉，更是全校师生共同努力的见证，是对我们“立德树人”教育理念的高度认可。

“多国文化节”作为大弯中学独树一帜的综合实践教育活动，它以中外人文交流为纽带，以立德树人为根本目的，为学生们搭建了一个展示自我、了解世界的广阔舞台。这一创新的教育实践，不仅赢得了社会各界的广泛赞誉，更在青少年心中播下了文化自信和国际视野的种子。

一、案例背景：我们为何需要开展“多国文化节”

1. 搭建平台，落实立德树人

2018年，总书记在全国教育大会上明确指出，我们的教育体系应全面培养德智体美劳，构建更高水平的人才培养体系。在这样的背景下，成都市大弯中学积极响应，创新性地开展了“多国文化节”。我们以学校教育为核心，充分利用家庭和社会的丰富外教资源，积极调动各方参与，确保在多语种外语教学和实践中，全面落实立德树人的根本任务。

2. 以文化节为桥梁，培育青少年的文化自信

《中共中央关于党的百年奋斗重大成就和历史经验的决议》中强调，文化自信是一个国家、一个民族发展中最基础、最深厚、最持久的力量。青少年在外语学习过程中，不可避免地接触到西方文化和思潮。如何在这样的背景下，引导他们提高对外来文化的辨识能力，并坚定对中华文化的自信，变得至关重要。“多国文化节”正是这样一个平台，让中外青年在文化的交流与碰撞中，坚守文化自信，展现中国青年的风采。

3. 以文化节为契机，培养国际视野与合作精神

《关于加强和改进中外人文交流工作的若干意见》中指出，我们应深入推进不

同国家、地区、文明之间的交流互鉴。大弯中学作为教育部中外人文交流特色学校，我们紧紧抓住机遇，以"多国文化节"为抓手，充分发挥青年学生的特长，着力培养具有国际视野、善于合作的青年人才。

二、案例描述：我们如何开展"多国文化节"

1. 明确主题

"多国文化节"每期都根据国际热点和师生建议确立主题。近三年，我们分别以"行一带一路促文化交流"、"行走蓉欧长廊对话世界文明"和"听！世界奏响春天的音符"为主题，确保活动既有深度又有广度。

2. 设定目标

我们根据大弯中学的育人目标和国家对中外人文交流的要求，从知识、技能、态度、价值观四个层面细化中外人文交流目标，确保活动既有意义又有实效。（如表1所示）

表1

知识目标	了解和理解具体的全球问题和趋势，了解和尊重关键的普遍价值观，如和平与人权、多样性与多元文化、正义、民主等，为他们形成世界意识打下知识基础。
技能目标	形成进行国际交往与合作的行为能力，包括外语运用能力、跨文化沟通交流能力。
	具备批判性、创造性和创新思维、解决问题和作出决策的认知技能以及同理心、对经验和其他观点开放、与不同文化背景建立联系和互动的非认知技能等。
态度目标	具有开放、平等、尊重、宽容、客观等积极的跨文化理解态度。
价值观目标	树立文化自信，成为团队中积极、负责任的成员，愿意对本土、全球或跨文化问题作出反应并采取合理、有效的行动，为建立"人类命运共同体"而努力。

3.开展活动

多国文化节活动诚邀全球友人共同参与，活动设计以学生为中心，充分激发学生的主动性和创造性。这一独特盛事以各国文化为媒介，展现了语言、风景、饮食、服装和习俗的多元魅力。从创意构思到流程安排，从志愿者选拔到人员分工，再到集市摊位的精心设计，每一个环节都凝聚着大家的智慧与努力。这一活动不仅为学生提供了一个了解并传播世界文化的宝贵机会，更让他们在亲身参与中感受到文化的独特魅力，从而加深对各国文化的理解与认同，开拓国际视野。

（1）国际理解教育论坛及人文交流专题讲座

文化节期间，我们特邀知名学者和教授，为师生们带来外国文化与国际理解教育的精彩讲座，旨在拓宽视野，增进理解。

（2）多语留声机

我们鼓励学生用外语朗诵作品，并通过学校微信公众号"多语留声机"平台展示他们的才华。此外，我们还诚邀外籍教师、留学生及校友共同参与，促进多元文化的交融。

（3）多语风采展示

这一环节包括多语歌曲展演、演讲、配音比赛、海报展、贺卡及手抄报创意展等，旨在展示学生的多元文化才能和创新精神。

（4）"给妈妈的一封信"多语种写作大赛

每年五月母亲节，我们鼓励学生用外文为自己的母亲写一封表白信，以表达对母亲的感激和爱意。这一活动不仅锻炼了学生的外语能力，更增进了他们与母亲之间的情感联系。

（5）创意中外集市游园会

学生们将设计多个展位，展示来自世界30余个国家的文化特色。从特产、美食到音乐、书籍、艺术和传统节目等，应有尽有。互动性和趣味性的讲解类活动以及操作类活动将让学生全身心地体验世界多元文化的魅力。

（6）蓉欧文化长廊

"蓉欧文化长廊"以蓉欧快铁沿线30余个国家及地区的文化为主题，结合游园活动，让学生在互动中学习和体验各国文化。通过文化大转盘、体育游戏、历史场景复现等趣味活动，学生们将更深入地了解和感受各国文化的独特之处。

三、案例反思：我们的实践取得了怎样的效果？

（一）实现了几个变化

1.形成了"1"个品牌：大弯中学中外人文交流实践活动课程品牌——"大弯樱之季，多国文化节"已经崭露头角，荣获多项省级和国家级荣誉，成为我校的骄傲。

2.实现了"2"个提升：学校的立德树人成效和师生的中外人文交流素养均得到了显著提升。

3.促进了"3"个变化：立德树人课程更加丰富多元，外语课堂教学焕发新活力，师生心态更加开放包容。

（二）提炼了以实践教育活动落实立德树人根本任务的典型经验

1.以总书记的重要讲话精神为指导：我们始终遵循总书记关于中外人文交流的重要指示，坚守文化自信，平等自信地进行国际交流。

2.抓住区委区政府大力开展国际化交流的契机：我们充分利用区委区政府的大力支持，确保活动的成功开展。

3.以学校创新型、突破性发展为动力：面对学校发展的"瓶颈"，我们积极开辟中外青少年人文交流的新路径，为学校的发展注入新活力。

4.以人民群众对对外交流的重视为助力：随着社会对教育的期望不断提高，家长们对国际教育的重视为我们的中外人文交流实践提供了有力支持。

5.以生动、扎实、高效的活动为载体：我们注重活动的实效性和趣味性，让学生在活动中学习，在交流中成长。

6.从交流互访到参与式体验："多国文化节"不仅是一次简单的交流互访活动，更是一次深度的参与式文化体验，让学生在实践中感受文化的魅力。

我们坚信，通过中外人文交流的实践教育活动，中国青年将能够取长补短、坚守文化自信，为中华民族的伟大复兴贡献自己的力量。让我们携手共进，共创美好未来！

【教学思想】道与术的交织　学与行的相伴
——记成都市青白江区领航名师培育之探索与实践

成都市青白江区教育研究培训中心　陈亮

四川西部教育研究院　王习

立德树人是新时代教育的根本任务，也是教师神圣使命。立什么样的德？立符合社会主义核心价值观之德。树什么样的人？树"德智体美劳全面发展的社会主义建设者和接班人"。提高教师专业能力是落实"立德树人"根本任务的重要保障。培养名优教师是青白江区开展的以面带面巩固和提升区域教育优质均衡的一项务实举措。虽然，从教不为名利也不为名气，但应名副其实。正如习近平总书记所说的那样，行"立德树人"之为的教师应"有理想信念、有道德情操、有扎实学识、有仁爱之心"，这是教师专业成长的目标与追求。成都市青白江区在领航名师培养中遵循成人教育规律和教师职业岗位特征，探索与实践中经历了三个阶段：做明师，明其道；做名师，名在术；成鸣师，道术皆通。在实施策略上注重学习为实践引路和实践检验学习成效，实现了"学中思、学中做""做中改、做中创"。教师的成长成为了最好的奖励，教学新气象成为了最好的培训成果。

一、立足区域教育实情，制定区域名优教师培育发展性目标

成都市青白江区教育局坚持教育高品质发展，教师队伍优先发展的思想。结合区域名师队伍建设的实际需求，以省市优秀骨干教师标准、省市特级教师标准为导向，培育具有高尚的师德情操、爱岗敬业精神和深厚教育情怀，并且业务精湛、专业精到，有创新的教学主张和特色的教学风格；在业内有较高的认可度和广泛的影响力、在教育教学和教科研方面有较强的创新指导能力；个人专长更加凸显，特色个性更加鲜明，成为能辐射带动全区教师专业成长和职业发展的种子教师、成为引领青白江教育学科领军人才。

为人师表，练就大家型教师；理念与时俱进，争当学习型教师；教学依"道"

重 "术"，成为熟练型教师；潜心科研，锤成专家型教师；良策育人，铸就导师型教师；乐于辐射引领，促成示范型教师。

二、立足培育发展目标，开展区域名优教师培育对象遴选

青白江区师资队伍建设，采取新入职教师、合格教师、骨干教师、优秀教师、引领型教师 "五级梯队" 分成培育，本项目培育对象定位在中间第三个层次，即合格教师、骨干教师、优秀教师，通过专项培育实现150名教师层级进阶，涌向出更多的区域领航名优教师和青白江教育教学的拔尖人才。

遴选条件设置了9项指标，包括师德与价值取向、专业素养、个人业绩、心理品质、团队精神、创新能力、应变能力、语言表达、举止仪表，每项指标赋予合理的权重，从而形成综合评价结果。遴选流程：自愿申报和组织推荐的方式—课题组比对遴选条件筛选出候选人—专业理论测试—现场答辩—专家组入校考察评估—领导小组和专家组合议审核—公示期满后报区教育局党组审批确定。

严格筛选出来培育对象，政治思想素质过硬，具有较高专业素养、精湛的教学艺术且教学业绩斐然；在教学、教科研型、班级建设等方面有所建树，是教书育人的可造之材。

三、立足教师职业特征，构建区域高品质名优教师培育课程体系

《学记》曰：教师者所以学为君也。意思是，教师的职责是教人如何学习成为君子。"教" 乃 "孝" 与 "文" 的组合，百善孝为先，"孝" 代表高尚的品德；"观其天文，以察时变；观其人文，以化成天下"，"文" 代表科学文化。"师" 乃 "弓" 与 "帀" 的组合，"弓" 形介于变与不变之中，代表思辨；"帀" 同匝，环绕一周之意，象征周全、圆满，代表众多与价值。简而言之，教师尤其是名优教师就是要品德高尚、举止高雅，学富五车、才高八斗，思维敏捷、辨析透彻，追求周全、崇尚圆满，而惠及众生。

基于名优教师 "画像"，针对名优教师培养对象的特点、需求和培养总体目标，坚持 "面向全体、突出学科、满足个体" 的课程理念，突出 "系统设计、分类分层、个性定制、互动创生" 的课程特点，遵循 "师德为先、能力为重、综合提升" 原则，科学设置课程体系。本着 "瞄准前沿、通识奠基、凸显学科" 的精神，精心构建课程内容模块；按照 "循序渐近、螺旋上升、永续发展" 规律，系统设计推进序列；坚持 "准确诊断、专家引领、扬长补短" 策略，凸显个性学习模式，构建了六类课程模块：激发情怀动力——消除职业倦怠，激发内生动力；教育理念更新——提升师德素养，拓展教育视野；优化课堂实践——强化实践创新，实现深度教学；科研课题研究——实践研究真问题，提升解决问题的能力；育人能力提升——赋能德育实践，积累育人经验；专业引领幅射——锤炼教学风格、提炼教学主张。

四、立足成人教育规律，打造区域高品质名优教师培育策略体系

区域高品质名优教师培育立足3大策略，一是问题式培育，聚焦核心目标，梳理出核心问题，在核心问题的统领下形成若干子问题群，针对问题安排解决问题的培训活动，在开展培训活动的过程研究解决问题的办法和研制解决问题工具。二是任务式培育，自主发展和集体成长在本项目中表现得尤为突出。教学之道在哪里？通过自身的体悟进而生长。教学之术在哪里？通过在学科共同体中的交流、碰撞进而生成。在任务的牵引下，老师们自我凝练的教学主张、锤炼教学风格、提炼教学成果。三是项目式培育，做项目是一个学、思、行一体化的培训模式，也是学以致用的高效途径。在培育过程中设立3个类型的项目，即科研课题项目、教学模式项目、课程建设项目。因立项而学，因施项而思，为结项而行。

为支撑保障区域高品质名优教师培育3大策略的高效，提高领航名师培养对象学习能力至关重要。这是一个"磨刀不误砍柴工"的过程。诚乃修道之根本，修道之始乃正心诚意，继而习得修道之法、修道之巧。所以在培育初期专门设置《教育理想情怀与教育理念》《名师修为的道与力》《名师之明》《基于教师评价的专业发展建议》4个专题的学习与指导，为后续的深入研修在思想上、认识上和方法上做好了扎实的铺垫。充分利用现代信息技术手段，借助四川西部教育研究院西部教育智库平台和UMU互动学习平台，并连接"钉钉"和"微信"交流平台，畅通了学"道"之专家资源、优质课程资源、阅读分享、远程指导、作业批阅等；畅通了行"术"之培训活动跟踪、在线课堂、视频展示、课题研讨等。

五、立足教师核心素养，研制区域名优教师培养对象专业发展评价体系

教学之"道"的内化和教学之"术"的外化是区域领航名师培养对象专业成长评估的2大主题。通过定性考核与定量考查相结合、过程性评价与终结性评价相结合、表现性评价与档案性评价相结合，评价培养对象的专业增量，评鉴培养对象的专业状态。依据预设的青白江区领航名师培养对象成长状态评价细则（体系），实行同步管理、过程评估监控、即时反馈调节，促使培训效果的有效达成。

紧扣专业成长评估的2大主题，在评价体系中设置思想修养境界、理论水平进阶、教学能力提升、教学科研成果、专业辐射引领6项评价要素，每项要素包括若干个评价指标（观测点），评价指标对应评分细则，从而实现从定性评价走向定量评价。评价的依据包括：个人荣誉、教学实绩、科研业绩、出版发表、区域引领。

六、立足持续发展理念，提炼区域高品质名优教师培育成果

整个区域高品质名优教师培育的过程就是培育对象"学"和"行"的过程，培育成果自然就包含培育对象"学"的成果（认识性成果）和"行"的成果（实践性成果）。

"学"的成果主要体现在更新教学理念基础上的教学主张凝练。自我认识更加清晰，激发出强烈的专业发展内生动力。充分认识到与"名师"的差距在于：

"厚积薄发"中积累不足，持之以恒的定力不足；不善反思和追问；发现问题不主动，解决问题不力；教学研究与教学实践脱节；教学成果和研究成果明显不足等。符合自身教学环境和自身个性特征的教学主张初步形成，能很好的契合学科特点，构建起适应新时代教育教学要求的教学观和质量观，明确自身教育追求和价值取向。

"行"的成果主要体现在创新教学模式基础上的教学风格的凸显。名优教师培养对象们的教学水平得到了进一步提升，解读"课标"更有深度，理解教材更有广度，分析学情更有温度，设计教案更有精度，评价考核更有效度，研究问题更有准度，实现了教学业绩的新高度。教学行为的深度优化，带来教学效果的全面提升，教学生态欣欣向荣。先后涌现出多名省市特级教师、学科带头人、优秀青年技术和名师工作室领衔人等。他（她）们怀揣着"强国有我，躬耕教坛"的理想信念，充当教学改革的领头人和急先锋。结构化教学思想如一汪清泉流淌，带来课堂教学方式深刻变革，积累的案例有深度学习的尝试、学练合一的实践、"四有课堂"的提质增效、情景教学提升学习品质、寓健于技的体育教学、"和悦"课程校本特色教学模式、《论语》选读教学模式、STEAM理念下项目式学习教学模式……

主要物化成果：2024年7月15日《中国教育报》教改风采专栏在《"三名"共振促进区域教育高质量发展》一文中全面宣传报道了青白江区名优教师培育的"精准供给于教师激发、唤醒与导行""创生效应不囿于方向导引、势能打造与发展提速"。由中国出版集团·现代出版社出版发行《为"明"而耕·向"理"而耘》，包括教学设计与特色教学模式、教学主张与教学风格、教育论文与科研案例、研究故事与教育故事4个篇章。

道术交织、学行相伴的成都市青白江区领航名师培育实践，是一次"鸣金式"的唤醒，一次"风标式"的导航，更是一场"回炉式"的锤炼，一场"跨越式"的前行。在这系统的培育项目中事项了更新教育思想与教学理念，不断革新自己的教学策略与方法，用实际行动成效验证自我专业成长。向书本学、向专家学、向名师学，学无止境；冥思苦想、见贤思齐、自我反思，集思广益。知识的内化浸润心脾，成果的转化注入新的力量。在三尺讲台上，更加从容不迫、得心应手，形成清新、自然且"乐趣""兴趣""志趣"激荡的教学风格和高效率、低负担的课堂教学特色。在积淀中升华，凝练出既符合"双新"要求又聚焦"核心素养"养成的、既满足学生需求又具备自身特点的教学主张。践行自己的教学主张，以家国情怀与学生共享生命成长，以慈爱之心与学生共筑学习园地。走进学生，激发其健康成长的内驱力，帮助其获得生命成长的自信力与创造力，感受生命的喜悦。春风化雨、润物无声，课堂上既注重知识的传习，也注重素养的生成，还注重个性的差异。循道而行，功成事遂，教学风格得以彰显，教学特色在教学行为的优化中越来越清晰。

　　名师的专业成长是一个不断磨砺、自我超越的过程。他们通过独特的教育思想、教学实践、教学主张和教育科研等方面的努力，不断提升自己的专业素养和综合能力，成为引领教育发展的中坚力量。作为教育工作者，我们应该从名师的专业成长中汲取智慧和力量，不断提升自己的教育水平和专业素养，为培养更多优秀人才贡献自己的力量。

◎ 第五章 ◎

青白江区名校建设的探索与实践

一、新时代名校内涵及其意义建构

自2017年以来，国家相继出台了《中共中央关于进一步加强和改进学校德育工作的若干意见》《中共中央 国务院关于深化教育教学改革全面提高义务教育质量的意见》《国务院办公厅关于新时代推进普通高中育人方式改革的指导意见》、教育部《义务教育学校管理标准》、教育部等八部门《关于进一步激发中小学办学活力的若干意见》等文件，明确提出了进一步提升办学质量、办人民满意教育的要求。在此背景下，青白江区推出了名校建设工程项目。

（一）名校的概念和内涵

就中小学、幼儿园而言，传统意义上的名校（园）是指办学历史长、办学条件好、教育质量优、在地方上知名度高的学校。从内涵上看，名校包含了以下内容：

第一，名校是在先进教育理念的指引下存在与发展。教育理念不是浮于学校的外显层面，它内隐并贯穿于学校发展的整个过程，引领着学校不断向前发展。教育理念既是在方向上指引着学校发展，使学校发展始终沿着正确的方向前行；也是在行为上规范学校的发展，使学校办学行为永远都不会违背规律；还能在内涵上深化学校的发展，使学校走上可持续内涵发展之路。

第二，教师团队发展是名校发展的重要表征因素之一。任何学校发展都离不开教师队伍建设，名校发展更是如此。虽然名校中总少不了名校长或名教师，但是，应该承认，名校并不是个别名校长或部分名教师所能造就的，它需要的是教师团队力量。优秀教师团队是判断名校的重要指标之一，缺少教师团队发展的学校不是名校。

第三，名校在发展中提炼出鲜明的办学特色，积累了深厚的文化底蕴。办学特色和学校文化的提炼与积累是名校之"名"的精髓，也是名校走向个性发展和可持续发展的重要基石。办学特色是名校多元存在的现实见证，它从比较的角度彰显了不同名校的差异所在；学校文化是名校发展的时空积累，它从时间和空间维度透视出名校的发展历史与现状表征。

第四，名校得到了学生、家长和社会的认可。评判学校的"好"与"坏"不只是政府和教育行政部门的事情，学生、家长和社会人士的满意度也是学校评判的重要标准。能被众多教育相关者认可和赞誉，意味着学校的办学行为、成绩和效果在最大程度上满足了社会的需求或期望。

第五，名校在一定区域、一定范围内，能产生"场"效应。如名校的声誉、先进的办学理念、独特的学校文化、教师对教育事业的奉献精神和行为、学生的个性发展等很多方面都能对其他学校产生示范作用，使其他学校主动向名校学习，并自愿改善本校的教育教学和管理行为，能对其他学校产生示范作用，引领其他学校的发展。

不同的历史时期，名校被赋予不同的历史使命，因此名校的内涵也随之而发生变化。在基础教育全面普及的背景下，名校更多地是指那些教育理念与办学特色鲜明、文化底蕴深厚、拥有优秀教师团队、在当地乃至更大区域内具有一定知名度，并对其他学校发展能够产生积极影响的学校。因此，"名校"是被赋予了新时代教育高质量发展若干核心内涵及其表征的高品质学校。

（二）名校的主要显性特征

1.思想高站位：敢于始终坚持不懈地探寻新时期教育高质量发展的核心要素，并持续内化于学校办学及其管理之中。

2.学校高品位：有符合时代发展要求的学校宗旨和愿景，有先进的办学理念和落地的发展方式，不断实现学校的办学转型。

3.领导高素质：有一位有思想、有魅力、有担当、有学习力、有决策力、有创新力、有凝聚力、有反思力的卓越校长。

4.办学高质量：有和谐、活力、服务性的组织框架，办学质量高；有勇于担当、敢于示范、不断实践的干部、教师团队，教育教学管理现代化；育人路径清晰完善、丰富多元，特色鲜明，育人成效显著。

5.社会高认同：所有学生学有所成，家校联系紧密，社会满意。

（三）对名校建设工程项目的认识

名校建设项目是青白江区加快推进教育现代化、建设一流教育强区的重要环节，意义重大而深远，对促进区域教育的整体发展具有极其重要的战略价值。

——名校建设，在区域能起到领航示范作用，有利于带动一批学校的发展；

——名校建设，有利于深化区域教育领域综合改革，推进义务教育和学前教育高位均衡、优质发展；有利于加强学校的建设与管理，培养有影响力的名师、名校（园）长和品牌名校；

——名校建设，有利于促进学校全面实施素质教育，深度实施课程改革，推进育人方式变革；

——名校建设，有利于全面实现全区"人才攻坚、质量攻坚、品牌攻坚"重大战略目标，努力办出全区人民满意的高质量教育。

根据《青白江区名校建设项目实施方案》，名校建设重点在把握以下建设要求：整体提升项目学校管理水平、教育教学质量和教育科研水平，努力建设成为全市一流、西部知名领先的高品质特色学校。结合国家教育政策中"三名工程"的要求及对青白江区教育现状和本项目的理解，我们认为"名校建设"工程，是在校长、文化、制度、教师团队、课程、学生、科研、设施、质量和影响等方面着力，使其在相关方面提升水平、产生和扩大影响的过程。

二、青白江区名校建设的突破口

（一）遴选样板校

根据学校申请报名情况，按照青白江教育局的要求，结合学校内涵提升与学校品牌塑造等相关文件规定和标准，制订报名学校遴选方案如下：

1.指标体系

学校遴选指标体系由四川西部教育研究院组织专家系统研发，指标体系的基础性指标由"A1.客观指标"（70%）和"A2.主观指标"（30%）两个部分组成，同时设置"A3.参考指标"作为辅助参考。

青白江区"名校建设"学校遴选指标体系

一级指标	二级指标	主要内容	分值	得分
A1.客观指标（70%）	B1.荣誉、称号	省一级示范校（高中）、省级示范园	5%	
		市校风示范校、市义务教育示范校	4%	
		市文明单位	4%	
		市新优质学校	3%	
		省、市专项示范校（阳光体育、艺术特色等）	3%	

续表

一级指标	二级指标	主要内容	分值	得分
	B2.校长情况	省市特级校（园）长、省市名校（园）长	5%	
		省市优秀校（园）长、领航校（园）长	5%	
		正高级教师（8分）、高级教师（7分）、一级教师（5分）	8%	
		省市优秀教育工作者	5%	
		青白江区优秀校（园）长、优秀教师、优秀工作者等	3%	
		已进入青白江区名校长培训计划	3%	
	B3.学校优势和特色综述	总结完整，表达准确，对学校现存优势和特色全面把握	8%	
		学校师资队伍结构合理，名师骨干有一定比例	8%	
		办学规模适宜	6%	
A2.主观指标（30%）	B4.发展愿景	描述准确，在现有基础上有目标感	10%	
	B5.创建需求	构思全面，涉及学校内涵发展的诸多方面	10%	
		基本思路表述完整、清晰	10%	
A3.参考指标	B6.办学理念	学校办学理念和校长个人特质是否区域领先并符合教育发展的时代需要		
	B7.区域布局	学校是否符合区域布局重点的客观要求		

2.指标说明

（1）客观指标

客观指标包括三个方面：一是学校已取得的主要荣誉、称号；二是校长治校实绩；三是学校优势和特色。

①学校荣誉称号：主要以学校（幼儿园）现已获得的全国、省、市示范校（主要指教育行政系列认定）、文明单位（先进单位）、特色项目示范学校（主要指教育行政系列）和学校特色项目（主要指专业协会系列）等荣誉称号。

②校长治校实绩：主要包括校长职级、主要荣誉、治校理念、办学实绩、进取心（是否申报并进入"三名工程"名校长培训计划）等。

③学校特色及优势：主要指学校现已较长期确立的具有学校独特特征、在一定范围有知晓率、认同度和影响力。

（2）主观指标

主要指学校（幼儿园）在本次名校建设工程申报中提出的建设愿景、涉及内容、基本构思等。

（3）参考指标

参考指标1：校长对学校办学理念清晰、管理体系架构清楚、勇于改革创新，勇于担当，学校校长人选为青白江区名校长培养对象。

参考指标2：切合青白江区未来社会经济发展对教育区域布局重点的客观要求，能高质量回应本地区快速发展的社会需要。

3.学校遴选评分结果

四川西部教育研究院组建评审专家组，根据评分指标体系对申报学校评比打分，再报请青白江区教育局征求意见，最终确定遴选1所高完中（成都市青白江区大弯中学）、1所九义学校（成都市青白江区清泉学校）、2所小学（成都市青白江区大弯小学和成都市青白江区实验小学）和1所幼儿园（成都市青白江区巨人树幼儿园）作为名校建设的样本学校。这五所学校基本涵盖了青白江区域除职业学校（注：本区的职业学校为市属的中专学校，主要由成都市教育局主管）外的所有学校类型及地区分布，具有相当强的区域代表性，其名校建设的目的就是强示范、固品牌。

（二）明晰名校建设底层逻辑

1.确定名校建设目标

项目策划专家工作组根据青白江教育局的总体要求，结合青白江区域教育实际情况，最后确定了名校建设的目标：力争用3年的时间，帮助5所学校进一步总结提炼办学理念，提升管理水平，提高办学质量，促进教育科研，促进队伍素质整体提高，重构校园特色文化，发展特色校本课程，形成特色教育模式，塑造学校区域品牌，成为在成都市、四川省乃至西部及全国具有一定影响力的高品质学校。具体目标如下：

（1）厘清名校建设内涵、任务和发展方向；

（2）以党建立根统领学校文化，提升办学品质；

（3）突出学校德育主体地位，贯彻落实立德树人根本任务；

（4）以"五育融合"实践探索促进学校育人模式变革；

（5）以"队伍强基"战略奠基学校未来的可持续发展；

（6）以"特色课程"建设促进学校育人质量提档升级；

（7）激发学校内生动力，助推学校品牌建设；

2.制订项目实施流程计划

（1）前期启动阶段

①学校自诊与自介；

②学校教育生态考察与调研诊断：专家组入校调研，诊断性评估，建设需求分析，进一步发现问题与需求，确立解决路径，确定建设目标与方向；

③完成《青白江区名校建设项目学校发展现状及调研分析报告》；

④建设方案制订：建立项目专家团队和各校专家小组，一校一组，制订《学校（园）"名校建设"三年实施方案》，完成各校（园）名校建设顶层设计，明确重点推进领域，报领导小组批准；

⑤完成项目学校干部、教师专业发展状况专项调研与三年培训规划；

⑥完成《学校（园）"名校建设"重难点分析与模型建构》。

（2）实施阶段

①针对青白江区5所项目学校的校级、核心中层及学科骨干名师，开展任务驱动的理论与实践配对专题研修培训，采用小班化沙龙研讨方式，内容包括理论性专题和务实性专题。

②学校管理、文化、课程、科研、课堂模式、队伍发展规划等的梳理与新的体系创建。

③学校发展论坛。

④过程性媒体跟进宣传。

（3）项目实施中期总结交流

形成《项目学校名校建设情况与成效诊断中期评定报告》，完成《项目学校名校建设改进与提质实施方案》。

（4）总结评估与成果展示

①研制《青白江区名校建设评价体系标准》；

②项目实施目标达成情况评估；

③形成《项目学校名校建设情况与成效诊断中期评定报告》；

④项目实施成绩总结交流与成果展示。

3.制定名校建设工程项目实施方法

（1）调研发现学校问题：实施诊断性与发展性评估，对比发展目标确定差距。制订学校管理评估工作方案，研制诊断评估工具，包括学校管理评价标准、工作满意度调查表及统计分析、家长问卷调查表及统计分析、社区问卷调查表及统计分析、学生评价教师问卷调查表及统计分析、学生问卷调查表及统计分析。

（2）专家会诊提出解决办法：根据建设目标和所需解决的问题，分别制定针对性方案与措施。

（3）解决问题过程：各校专家小组定期指导，过程性追踪反馈校正，螺旋式前进提高。

（4）达成项目目标：多个方面、多种方法对项目实施成效进行阶段性和终结性评估，多类型多层次媒体宣传传播。

总体上讲，名校建设工程是学校文化、课程、制度、团队、科研、设施、质量等多个领域软硬件子工程项目的建设实施过程。

4.组建名校建设专家指导工作组，建立相关工作机制和保障机制

（1）全区成立"三名工程"项目实施领导小组

由青白江区人民政府分管教育副区长和四川西部教育研究院荣誉院长和学术委员担任"三名工程"项目顾问，区教育局党组书记兼局长和四川西部教育研究院院长担任组长，区教育局党组成员、副局长、区教研培中心主任和四川西部教育研究院执行院长、常务副院长担任副组长。领导小组的职能主要是负责决策咨询，宏观引领和督导。

（2）成立名校建设工作小组

工作小组由区教育局党组成员、教研培中心主任担任组长，四川西部教育研究院常务副院长担任副组长，成员包括区教育局普通教育科科长和工作人员、四川西部教育研究院工作人员。工作小组办公室设在区教育局普通教育科，办公室主任由科长同志兼任。工作小组负责牵头名校培育统筹推进和协调工作。

（3）健全工作机制

四川西部教育研究院和区教育局建立了沟通协调机制，定期召开工作联席会，完善工作措施，及时协调解决"名校建设工程"推进过程中的困难和问题。

（4）组建项目专家团

为每校组建一个专家工作组，并推荐一个组长。整个专家团队成员由四川西部教育研究院项目顾问组和项目学校及青白江区教育局三方协商构建，进行双向选择。专家组包括理念提炼、文化建设、课程建设、学校特色打造、学校管理、媒体宣传策划等方面的专家。

（5）保障措施

①物质条件保障：所选定的培育学校要具备必备的物质条件，办学设施设备要符合相关标准，满足成都市新优质学校基础性指标的要求，办学条件、技术装备等硬件要达标。

②人力保障：培育打造名校是一项系统工程，涉及方方面面。要配齐配强教师队伍；要选好配强班子，并保持校级班子整体上的相对稳定。

③政策保障：政策要有延续性，不能朝令夕改，要保持学校的基本稳定和创建名校工作的连续性。要建立必要的投入机制，保障开展创建打造工作的正常经费需要。要将打造项目任务纳入对学校的考核目标，建立专门的问责与激励机制。要与督导部门衔接，强化纪律，形成专项督导机制，营造鼓励建功立业的环境。

④舆论保障：要优化舆论环境，加强宣传引导，多渠道、多形式全面宣传"三名工程"中的特色、亮点做法和先进典型，营造良好的创先争优氛围，不断促进学校与社会的良性互动，提高社会对学校的满意度与美誉度。

⑤组织保障：区教育局高度重视名校的打造培育工作，成立专门的领导小组并落实专人负责，负责整个工作的领导、组织和管理，统筹安排，整合各方面的

力量，确保相关工作高效有序推进，达到预期目的。

三、青白江区名校建设的实践策略

综合来看，名校建设是学校在文化、课程、制度、团队、科研、设施、质量等多个子领域的建设发展效果的集成体现，但由于青白江名校建设项目各个学校的自身基础条件不一样，因地制宜、因校施策就成为青白江区名校建设的必由之选。遵行国家教育方针，践行新时期的人才观和质量观，明晰学校办学目标和发展定位，更加注重内涵发展，方能达成"一校一品一特色"的办学愿景，实现学校高质量发展的目标。

（一）以文化塑型：名校培育学校的文化建设

文化建设是名校建设的首要问题。文化建设不仅是学校发展的重要保障和基础，更是育人的重要途径。学校应注重文化建设的系统性和长效性，逐步塑造学校的核心文化价值观，通过传承和发扬优秀传统文化，既培育师生爱国爱校情感，又培养学生的自主学习和创新能力，为学生的发展奠定坚实基础。青白江名校建设5所项目学校均认真梳理了学校的历史文化特征，结合班子的发展理念与思路，并广泛征求意见，构建了较为完善的学校文化体系。

【文化塑型——案例1】清泉学校："泉文化"润育校园文化精神

成都市青白江区清泉学校位于成都东部龙泉山脉之下，校园内有凉水井，泉水汩汩而出汇流成溪，故而得名清泉。自建校一百余年来，清泉学校正如其名，如一泓清泉滋养着学校，滋润着师生的心灵，陶冶着师生的情操。水的品质给人以智慧和启迪："上善若水，水善利万物而不争，处众人之所恶，故几于道。""天下之至柔，驰骋天下之至坚。""智者乐水"，体现了一种智慧与求知精神；"水滴石穿"，体现了一种以柔克刚的坚定精神；"海纳百川"正是学校教育的包容精神；"碗水端平"体现了教育的公平精神以及学校管理崇尚法治的精神；"泉源溃溃"体现了学生的奔放的活力。这些内容都和学校的价值主张一致，即遵循学生的成长规律，培养学生清泉那样纯净无瑕的心灵、长流不息的意志、温和善良的品性和叮咚奔放的活力，让孩子们在泉水滋润下茁壮成长。

1.选择"泉文化"为核心的考量

（1）地理形势：学校内围墙边有一"清水泉眼"，涓涓细流长年不断，具有上百年的历史，一直流淌至今。

（2）校名特点：清泉学校，与清泉镇同名。

（3）文化特质：泉文化，即水文化，水文化的特质与学校的价值主张相契合。

2．"泉"文化精神

（1）善利万物：奉献精神（《老子》：水，善利万物而不争）。

（2）上善若水：尚德精神。

（3）智者乐水：求知精神。

（4）水滴石穿：以柔克刚的坚定精神。

（5）海纳百川：包容精神。

（6）碗水端平：公平精神。

护佑儿童、青少年的成长，就应该有像清泉那样纯净无瑕的心灵，长流不息的意志，温和善良的品性，叮咚奔放的活力。

3．学校的办学理念：泉源溃溃，汇流成英。

（1）解释：

①泉源溃溃，不释昼夜：毅力坚强；

②汇：汇聚；英：英才。

（2）释义：

①高度契合学校的地理形势与校名：泉水—河水—活水。

②学校层面：源远流长的发展，成就学校的今天（传承）；坚持不懈的发展，成就学校更好的未来（英名、品牌、示范）。

③学生层面：泉源溃溃：不断进步，每天进步；汇流成英：汇集起来就成为英才、栋梁（每天进步一点点）。

④学校精神：源头活水，学习—吸收—创新—改革，奋发向上的精神与坚定毅力。

（3）寓意：

①不断涌出的泉水就像是初入学校的学生一样，充满活力，但是没有明确的目标，通过学校的教育，让他们找到努力的方向，成为国之英才。

②从学校层面的角度看：源远流长的发展，成就学校的今天（传承），坚持不懈的发展，成就学校更好的未来（英名、品牌、示范）。

③从教师层面理解：老师作为学生的领路人，自身也需要不断地学习先进的教育教学理念和技术，不断地创新教育方式，这样才能成为教师中的英才，为国家培养更多的人才。

④从学生层面角度看：每天进步，不断进步，汇集起来就成为国之英才、国之栋梁。这就是学校精神"学习、吸收、创新、改革"的集中表现，也是泉文化精神所体现出来的奋发向上与坚韧毅力。

4．学校的"一训三风"

（1）校训：勤奋自强，厚德载物。

阐释：

"厚德载物"出自《周易·坤》："地势坤，君子以厚德载物。"意思是：大地的气势厚实和顺，君子应增厚美德，容载万物。"厚德载物"意思是以深厚的德泽育人利物。在此，"厚德载物"有两方面的意思，即：对学校和教师来讲，就是要以崇高的道德、博大精深的学识培育学生成人成才；对学生来讲，就是要养成良好的道德品行，学好文化知识，服务社会，成就美好人生。"勤奋自强，厚德载物"集中体现了学校"泉文化，德教育"的价值追求。怎样来增厚美德，容载万物呢？只有勤奋自强这一个途径。勤奋自强和泉水"泉源溃溃，不释昼夜"的内涵相照应，也符合学校"泉文化"的核心理念。

（2）校风：善利万物，锲而不舍。

阐释：

①善利万物而不争：奉献精神（教师对学校、工作的奉献，学生对家乡、国家奉献，利他精神）善利万物：善良、友善、爱国、爱家乡、爱校、爱生、爱师。

②锲而不舍：坚持、毅力：指做事、做学问、学习都要有毅力与坚持，不畏艰难，坚持不懈。

③"水善利万物而不争"倡导的是奉献精神、利他精神。对应在学校中就是倡导善良、友善的品性。既有教师对学校兢兢业业工作的奉献，也饱含学生对学习、对真理的孜孜以求。老师和老师之间、学生和学生之间、老师和学生之间的团结友善，互相帮助，进而潜移默化为对学校、家乡、国家的热爱。锲而不舍，锲而不舍金石可镂，本就有坚持、坚韧的精神，这更是启发我们做事、做学问都要不畏艰难，坚持不懈，方可成功。

（3）教风：循循勉勉，润物无声。

阐释：

①克己复礼、循循勉勉，始能进也。

②循循勉勉：循循善诱，善于引导，遵循规律。勉勉：力行不倦，勤勉不倦。

③润物无声：一指做了贡献而不张扬，默默奉献；二指教育方式：点化、暗示，教育无痕。

④凡有志于圣人之学者，其择善固之，克己复礼，循循勉勉，无有一毫忽易于其间，始能日进也。凡是有志于圣人学问的人，他们选择认为是好的就坚持不懈，约束自己使言行都符合礼教，恭顺有序，勤恳不懈，中间没有一丝一毫轻视和疏忽，才能每天都不断地进步。这就要求我们老师要循循善诱，善于引导，遵循规律，力行不倦，勤勉不倦。"润物无声"主要是指教师的教育教学方式是以点化、暗示、示范、潜移默化为主。教育无痕，在不着痕迹之中就完成了对学生性格的塑造。另一方面突出了老师不张扬，默默无闻，无私奉献的精神。

（4）学风：灵动善思，水滴石穿。

阐释：

①灵动：泉流淙淙，有活力，灵动。

A.学校的氛围：活泼、欢快的。

B.学生的思想：开放、灵活的。

C.学生的身心：愉悦、生动的。

②善思：善于思考、学会学习、喜欢思考。

③水滴石穿：坚强的毅力，坚持的恒心，每天进步一点的追求；积水成渊，集跬步至千里的不懈追求，勤奋，积细微的力量。

④泉水汩汩而出，就是有活力、灵动、欢快的表现。学校要有灵动、活泼、欢快的氛围；教师要有开放、灵活的思想以及愉悦的身心；更是指学生要有喜欢思考、善于思考的灵性。在这种环境下的学生才会有心思去体验、去感悟、去收获。当然学习是一个长期积累的过程，不是一朝一夕能够完成的，所以需要学生具备水滴石穿的毅力和恒心。每天进步一点，积水成渊，集跬步至千里，通过不懈追求，集细微之力成难能之功。

【文化塑型——案例2】巨人树幼儿园："树人"文化引领幼儿园高质量发展

幼儿园名称是独属于幼儿园的符号，能承载幼儿园的某种特点。成都市青白江区巨人树幼儿园（以下简称为"巨人树幼儿园"）即正是如此。巨人树幼儿园结合幼儿园历史实践以及作为区域学前教育先行者的历史使命，团队从幼儿园名称之中提取"树人"二字，以"树人文化"作为园本文化的核心表达。

1."树人"的原本解释

"树人"一词出自春秋时期政治家管仲《管子·权修》："一年之计，莫如树谷；十年之计，莫如树木；终身之计，莫如树人。"意思是，做一年的打算，最好是栽种稻谷；做十年的打算，最好是栽种树木；做百年的打算，最好是培养人。这句话告诉我们两点，一是教育的长远价值，二是教育的长期性和艰巨性。

2."树人"的时代价值

将"树人"作为园所文化的核心，需要挖掘其包含的哲学意蕴。党的十八大报告首次提出"把立德树人作为教育的根本任务"，习近平总书记在2018年全国教育大会上提出"要在坚定理想信念上下功夫""要在厚植爱国主义情怀上下功夫""要在加强品德修养上下功夫""要在增长知识见识上下功夫""要在培养奋斗精神上下功夫""要在增强综合素质上下功夫"。综合起来理解，所谓"立德"，就是坚持德育为先，通过正面教育来引导人、感化人、激励人，要让教育出来的学生有一颗中国心，这颗中国心里装着中国梦；所谓"树人"，就是坚持以人为本，通过合适的教育来塑造人、改变人、发展人，要让所有的学生都有报效祖国、服务社会、成就人生的能力。

3. "巨人树、树巨人"

对于巨人树幼儿园来说，"树什么样的人""以何树人"既是幼儿园办学转型中需要明确的问题，又是时代赋予的历史责任。结合幼儿园办学发展的历史脉络和现实要求，巨人树幼儿园确立起了"巨人树、树巨人"的新时代办学理念和思想。这里要树的人就是"巨人"——让儿童像巨人一样成长。

"巨人"在《新华词典》中这样解释：

① 身材高大异于常人的人。

② 童话里指比一般人高大，而往往有神力的人物。

③ 比喻有巨大影响和贡献的人物：一代~。

儿童观告诉我们"树什么人"，即"巨人"是怎样的；教育观告诉我们"以何树人"，"树人文化"中的"巨人"蕴含着丰富的意义，在儿童观与教育观方面带来了深厚的启示。

4. "树人文化"

"树人文化"结合了幼儿园办学的历史脉络和未来需要，从园所、教师、儿童三个维度思考了各自应该具有的内在品格，将这种品格融入树人文化理念系统之中。

树人文化	园所	传承、现代、美好、引领
	教师	坚定、高尚、先进、仁爱
	儿童	强壮、强大、自然、创新

(1) 文化核心："儿童像巨人一样……"

阐释：

"儿童像巨人一样……"，这是一个有待补充的句子。前半部分"儿童像巨人一样"，指的是儿童具有巨人一般的品质。结合我们此前对"树人"哲学内涵的解读，巨人是身体强健、心理和人格强大的人，是全面发展的人，是报效祖国、服务社会、成就人生的社会主义建设者和接班人。根据巨人之"比喻有巨大影响和贡献的人物"的释义，这句理念集中体现了我们的儿童观，也将引领我们在教育路上提醒自己尊重儿童在教育中的主体性，并指引儿童健康成长，促进自我实现。

该理念句式的特殊性使树人文化建设在历时性上有了更大的延展度，也体现了园本文化的生成性。在文化生成的过程中，每一个人参与到这个过程中来，完善句子的补语。例如，你可以说"儿童像巨人一样身强体健""儿童像巨人一样令人惊讶""儿童像巨人一样顶天立地""儿童像巨人一样勇敢无畏"……在省略号的位置我们可以补充具有巨大影响和贡献的人物所拥有的品质，然后通过"尊重儿童，敬畏儿童""把握儿童成长规律和教育规律""给予足够的空间、养分"。我们在教育实践中通过相应课程去培养儿童这些品质。

这句理念也体现了教育的多种可能。因为我们可以填写多种特质来刻画儿童的发展状态，提醒我们不同儿童可能将成为不同领域、不同特质的"巨人"。这一理念将具体而又生成性地指引我们"不忘初心、继续前行"。

这句理念能够激发教师对工作的未来憧憬。教师的工作憧憬很大程度上是通过儿童的发展来呈现的，由于不同人的期待有所区别，因此省略号也代表着老师有所差异和无限的期待。

(2) 办园宗旨：以"巨人之心"，树幸福未来。

阐释：

"巨人之心"，首先对于教育者而言是能够对儿童的成长产生积极影响，不忘人之初心、职业初心、教育事业的初心，尊重儿童，敬畏儿童，把握儿童成长规律和教育规律，集各方之力开展育人工作；其次对于儿童而言，是指能够认识自我、他人与集体（如家乡、祖国），养成强壮的身体素质、培养强大的心理素质和人格，学习做生活的"小主人"。再次对整个幼儿园而言，我们要影响的不只是我园气质各异的儿童，还有所在片区其他幼儿园的儿童，以及我园作为青白江先进学前教育的代表，走出青白江区，走向大成都、大四川，甚至作为中国一方幼教的典型走到国际中去，与国际对话，而这恰好契合青白江区锚定打造现代化国际化成都北部中心的目标。

"巨人之心"办教育，最终是为了实现"幸福未来"。幸福未来是什么？于幼儿园，是优质一流的办学成效；于孩子，是幸福美好的人生基础；于教师，是教书育人的高获得感；于青白江区，是现代化国际化的成都北部中心打造；于中国，是中华民族伟大复兴梦的实现……这些幸福都将融入中国共产党"为中国人民谋幸福、为中华民族谋复兴"的伟大初心与使命当中。而"幸福未来"的蓝图，需要很多人砥砺奋进。巨人树幼儿园作为不忘怀初心、有责任担当的青白江区的示范性园所，对"幸福未来"的实现义不容辞，而且我们相信，只要"以巨人之心"办教育，"幸福未来"终将成真。

(3) 办园愿景：万木葱茏·美好之园。

阐释：

首先，"万木葱茏"描绘了园所目前已呈现的物质环境，意图发挥自然生态化环境对儿童成长的重要作用，期望基于目前的环境，挖掘和生发出更多丰富、多元、真实的教育资源，让园所"万木葱茏"，儿童在此间茁壮成长。

其次，"万木葱茏"指向各种特质的儿童成长的状态。基于"树人"文化的教育隐喻（以树木生长来比喻教育过程），幼儿园希望能够将儿童培养成"参天大树""栋梁之材"。十八大报告提出"让每个孩子都能成为有用之才"，这里关怀"每个"、培养"每个"，代表着党的教育人才质量观，与"万木葱茏"对"万木"

的期待有着一致的教育观，即期望每个孩子都能成为"栋梁之材"。

"美好之园"则指向整个园所的一种精神状态，秉承成都市委、成都市发布的"幸福美好生活十大工程"政策的精神，美好来自幼儿园所在城市对市民生活的承诺，也来自美好的园所环境，来自每一位注重工作之美、生活之美的园所教职员工，更多来自教育本身。学者冯建军曾提出"教育的美好来自教育生活中以儿童为中心、追求良善、发展人的自由自觉、促进人的全面发展。"更重要的是我们始终不忘责任担当，尝试将这种美好传递给全区甚至全国。

（4）园训：美好园中护童真，巨人树下树巨人。

阐释：

在美好之园中，我们实现美好愿景的起点只能是儿童，而儿童身上拥有很多可贵的品质，天真、好奇心、想象力、行动力、感情外露等，童真是值得我们珍视、守护的部分，所以我们要通过"尊重儿童，敬畏儿童""把握儿童成长规律和教育规律""给予足够的空间、养分"的教育观守护最美好的童真。

"巨人树下树巨人"是对前一句在立意上的提升，巨人树一是指代巨人树幼儿园，二也可以指代我们"全力育人"而形成的合作同盟（包括园所、教师、家长、社区等），我们为儿童打造安全温馨的环境，提供适应儿童个性成长的教育支持，守护他们的成长。这一切都将回归我们的文化核心——树巨人，我们要培养身体与精神上都强大的"巨人"。

巨人树幼儿园将教育理念具象化、形象化，设计出象征"树人"文化内涵的吉祥物。

吉祥物名叫"树宝"，采用大树作为原型，用树的各种细节特征融合我们的教育理念体现在"树宝"的造型里。

树宝、萌宝公仔形象软抄、硬抄笔记本树宝、萌宝各种场景的钥匙扣，园服、水杯……

园歌《像巨人一样》在2022年的7月诞生，8月由园长妈妈和陈泓颖、卓煜淇小朋友共同演绎录音出品！从此，巨人树下的一草一木有了属于自己的音符，老师们的爱与温暖也有了特别的旋律，小朋友们就要从这里出发去探索自己的人生啦……

【文化塑型——案例3】大弯小学："以美育人、一以贯之"奠定学校致美文化

成都市青白江区大弯小学建立于1964年，学校历经了"美育特色立校，美育文化兴校，美育课程强校"的发展历程。学校环境优美，文化特色鲜明，设施设备一流，教育教学质量优异，教风学风优良，是一所坚守美育探索三十年的"大美育"特色学校。学校向"美"而生，立"美"而兴，至"美"而强。学校在"以美育人、一以贯之"办学理念的指导下，不懈坚持实施致美教育，努力建设"省市知名，全国美育界有影响力的未来美学堂"。

1.教育理念：让童年与世界和美共生

阐释：

（1）儿童的发展是现代教育核心价值的定位，儿童立场应是现代教育的立场，是学校办教育的核心理念所在。

（2）学校秉持"尊重儿童、发现儿童、发展儿童、引领儿童"的教育路径，将每一个孩子的童年视为"整体世界"中不可缺失的"美"的一部分；同时，也充分肯定每一个"童年"都因其各自不同、独具魅力的"美"，丰富、充实着"整体世界"的"美"。学校用"世界的美"来陪伴、引领、助力儿童更健康、优质地成长。

（3）儿童与世界都具有不确定性、发展性和未来性。学校的核心教育理念还彰显出对"立足现在、放眼世界、链接未来"的教育责任和担当的认知与理解。

（4）"让童年与世界和美共生"的教育理念体现了学校基于"儿童现实生活"的教育追求，以期真正实现从"美"到"人"的转变，通过"以美育人"和"以美化人"，真正把与美相遇的过程，变成育人的过程，让每个人成为最好、最美的自己。同时，也用自身的"美"去创造世界的"美"，在与世界的多义性关联（人与自身、自然和社会）中建构更为丰富的、更有价值的"我"的存在方式与生命内涵。

2.致美教育

美是纯洁道德、丰富精神的重要源泉。美育是有目的、有计划、有组织的，通过美的事物，培养学生的审美欣赏力、审美表现力、审美创造力，同时促进其德智体美劳全面素质和谐发展的教育。致美教育之"致"，有"给予"、"集中（力量、意志等）于某个方面"和"达到，实现"之意。在此，力图传达这些理念：

（1）学校要给予学生美的教育，即"以美育人"之意。

（2）学校将集中、汇聚一切"美"的因素，以培养全面发展的人。

（3）学校教育，通过营造轻松、愉悦、适宜的教育氛围与环境，科学设置致美教育的培育机制，培养学生审美能力，使学生各得其所、各美其美，塑造学生美好人生。

3.办学理念：以美育人、一以贯之

阐释：

"一以贯之"出自《论语·里仁》子曰："参乎！吾道一以贯之"。在此，表明学校将把"以美育人"的办学主张贯穿于与学校教育相关的一切事物中，持续推进，并随着时代、社会的发展进程，不断优化、迭级、提升。在教育改革的新时代，青白江区确立"陆海联运枢纽·国际化青白江"总体定位，加快"一流教育强区"和"三名工程"建设，学校将持续推进"美育特色"的创新发展，将全面贯彻《中共中央关于深化教育改革全面推进素质教育的决定》中提出的"将美育融入学校教育的全过程"的理念及精神，从课程体系优化、教师队伍建设、课堂教学变革、班级活动开展等方面，汇集"美"的内容、采用"美"的途径、运用"美"的形式，落实在培养学生"核心素养"上，落实在"立德树人"上。

4.学校"一训三风"

（1）校训：学真知　练真才　求真理　做真人

阐释：

美：大弯人一直坚守对美的追求矢志不渝。美，可理解为发现美，欣赏美，创造美。"美"是人性中最高位的追求，只有完善的生命才能绽放出真正的美——美的语言、美的举止、美的心灵。

真：客观的情况、状态，事物的本质、规律。求真，就是要认识世界，探索规律，崇尚科学，坚持真理。

"求真"语出平民教育家陶行知"千教万教教人求真，千学万学学做真人"。这是他总结出的教育真谛，阐明了教育的价值观与道德观，指明了教育最本质的属性、最核心的灵魂、最根本的使命。

真善美：真善美从来都是一体的，真与善是美的基础，美一定是建立在真与善，首先是真的基础上的，美首先要符合真的标准，真之于美，就如一幢高楼大厦的基石。从施教的角度讲，美又是"育真"的内容与手段。

"四真"：期望大弯小学学子潜心学问，学真知；用心做事，练真才；科学探索，求真理；永葆赤诚，做真人。期望能通过持续不断的努力无限接近"以美育人，美育真人"的终极目标。

学校提出的"四真"校训以及"寓真于美、以美载真"的"真美文化观"，并在此基础上，上升到对"教育本质功能"的追问和回应。在学校的认知中，教育，特别是小学教育最重要的功能就是"奠基并培养影响孩子一生发展的价值观"，其中，最核心的就是"真""善""美"。

通过"四真"校训，希望每一名孩子从现在开始，逐渐成长为"敢于坚持真理，并具备不断追求真理的才智""品行善良，并用自己的言行去影响世界""向美而行，并拥有欣赏美、创造美的素养和能力"的未来社会的优秀建设者。

（2）校风：各美其美，美美与共。

阐释：

1990年12月，著名社会学家费孝通先生在就"人的研究在中国——个人的经历"主题进行演讲时，总结出了"各美其美，美人之美，美美与共，天下大同"这一处理不同文化关系的十六字"箴言"。

学校将"各美其美、美美与共"作为校风，贴合"以美育人、一以贯之"的办学理念及"让童年与世界和美共生"的核心价值观，意在唤起全体师生"对自身个体之美"的认知和尊重，彰显个体生命"独一无二"的价值，同时，倡导对他人以及对周围世界之美的"发现"和"尊重"，形成"个体"与"个体"、"个体"与"群体"之间的"万物共生、相辅相成"的辩证意识。学校致力于营造师生之间、师师之间、生生之间以及"家校社"之间和美同行的良好风气及育人环境，以更人文、更和谐的教育生态系统，助力孩子的成长。

（3）教风：教人求真，引人向善，致美共育。

阐释：

与"崇真、向善、创美"校训的教育主张一脉相承，也与陶行知先生提倡"千教万教教人求真"的教师准则相融合。

学校主张教师群体要以"崇尚真理、追求真理"的精神和教育教学方式促成和奠基学生"勤奋学习、辨识真伪，追求真知识、真学问"的意识和能力；教师群体要以自身的师德风范，在日常教育教学过程中，去影响、引领学生"不断完善自身言行，追求美好事物"的主动意愿和实践行动。

"致美共育"是对教师团队提出行动要求：

①倡导全体教师都应成为"身心健康""德才兼备"的和美之师；

②倡导全体教师以"言行之美""人格之美""教学之美"去引领学生优质成长；

③特别在践行《义务教育课程方案和课程标准（2022年版）》的新时代教育改革的历程中，学校主张教师以"打破学科界限""贯通学段育人"的意识与行为，各学科教师之间应当取长补短、协调优化，以更"致美"的育人内容、育人途径和方式，为全体学生的"致美"成长提供支撑。

（4）学风：勤学真知　乐群友善　创美笃行

阐释：

学风与"教人求真、引人向善、致美共育"教风一脉相承，体现了"师生互动""教学相长""相辅相成"的教育原则。

勤学真知，强调学生以学为主的"本位"以及学习过程中的"慎思、明辨"的能力，《义务教育课程方案和课程标准（2022年版）》也强调对"理想信念"及"正确价值观"的培养，这对全体学生对知识、信息等的辨别、选择提出更高要求。

乐群友善，是从"个体与群体"的辩证关系方面对学生提出的成长要求，只有"乐群友善"的人才能养成合作、共进的意识，才能发现、欣赏别人身上的"美"，也只有这样的人才能从小奠定"中华民族共同体"和"人类命运共同体"的意识和情怀。

创美笃行，是从发挥主动性、能动性以及创新实践层面提出要求，一个能"创美笃行"的人，才能是一名"有理想、有本领、有担当"的新时代好少年[1]。

---

[1] 注：《义务教育课程方案和课程标准》（2022年版）。

【文化塑型——案例4】实验小学："实验、创新"展现学校变革

1958年建校的成都市青白江区实验小学（以下简称为"实验小学"），自建校以来就是青白江区教育的品牌小学。她历经六十余载的发展，从曾经的成都钢铁厂职工子弟就读学校到青白江区团结村小学，形成老百姓心目中的"团小"质量品牌，再到1994年改名为"实验小学"，形成区域内教育教学的"实小"学校品牌，学校逐步明确了以"实验创新"为思想的校园文化核心理念。

1.办学理念：实验创新，通达未来

基于青白江区改革、开放、创新、国际化的区域历史文化，这里充满着创新的活力；基于学校"实验"小学之名，学校担负着探索教育改革试验的责任和使命，学校充满着创新的动力；基于学校优秀的教师团队和管理队伍，他们有着敢于突破勇于创新的创新潜力。因此，以实验之动力，求创新之精神，达未来之路径，是"实验小学"办学思想的根魂，由此生发出学校的办学理念"实验创新，通达未来"。

"实验创新"：实小致力于未来学校、未来学习方式、未来教学方式的创新，走一条未来教育的探索之路，为区域教育整体提升提供实验创新样本。她致力于创新学校组织样态、创新课程形态、创新课堂实践、创新学习空间样态、创新师资培养等。

"通达未来"：实小立足于未来的人才素养模型，为未来人才培养奠基，面向未来办教育，办一所未来学校。她面向未来的教育、未来的学习、未来的课程、未来的教师、未来的校园。

以"实验"之"实"和"创新"之"创"，学校形成了"实·创"教育的办学理念体系、育人课程体系和符号文化体系。

2.一训三风

（1）校训：每天前进一点点

结合学校LOGO的动车形象，用"每天前进一点点"指引全校师生沿着目标同心同行，奔赴未来，每天向前进，每天进步一点点，就会创造未来无限可能！

（2）校风：务实务本，创新创先

在实小校园里，教师务实创新从教，抓教育本真；学生以实为本激发其创新思维；管理求实创新，以课程育人为本。学校以实验之氛围促师生改革，以创新之精神促师生探索，学校有沉下心实实在在潜心育人之实，有敢争先创新创业奋发有为之志。

（3）教风：树德树人，爱岗爱生

学校教师心中要坚守为党育人为国育才的信念，坚持立德立人的根本任务，

学习并践行"乐教爱生甘于奉献的仁爱之心"的教育家精神。

（4）学风：立志立业，好学好奇

学校学生要做有理想有本领有担当的新时代好少年，志存高远，自强不息；要对学习有兴趣，对世界有好奇，对国家有情怀。

青白江实验小学致力于未来学校发展、未来学习方式、未来教学方式的创新，走出一条未来教育的探索之路，为区域教育整体提升提供实验创新样本。希望，从实小走出去的学生，能够更好地通向未来，创造更美好的人生。他们拥有未来胜任力，拥有多元文化理解力和包容心，能够在世界畅通无碍地自由通行，能够为全球生态贡献自身的生命价值。实小要立足未来的人才素养模型，为未来人才培养奠基。

【文化塑型——案例5】大弯中学：孕"适佳文化"，做"生态教育"

在65年办学历史中，成都市青白江区大弯中学（以下简称为"大弯中学"）始终坚持党的教育方针，始终坚持社会主义办学方向，立德树人。大弯中学结合本校本地区的教育实情，构建了以"适佳"为核心的文化品牌，以"生态教育"为抓手的文化措施，以"至高至佳，立善立美"为目标的文化追求，以新时代"中国梦"、文化自觉引领校园文化体系建设，孕育了学校的文化核心：适佳——适天则达，适地则生，适人则和，因适至佳。"适佳文化"在潜移默化中影响了全体师生的思想观念、成才追求和道德规范，实现了"循道尽性、化育成人"的办学理念。

1.适佳文化

阐释：

（1）"适佳"承载着大弯中学的智慧与精神。

（2）"适"是达到目标的路径和方法，"佳"是大弯中学孜孜以求的目标。

（3）"适"有两层含义：一是符合规律，恰到好处；二是顺势变通，变中求进。

（4）"佳"，"善也"（《说文》）。"大学之道，在明明德，在亲民，在止于至善"（《大学》），即学习的目的，首先要求"明德"，然后要求"亲民"，最后达到至善的最高境界。

（5）"适佳文化"的核心思想是以尊重规律、主动适应、创新发展为路径，以最高最好为目标。新时代的"适佳文化"还包括适于时（适应于新时代的育人要求），适于欲（适应人自身的发展需求），同时要以佳德为首，健康第一。

2.办学理念：循道尽性，化育成人。

阐释：

优秀的学校文化包括学校管理者和全体教职工的文化内涵，表现为对教育本质、教育行为等的基本文化理解和文化修养，即 "内化于心的教育文化"。

要构建 "适佳文化" 就必须要有全校师生共同追求的校园文化理解，这种内在的文化理解外化为办学理念——"循道尽性，化育成人"。

循道：出自《荀子·尧问》，释义为遵循正道。在中国哲学思想中，"道" 至高无上，如 "得道多助，失道寡助"、"道可道，非常道" 等。本处的 "道" 既包括传统文化中的优秀之道，更是指今天的治国之道。这个 "道"，从大的方面来说，就是指党和国家的教育政策方针，这是必须遵循的；从具体方面来说，就是教育的客观规律。

3.一训三风

（1）校训：至高至佳，立善立美。

阐释：

"办学要有高的境界，教师要有高的品味；学生要有高的素质，质量要有高的标准；育人要有最佳效果，教学要有最佳业绩；管理要有最佳效率，校园要有最佳环境" 一直是大弯中学办学治校所追求的目标。从善如流，以善立人；唯真为美，以美育人。从校长办学到教师育人，从教学质量到教师发展，从学校管理到校园环境，从五育并举到学生成才。将学校的办学理念细化成了一个又一个具体要求，从而实现从办学理念到具体目标的转化，实现了办学理念到具体措施的衔接。

（2）校风：自信从容，力行致远。

阐释：

"自信"，是一种人生态度，给人以力量、以快乐、以无尽的希望。

"从容"，是一种修养、气质和境界，是一种源自内心深处的豁达与乐观，也是历经沧桑、阅尽浮华、洗尽躁动后的返璞归真。

"力行"，是保持创造活力的本质要求。古人曰 "纸上得来终觉浅，绝知此事要躬行"，今人讲 "实践是检验真理的唯一标准"。"力行" 就是要求我们抛却空谈，锐意进取，潜心做事，就是要求我们善谋事，敢干事，能成事，成大事。

"致远"，引领我们实现美好的愿景。面向新的时代，新的机遇与挑战，大弯中学当志存高远，一往无前，攀层次、上水平、创特色，早日建设成为和谐发展的一流中学，成为一所具有不竭生命力、创造力的学校。每一个大弯人当从容努力，以厚德、博学、力行为翼，实现全面、协调、健康的发展，成就事业，最终达到知识、创造与人生智慧的崭新境界。

（3）教风：爱生乐业，立本求佳。

阐释：

学校最为核心的要素是人，最为关键的要素是教师，教师是引领学生、启迪孩子最直接的导师，校长的办学理念最终要通过教师来实现，大弯中学把 "爱生乐业，立本求佳"作为教风，以此规范引领教师工作。

"爱生"的本质应是教师对学生的知识、情感、思想的积极传递，建立在民主平等、友好和谐的师生关系上。孔子主张"知生爱生，有教无类"，孟子教说："爱人者仁恒爱之，敬人者人恒敬之"，陶行知呼吁"爱满天下"，苏霍姆林斯基强调："教育者最可贵的品质之一是人性，是对学生深沉的爱"。就是要求教师关爱、悦纳学生，做最受学生欢迎的教师；善教乐教，做享受教育幸福的教师；严谨治学，精研教学，做最能求真的教师；笃行自律，做最善引领的教师。用最好的教风，诠释、践行我们的办学理念。

（4）学风：笃学好问，善思敏行。

阐释：

学校最大的使命是关注学生、发展学生、成就学生。大弯中学"笃学好问，善思敏行"的学风，将培养什么样的人摆在了首位，笃学、好问、善思、敏行应该成为大弯学子的标签。"笃"，敦厚诚实、专心致志的意思，笃学即治学要有品格，要老老实实、认认真真地做学问；善思，善于思考并敢于质疑；敏行，语出《论语》"君子讷于言而敏于行"，引申为学以致用、用以致学、学用一体、深入实践、知行合一。"笃学好问，善思敏行"的学风，既为大弯学子指明了实现"至高至佳　立善立美"的路径，更是"循道尽性　化育成人"办学理念对学生的具体要求。

（二）课程育人：名校培育学校的课程改良

课程是教育的载体，是学校一切教育教学的总和。为了进一步贯彻落实《基础教育课程改革纲要》和国家课程计划，建立国家课程、地方课程、学校课程三级课程体系，促进五校课程规范有序的发展，本着有效利用学校现有资源依靠教师、学生和家长共同参与开发的原则，结合五校已有的传统和优势，学生的兴趣和需要，围绕"学生喜欢的、学校想要的、教师能做的"，5所学校均已建立适合各校实际情况的课程体系。

【课程育人——案例1】大弯小学：一体三维新五圈课程

成都市青白江区大弯小学（以下简称为"大弯小学"），多年来致力于教育教学改革和育人模式的探索，逐步建构出一套以"以美育人"为核心理念的致美课程体系。为了进一步强化该课程体系的实施和管理，不断优化完善学校课程建设，学校从整体上建构"一体三维"美育课程体系，致力于发展学生核心素养，使美育思想沉淀下来、落地生根。

按照"一体三维"美育课程系统的顶层设计，学校调动全员参与，全面推进三维课程系统建设，通过"校园文化形象系统课程"、"学科课程审美化视点结构教学"、"综合美育实践活动课程"建设，努力形成"至美环境"、"至美课堂"、"至美班级"、"至美活动"、"至美学生"、"至美教师"等亮点。学校呈现出以美育人全面育人的良好氛围，学生审美和人文素养、教师专业素养、学校品牌示范力明显提升。

在搭建美学堂的课程体系之前，学校首先明确的是选用西南大学赵伶俐教授创立的视点结构教学技术作为理论基础以及技术支撑，也作为一种基本的工作思维。"视点结构教学技术"，是指确立一个清晰的点（知识点、技能点、问题焦点、重心点、中心点，或其他点），从此点沿着一定逻辑联系轨道或结构展开知识和思维视野的适用于各级各类各科教学的教学技术或教学技术型行为系统，"是从古典和现当代经典教学理论、现当代前沿科学理论和大量学校教学尤其是课堂教学实践研究中提炼出来的、具有独到特点、又具普适性的教学技术系统成果"。同时也是一种教学理论、模式、认知和思维方法，乃至宇宙世界观、方法论和价值观。

在新一轮课程改革的背景下，大弯小学的"大弯美学堂"用大课程观规划学校课程，用视点结构教学技术等理论完善美育课程体系，进行了"一体三维美育新五圈课程系统"顶层设计。如下图所示：

大弯小学"一体多维致美课程"系统图

课程阐释：

具体而言，"一体"指以学校美的外显系统（校园文化形象系统）与内在系统（美育课程系统）建设为体，建构"校园文化形象课程系统"、"学科课程审美化系统"、"综合美育实践活动课程系统"为主体的三维课程系统。

"一体三维"的美育课程系统从小学美育生态角度，分为内外两大部分：内在系统主要就是传统的学科课程系统（包括传统的艺体课程，语文、数学、外语、思品、科学课程）与活动课程系统（学校艺体节、大课间、信息技术、国学经典、社团活动、社会实践等），两类课程皆属于美育的显性课程系统，它们在美育生态中起到聚神和聚人的作用；外显系统，即"校园文化形象课程系统"（包括学校管理、校报校刊、校园环境、校园CIS形象识别系统等）为美育潜在课程系统，起到美育课程生态的具象表达作用。

"一体三维"美育课程系统工程，遵循大美逻辑，充分调动学校师生全员参与。三维课程体系之间相互融合渗透，在不同阶段创生最适合学校自身发展的可能性，实现师生的"至真、至善、至美与和谐人格"的发展。各圈层之间的内在逻辑联系是视点结构教学模式，借此模式将课程与课程有机联系，形成序列，持续推进美育教学。

【课程育人——案例2】大弯中学：生态课程体系

青白江区是成都市一个传统的工业区，以前川化厂、成钢厂等重工业对本区的污染特别大，青白江区人民也饱受污染之苦。近年来，随着青白江工业的转型，川化、成钢已完成了历史使命。青白江区政府近年来提出"生态立区"的战略方针，青白江人民也更加关注环境问题。在此区域发展特点下，成都市青白江区大弯中学（以下简称为"大弯中学"）"适佳文化"提出了"适天则达、适地则生、适人则和、因适至佳"的理念，更明确地表达出人与自然、人与社会、人与人之间和谐共生的关系，并由此特点构建了符合学校特色的"生态课程"体系。在课程培养目标的引领下，从人与自我、人与自然、人与社会、人与科技四个维度确定了大弯中学的课程结构。

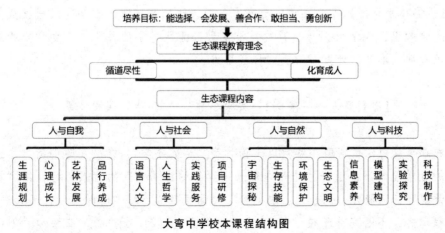

大弯中学校本课程结构图

课程阐释：

1.人与自我类课程：人与自我类课程包括生涯规划、心理成长、艺体发展、品行养成等，主要通过课程的开发与实施让学生在真实生活情境和模拟问题情境中，对话自我，反思自我，规划自我，成就自我，实现个体成长。学生涉足体育特长、兴趣爱好、心理健康、艺术审美，在认识自我、发展身心、规划人生同时养成乐学善学、勤于反思等品质。品行养成主要是开发德育课程《成长在大弯》系列，让学生了解学校对他们品德与行为习惯的要求，促进日常行为的规范。

2.人与社会类课程：人与社会类课程包括语言人文、人生哲学、项目研修、实践服务等，在学习、理解、运用人文领域知识和技能的过程中形成基本能力、情感态度和价值取向。在项目式学习中学生通过问题驱动、任务驱动，在解决实际问题的过程中发展核心素养。通过适佳讲堂让学生了解学校历史与文化，了解本土文化。挖掘区域有利资源，开发《蓉欧行走》国际理解课程系列及《"Wandering&Wondering——'探·索'青白江"》中外人文交流课程，传播中华文化。

3.人与自然类课程：人与自然类课程包括宇宙探秘、生存技能、环境保护、生态文明等，主要培养学生的理性思维、批判质疑、勇于探究等精神。将学科内容与探究主题整合，设计实践探究活动，通过《星空观测》《青白江旅游地理》，开启学生自然之旅，让学生在"探索自然、了解奥秘"中发现问题，解决问题。通过《野外生存技能》《凤凰湖考察》，提升与自然和谐相处的能力，让学生在"知行合一，学以致用"中，具备生态文明的理念与意识，并让理念落实到日常行为中。

4.人与科技类课程：人与科技类课程包括信息素养、模型构建、实验探究、科技制作等，注重学生的科普意识、科技创新意识、动手实践课程能力和团队合作精神等科学品质和素养的培养。积极拓展科技教育模式，通过与市区科普部门、高校实验室、馆校共建的形式，开拓校内外实践基地22个，课程主题涵盖中学生创新思维培养、人工智能、网络安全等，如《抖音视频制作》《物理思维拓展》《全息投影技术运用》等，让学生与专家、教授近距离接触，领略高新科技成果和前沿科学知识，为学生打开全新的科技视野，播撒科学的种子，激发学生的探索欲与求知欲，培养学生更深层次的科学思维。

【课程育人——案例3】实验小学："创·生"课程体系

成都市青白江区实验小学（以下简称为"实验小学"）在"实验创新，通达未来"的办学理念下，围绕"培养通往未来世界的中国人"的育人目标，以"重基础、开视野、强能力、优合作、求创新"为课程目标，以"时时创新，天天进步"为课程理念，不断完善学校"创·生"课程体系，通过"创·心"课堂和"创·力"

教研，旨在为师生创设多维跑道，促进多元生长。

1.实验小学"实·创"教育培养目标

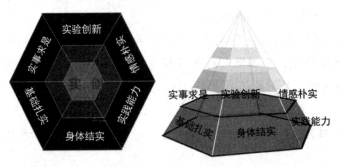

2.实验小学"创·生"课程体系

实验小学"创·生"课程体系包括义务教育课程要求的所有课程，主要由国家课程、地方课程和校本课程构成，根据课程管理、开发主体、组织方式的不同，将"创·生"课程分为创·根课程、创·干课程、创·枝课程三大类型。

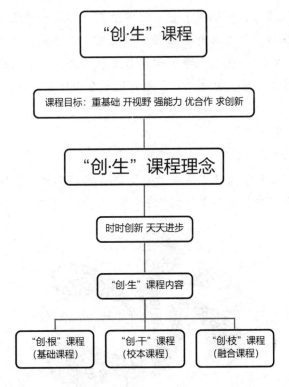

课程阐释：

（1）"创·根"课程：依照国家课程标准开设的国家基础课程，课程内容专注学科内知识，针对全体学生，具体包含道德与法治、艺术、体育与健康、语文、外语、数学、科学、劳动、信息科技、综合实践活动多门国家基础课程和地方课程，是"创·生"课程的基础，也是"创·干"、"创·枝"课程的来源。

（2）"创·干"课程：专注于学科拓展的课程，提升学生利用学科知识解决真实问题的能力，是对国家课程和地方课程的补充，是学校办学宗旨与特色的体现，对应的是校本课程，不同课程针对不同学生。

（3）"创·枝"课程：突出学科间的融合和实践性应用，强调跨学科整合和学生综合能力整体提升，主要展开跨学科研究，设计以项目式学习为中心的课程，对应的是融合课程，是学校校本课程的新样态。

【课程育人——案例4】清泉学校："体悟式教育"课程体系

成都市青白江区清泉学校（以下简称为"清泉学校"）经过多年教育教学改革和育人模式的探索，逐步建构出了一套以"实践育人"为核心理念的"体悟式教育"特色课程体系。学校在特色名校建设的实践中，制订了清泉学校课程建设实施方案，进一步优化完善了学校课程体系，并强化了该课程体系的实施和管理。学校遵循课程核心理念：实践育人—引导学生在"体验→领悟→反思"的情景中去学习、生活、探索，不断提升而实现全面发展。基于此，"体悟式教育"主张"体之以身，悟之以心"，体验是学生学习与发展的源泉，领悟则是学生体验的高级表现。所谓"体之以身，悟之以心"就是引导学生用身去体验，用心去领悟。

课程阐释：

1.核心理念：实践育人。

2.课程特色：体悟式教育。

3.课程架构：清泉学校"体悟式教育"课程内容框架包含国家课程、地方课程、校本课程三个板块，其基本架构如下：

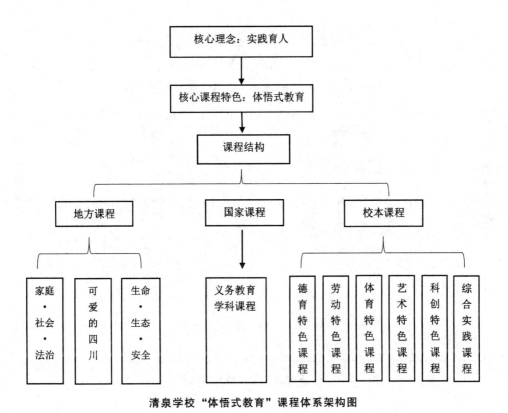

清泉学校"体悟式教育"课程体系架构图

【课程育人——案例5】巨人树幼儿园："五美"课程

成都市青白江区巨人树幼儿园（以下简称为"巨人树幼儿园"）自2002年以来，一直致力于基于幼儿的年龄特点，聚焦幼儿园发展中较凸显的问题等，积极依托课题进行了深入的实践与探究，形成了较丰硕的成果，老师们在研究过程中专业能力也得到了快速提升，这是幼儿园课程建设中较突出的一个优势，幼儿园安全、适宜、多元的环境支持与务实、创新、求变的课程建设实践，也为幼儿园课程建设思路提供了必要条件。同时，幼儿的主动性、独立性、创造性，教师的能动性、积极性、创新性更赋予了幼儿园课程建设无限的可能。另外，针对资源利用不充分、幼儿发展不全面、教师结构不协调、家园共育不协同等问题，"五美"课程方案重点着眼于对挖掘潜在的园所环境资源和丰富的社区教育资源、课程组织与实施、课程评价等做出指引，帮助教师、家长解决在课程实践中面临的挑战与问题，让教师和家长有所依托、有所遵循地引导幼儿进行活动，从而助力幼儿发展。《五美课程》荣获成都市一级园园本课程评审一等奖。

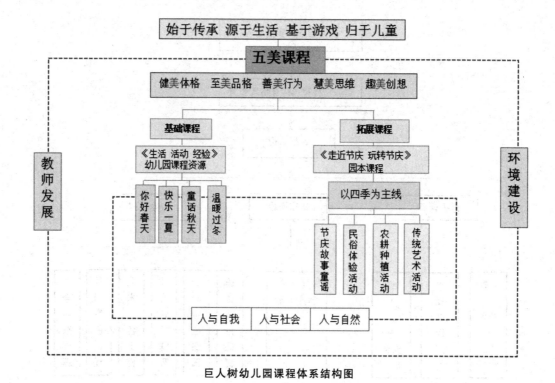

巨人树幼儿园课程体系结构图

【课程育人——案例6】清泉学校：探索乡镇学校"课后服务课程体系建设"有实效

一、实施背景

清泉学校地处龙泉山脉尾部，是一所农村九年一贯制学校。学校严格贯彻上级部门关于提高课后服务质量的相关要求，制订了《清泉学校课后服务工作实施方案》。课后服务实行"5+2"模式，即学校每周5天都要开展课后服务，每天开展2小时。学校根据学生和家长自愿参加的原则，由家长申请、班级审核、学校复核后统筹安排，以学期为周期统一组织实施。

在实施课后服务半年后，效果并不令人满意，主要存在课后服务资源不足的短板。"双减"政策下，学校积极探寻课后服务渠道，在作业设计与作业辅导方面取得了良好的效果，得到了家长和学生的认可。但学校一至九年级接近3000名学生，参与课后服务人数达99.8%，面对学生的多样化需求，课后服务资源明显不足，体现在课程种类偏少，师资力量不足等方面，不利于培养全面发展的时代新人。

首先是课后服务课程开发不足。受区域教育发展限制，学校重视国家课程和地方课程，而校本课程开发和利用并没有得到应有的重视，校本课程的开设存在短视化、功利化的现象，有些学校的校本课程甚至形同虚设。因此学校缺乏对校本课程的规范化管理和科学系统的研发利用。该校属于农村学校，校本课程建设虽然有所涉及，但投入的人力、物力等相对薄弱，没有形成系统的课程体系，在课后服务实施以来，没有充分发挥课程育人的作用，课程开发空间较大。

其次是师资力量不足。该校属于九年一贯制农村学校，多年来教师缺编，师资结构也不太合理，尤其是专业的音体美劳教师欠缺。再加上受应试教育的影响，学生在音体美劳等方面的发展相对滞后，学生没有得到全面发展，特长没有凸显，不符合"双减"背景下国家提出的育时代新人的培养目标。

面对诸多客观存在的短板，清泉学校并没有听之任之，而是深入调查，认真思考提升课后服务质量的有效路径。经过学校管理团队的多次探讨，决定将校本课程建设与课后服务融合。学校的基本思路为：

1.做好学业辅导。由一至九年级统考学科任课老师组织实施，主要安排学生做作业、自主阅读。特别对少数学习有困难的学生，教师给予辅导帮助。

2.开发校本课程。为培养和发展学生兴趣，促进学生全面发展，学校根据现有师资，开设多种校本课程，学生根据兴趣特长，自主选择参加。学校按学生兴趣申请编排班级、安排场地和服务教师。

3.借助社会力量。为弥补校内资源的不足，学校适当引进具有非文化学科培训资质的校外培训机构参与课后服务，丰富了课后服务内容。

二、构建课后服务课程体系

结合国家育人方针和学校办学思想，以"泉文化"为底蕴，落实"体悟式教育"理念，构建"实践育人"课后服务校本课程建设体系。课程体系以"五育并举"为基本原则，以德、智、体、美、劳和综合实践六大板块为框架，组织课程开发团队开发出具有学校文化特色的课程内容。学生通过多元化的课程学习，提升课后服务质量，实现全面育人目标。

在总体目标的基础上，为保障顺利实施，学校制定了具体规划。

1.做好整体规划。学校将课后服务校本课程建设纳入学校顶层设计，制订课后服务校本课程实施方案，为学生提供菜单式课后服务项目和内容，供学生自愿选择。课程内容根据"五育并举"进行整体建构。

2.提供精准服务。学校属于九年一贯制学校，学生年龄跨度大，课题组根据学生年段特点制定分层课程安排表，整体上分为小学段和初中段，小学段又分为低、中、高三段，每个学段的课程设置具有差异性，主要依据就是学生的认知特点和知识储备进行设计。

3.开发特色课程。学校因地制宜，充分结合学校资源优势和校外资源，集中开发10~20门优质特色课程，为学生发挥个体特长搭建平台，也为学校"名校建设"工程打造名片。

4.拓宽"师资来源"。学校教师以语数外政史地理化生学科为主，艺体科技类教师欠缺，因此学校与校外培训机构合作，为学校课后服务补充师资，为课后服务提供人力保障。

5.注重"实践育人"。课后服务的课程设计有别于基础学科教学，以设计项目式、主题式、探究式学习活动为主，创设有意义的真实学习情境，为学生提供更多的动手操作、实践体验、合作学习的机会，丰富学生的学习经历，增强学生的探究精神和综合素质。

6.做好课程开发。学校动员教师积极开发课后服务课程，任课教师认真制订课程实施方案，明确指导思想、教学目标、内容框架、教学与评价要求等。鼓励吸纳校外其他行业专业人士参与课程开发。

7.做好课程评价。评价对象主要是学生和教师，评价原则是过程和结果相结合，评价方式多样化。建立学生学习评价档案，纳入学生综合素质成长档案统筹管理。

2023年，为落实《教育部关于加强中小学地方课程和校本课程建设与管理的意见》，根据校本课程建设的实际，清泉学校深入贯彻该意见精神，不仅对2021年校本课程建设方案的指导思想进行了调整，同时对校本课程结构也进行了完善。调整后的校本课程以习近平新时代中国特色社会主义思想为指导，坚持为党育人、为国育才，发展社会主义先进文化、弘扬革命文化、传承中华优秀传统文化，落实有理想、有本领、有担当的时代新人培养目标，遵循教育教学规律和学生成长规律，把培育和践行社会主义核心价值观融入课程建设全过程，强化课程管理，激发学校课程建设活力，构建以国家课程为主体、地方课程和校本课程为重要拓展和有益补充的学校课程体系，增强课程适应性，实现课程全面育人、高质量育人。课程结构以"五育并举"为导向，由六大板块组成，分别是德育特色课程、劳动特色课程、体育特色课程、艺术特色课程、科创特色课程和综合实践课程。各部分课程以"泉文化"为核心，以"实践育人"为基本理念，以"体悟式教育"为育人模式。

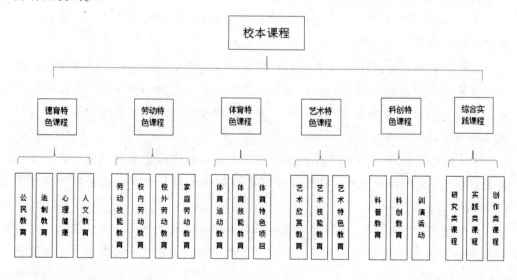

三、实施走班制课程服务

学校教师发展中心每学年7—8月组织教师积极报名参与课后服务，并自由组建团队开发课程资源。课程教师向发展中心申请，并提交课程资料由学校审核。学校审核通过后，向全校公布课后服务校本课程年度设置。

课程项目确定后，开学初由班主任向学生介绍各个课程项目及执教老师情况，学生根据自己的兴趣爱好选择自己喜欢的课程。学校学生和老师都是全员参与。全校（分校区）学生不分年级班级，学生自主选择，实行走班制度，重新组成校本课程学习班。2023—2024年度，小学部开设38门课程，初中部开设36门课程。

在具体落实过程中，为保障效果，学校在课后服务时段主要采取了以下几项重要举措：

1.课堂教学。

任课教师上课时须对学生点名考勤，如有异常情况，要及时与班主任或者巡视老师联系，及时处理。任课教师上课应有教学设计（教案），教学设计要阐明以下几方面内容：

第一，课程目标。要全面、恰当、清晰地阐述课程涉及的目标与学习水平。

第二，课程内容。课程内容安排要符合学生实际，具有可操作性。

第三，课程实施。包括方法、组织形式、课时安排、场地、设备、班级规模等。

第四，课程反思与评价。任课教师要对校本课堂的教学情况及时反思，对学生学习情况及时评价。主要对学生学习情况评定，涉及评定方法、记分方式、成绩来源等。

2.教学管理。

①任课教师要认真备好每一节课，认真上好每一节课，巡查组做好监管、测评，参与听、评课的指导，调控校本课程实施情况，总结经验，解决问题。

②任课教师必须有计划、有进度、有教案（教学设计）、有反思、有学生考勤记录。

③任课教师应按学校校本课程设置计划要求，达到规定的课时与教学目标。

④任课教师要保存好学生的作品、资料及在活动、竞赛中取得的成绩资料。

⑤任课教师要认真写好教学案例，及时总结反思。

坚持全面发展，建立评价标准。

（1）对教师的评价。

巡查组人员通过听课、巡查课堂、查阅资料（校本课程教师工作手册、学生作品等）、调查问卷、访谈等形式，对教师进行考核。

主要涉及五个方面：一是学生选择该活动课程的人数，二是学生学习的效果（包括学生作品），三是管理人员及老师听课情况、巡查情况，四是老师、学生、家长问卷调查、访谈等情况，五是教师的校本课程工作手册（包括教学计划、教学设计、教学总结、教学案例等）。

（2）对学生的评价。

对学生的评价一般不采用书面方式的考试或考查，对学生的评价主要是发展性评价。采取过程性评价和阶段性评价相结合，自我评价、教师评价、学生评价、小组评价等方式进行，用星级形式呈现。

一是学生在学习过程中的表现，如情感态度价值观、积极性、参与状况等。主要包括出勤情况、学习兴趣、学习态度、学习纪律、合作交流、能力表现、活动参与等方面。二是学生学习的效果（成果），主要是阶段性评价。可以以作品、竞赛成绩、实践操作、汇报演出等形式呈现。

对学生的评价重在过程性评价，兼顾阶段性评价。过程性评价占70%，阶段性评价占30%，最终以星级形式呈现。用5星表示，评价应以鼓励为主，4星、5星比例占参加学生的三分之一。对学生的评价可以记入学生成长手册中。

（3）对校本课程资源、校本课程设置的评价。

对校本课程资源的评价：内容是否符合学校实际、是否符合学生实际、是否促进学生发展。主要是通过问卷调查形式评价，同时征求专家学者意见建议。

对校本课程设置的评价：设置项目（活动及课程学科）是否符合学校实际、是否符合学生情况。主要是通过问卷调查形式评价，同时征求专家学者意见建议。

3.总结表彰。

总结：每学期（或每学年）召开一次校本课程总结研讨会，分享优秀教师的成功经验，探讨并解决存在的问题，总结校本课程的实施情况。

表彰：每学期（或每学年）对参与校本课程建设表现突出的师生进行表彰。教师表彰，由学校根据所开设项目获奖情况及对任课教师的评价结果确定表彰人员（10%，奖励10%~50%校本课程课时数）；学生表彰名额为各课程（学科）学生人数的三分之一，由任课教师根据学生评价结果确定名单。

四、实施效果

1.改变了教师的课程观。

校本课程的开发顺应了当今教育发展的潮流，体现了教师民主参与课程决策的精神。学校通过各种途径，以多种形式开展师资培训，加上一学期的校本课程实践，切实改变了教师课程理念，重新进行了角色的定位，由单纯的国家课程的落实者变为新课程的创造者。老师们对 "三级课程体系" 有了初步的了解，认识到校本课程开发的积极意义，为进一步参与校本课程的开发奠定了坚实的基础。

2.促进了学生的全面发展。

校本课程实行走班制，学生自主选择课程，符合学生的个性化发展，符合"五育并举全面发展"的育人方针。学生通过参与学科拓展、跨学科拓展等综合实践活动的实践与学习，不仅深化巩固了学科知识，还大大提高了学生合作学习、实践学习和探究学习的能力，强化了学生学习的体验感，加强了学生对综合知识的运用能力。

3.促进了"双减"政策的有效落实。

2021年，"双减"政策落地，学生回归学校主阵地，对于学校深化教育教学改革是一个契机。那么在"双减"政策的大背景下，学校作为教育的主阵地，如何贯彻落实"双减"政策的核心精神成为学校工作的重头戏？清泉学校将"校本课程"建设作为落实"双减"政策的一个重要法宝，打造富有自身特色的校园课程体系成为学校的一项核心工作。这一核心工作的重点，就是对课程设置进行整体规划，将课程体系建设纳入学校顶层设计，使课程发挥了育人主渠道的作用。

4.初步打造了一批"优秀课程"项目。

学校在严格实行"国家课程、地方课程、学校课程"三级课程管理的基础上，结合学校特点，充分利用学校本土资源积极开发校本课程，以满足学生多样化、个性化的成长需求。学校建立了切实有效的管理机制，组建了强有力的开发团队，遵循"开发一个成熟一个"的原则，开发了墨香书法、经典诵读、英语诵读、陶笛艺术、武术、足跑、篮球、足球、STEAM兴趣活动等近20余门优秀课程，为发展学生特长，促进学生全面发展搭建了精彩亮丽的平台。

清泉学校以落实课后服务工作为契机，结合学校实际，遵循科学与校本课程相结合、生活与校本课程相结合、兴趣与校本课程相结合、文化与校本课程相结合的原则，从切实提高学生素养需要出发设置校本课程，满足学生课后服务需求，实现学生的个性发展。与此同时，提升了学校的办学品质，实现了自我发展，在区域内形成了良好的示范效应。

（三）队伍强基：助力学校高质量发展

学校发展离不开教师，师资队伍是名校建设的关键因素之一，建设一支高水平的师资队伍，对于提升学校的教育质量、教学研究水平、人才培养能力和社会影响力等方面都具有至关重要的作用。

1.整体规划，系统推进

队伍建设是学校特色名校建设至关重要的内容，只有摸清现状，做好规划，方能务实有效地推进教师队伍的专业发展。为此，青白江区"名校建设"专家工作组研究制定了学校教师队伍建设三年规划模板和教师个人专业发展规划模板，供各项目学校和骨干教师个人参考。

【整体规划1】队伍强基：名校培养学校队伍建设三年规划参考模板

一、学校队伍的现状分析（定量和定性结合）

1.学校管理团队的基本情况

（1）岗位配置

干部队伍构成：

学校部门设置：

（2）素质构成

2.教师队伍的基本情况

学校现有教职工××人（在编××人、编外教师××人），在编××人中，专任教师××人、工勤人员××人，平均年龄××岁。

具体情况如下表：

年龄段	人数	百分比	主要特征
30岁以下			
31—40岁			
41—50岁			
51岁以上			
学历结构与职称结构	学校专任教师学历达标率××%，其中： 研究生（硕士、博士）××人（占××%）； 本科毕业（含在职在读本科）××人（占××%）； 大专毕业××人（占××%）。 专任教师中的职称构成： 正高级职称者××人（占××%）； 高级职称者××人（占××%）； 中级职称者××人（占××%）； 初级职称者××人（占××%）； 待评职称新进教师××人（占××%）。		
教师队伍已取得的荣誉	国家级教学名师××人，国家级骨干教师××人； 四川省特级教师××人，四川省优秀教师××人，省名班主任××人，省学术带头人××人； 市特级教师××人，市优秀班主任××人，市骨干教师××人，市教坛新秀××名，市优秀青年教师××人，市班主任技能大赛一等奖××人，市级教学名师××名，学术带头人××人； 区级优秀班主任××人，区级优秀青年教师××人，区级骨干教师××人，区级优秀少先队辅导员××人，区教学名师××人，区级教学能手××人，区级学科带头人××人，区级师德标兵××人，区级班主任技能大赛一等奖××人…… （注：可增加每一项占比多少）		

3.学校教师队伍建设的优势与存在的问题

(1) 教师队伍建设的优势：

(2) 教师队伍建设面临的问题：

二、未来三年队伍建设拟达到的目标与措施

(一) 干部及后备干部队伍目标与措施

1.岗位人数：

2.能力目标：

3.培养路径措施及流程：名校长班、名校长工作室、教育学术论坛、参观考察跟岗学、专家指导、担任专家、管理能力专项提升培训、专业能力职称提升培训、争取荣誉称号……

(二) 教师队伍建设总体目标与措施

1.建设目标

学校在名校建设总体目标要求下，着力打造一支富有创新精神、科研意识强、专业素养高的教师队伍，以教育科研和课程建设引领，带动学校教师队伍未来的可持续发展。力争在3年时间内达成：

(1) 队伍结构：

国家、省、市、区级骨干教师分别达到专业课教师总数的××%和××%，

建设省、市、区级名师工作室××个，

引进或培养省市特级教师××名，

培养省、市级学术带头人××名，

培养市、区级优秀青年教师××名，

培养校级学科带头人××名。

(2) 队伍科研能力表征目标

争取立项省级课题××个，

市级规划和陶研课题××个，

区级课题××个，

校本课程建设××门，

参加国家级、省部级及市区级优秀论文评选，获奖××篇以上，发表××篇以上……

2.教师队伍建设的专业发展路径措施

(1) 鼓励教师结合学校发展目标主动规划自己专业发展目标。

贯彻国家、省市区"双减""五项管理""延时服务""考试管理"等要求，全面落实"立德树人、五育并举"，发挥学科育人特点，基于学校办学特色，构建教师专业发展的培训课程体系，包含专业理想、专业知识、专业能力和专业自我等方面，同时针对不同教师个体需求的特点，加大教师个性化专业培养的力度，

优化教师队伍年龄结构和学科结构，以"五育融合"为路径确立教师成长规划，促进教师系统性专业发展。

（2）学校在教师队伍建设中，坚持以专家名师为引领，为教师培养"铺路子"；以"专家、名师工作室"为平台抓手，为教师培养"搭台子"；以团队合作为基石，为教师培养"出点子"，提升教师素质与品位。

（3）创建学校的名师核心群：

省级骨干教师学术团队；

榜样班主任工作团队；

科研骨干工作室；

××（学科）名师工作室（以工作室、青蓝结对等方式带动全员发展）。

（4）创建"××学校科研学术委员会"，营造学校学术氛围，科研引领队伍建设。规划学校校本特色课程建设方案，通过学校课程开发立项课题研究，促进教师群体科研能力提升，带动队伍建设。（科研的成果指向学校的办学品质、解决课堂与学校文化、教师与学校文化、课程的高品质发展等问题）

（5）专家引领与平台展示：

举办专家讲座，专题专家指导，承办省、市、区"××"专题及相关内容现场研讨会，参加国家级、省部级及市区级优秀论文评选……，不断提升学术和成果品质。

三、保障措施

1.组织管理保障

2.机制保障

（1）评优推先：

（2）优化考核评价机制：

优化学校教师绩效分配方案

优化学校教师考核评价机制

……

（3）经费激励保障机制

【整体规划2】名校培养学校教师个人专业发展三年规划参考模板

学校：_____   姓名：_____

一、个人专业发展的现状分析（定量和定性结合）

1.教师个人专业发展水平现状：

职称：

荣誉：

能力：

业绩：

……

2.教师个人专业发展优势

3.教师个人专业发展存在的问题或困难

二、未来三年教师个人专业发展拟达到的目标与措施

1.教师个人的专业发展目标任务

2.专业发展路径措施（多项抓手，包括辐射引领等）

3.任务分解阶段（年度）计划表

三、需求和建议

2.抓落实，重实效

青白江区名校建设工程五所项目学校都成立了教师发展中心，其功能作用是引领全校教师队伍建设和指导教师个人专业发展。教师发展中心经过认真调研，对学校教师队伍发展进行SWOT分析，围绕学校队伍建设三年规划和个人规划目标，找准建设路径方法、搭建发展平台，重点突出了教师专业发展"三个抓手"——以学校名师工作室开展校本研修引领、以学校学术委员会促进教育科研能力提升、以学校课程中心培养骨干教师专业领导力。

【师培案例1】巨人树幼儿园：队伍建设有新招

一、教师队伍建设"四给"培养计划

1.给硬件方便学：为教师提供丰富的学习资料、充足的学习设备、舒适的学习环境，方便教师自主学习；

2.给平台互相学：根据教师专业能力的差异性，创设适宜、多样化的分享与交流的平台，促进教师相互学习；

3.给机会支持学：为教师提供大量外出学习的机会，支持教师深入学习；

4.给压力督促学：让教师带着任务去学习，督促教师高效学习。

二、管理人员"四个一"培养计划

即：一年读一打书、组织一次成长沙龙活动、撰写一篇管理论文、承担一次大型讲座。

三、骨干教师"五个一"培养计划

即：承担一个任务、参与一个课题、撰写一篇论文、精读一本书籍、培养一个徒弟。

四、创新机构

在集团园框架下，成立"教师发展培训中心"，落实专职人员负责园所教师发展培训工作，采用"内配外引"模式，实现新教师"入格"，三年教师"挑大梁"，五年教师"领跑"的教师队伍格局。

五、培养领军人才

依托"三名工程"，努力推动幼儿园名师名园工程，加大园本培训力度，培养了6名在教育教学和科研工作方面有较大成就的名优教师和名优园长、成都市学科带头人1名、市教坛新秀3名，建立3个名师工作室，辐射引领全集团教师专业能力的提升。

六、青蓝结对培养梯次人才

通过"请进来、送出去"等培训方式，帮助管理人员不断吸取新的管理理念，提高应变能力和决策能力，形成一支适应幼儿园高品质发展需求的集团化新型管理团队。在引进部分优秀教师的同时，大胆启用一批"想干事，能干事"的优秀青年教师加入幼儿园集团各园所管理团队。

"青蓝携手、筑梦前行"——巨人树幼儿园2022师徒结对仪式

罗玲园长对青蓝结对教师提出了三点希望和要求：互学共进、比学赶超；扎实推进、传递温度；加强指导、取得实效。

【师培案例2】成长故事：立足学生发展，探索教育真谛
讲述人：成都市青白江区大弯中学 唐强

我是一名物理老师，2007年本科毕业到一所职业高中工作，后来又考入西南大学深造读研究生，2011年毕业后到大弯中学任教。从教十余年，当了8年班主任，其间的酸甜苦辣，让人回味，与孩子们一起度过的美好时光，记忆犹新。而今，学校、讲台、学生已经成为我生命中不可分割的一部分，共同编写我们的成长故事。

作为一名师范专业毕业生，从教伊始，我就开始思考教育目的是什么，虽然卢梭、赫尔巴特、杜威、托尔普、马克思等众多的教育先辈给出了不同的答案，

国家也根据实际情况提出了教育目的。但由于"教育本身是一种有目的、有意识、有计划地培养人的活动"，教师的教学活动总是带有一定的主观意识，因此，如何认识教育目的直接影响教师"怎样培养人、培养什么样的人"。

2007年9月，我进入三台县刘营职业高级中学任教，看到职中学生普遍文化基础成绩差、行为习惯差，以至于让我对他们的文化教育失去信心，并一度认为：如果能让这部分孩子懂得"爱与尊重"，那便是成功的教育了。

一次偶然的机会，我在和一位张姓同学的交流中发现"职中的学生也是怀揣梦想进入学校，他们同样渴望知识，但社会和老师的偏见，让他们失去了学习的信心与兴趣"。这使我认识到：教育不仅要培养学生良好的行为习惯，而且要让学生习得必要的文化知识，而教师对学生的"爱与信任"是实现教育目的的必要条件。

在职中期间，和各类型的学生交流，共同讨论各个学科学习问题，拓宽了知识体系，与家长探讨孩子叛逆期的教育问题，逐渐学会了应对复杂学生问题的方法。但对教育的认识以及处理复杂问题仍然感到吃力，为此，我决定继续深造，并于2009年考入西南大学。

2011年我顺利完成了研究生学业，带着丰富的理论知识和前期积累的教育经验重新站上讲台。在大弯中学，我有幸得到了王小平、邹颖、雷利、肖述华四位老师的指导，他们帮助我开展教材分析、学情分析、教学管理、教学疑难问题分析，这些专业知识为我站稳讲台起到了至关重要的作用。

这段时间，我经常向他们请教，生怕教学出一点问题，导致学生无法理解，影响教学效果，同时，我主动向学生了解他们的学习难点，调整教学策略。尽管如此，我所任教的学生成绩与四位老师依然有一定差距，这种情况持续了近两年时间，这使得我不得不怀疑我的教学方法或者是学生管理是否出现问题，开始思考如何改变这种现状。

分析学生入学两年来的各次考试成绩，我发现：我所任教的班级，在高一的时候，学业水平与其他班级基本持平，但在高一结束时开始出现差距，到高二期末，包括班均分、学科有效人数、尖子生水平在内的各项指标均出现不同程度的差异。于是，我多次找学生交流，分析学生课堂表现和作业反馈，得出结论：学生的各个知识板块相互独立，没有形成知识体系，导致他们在解决综合类问题时出现极大的困难。

基于以上的认识，我开始着手解决高中物理知识体系的问题，在授课之前首先研究知识前后衔接的问题，课堂上有意识地帮助学生建立学科知识体系，并指导学生通过同化、顺应等方法构建物理知识体系。调整教学策略之后，学生成绩确有提升，特别是中等学生，这种教学方式弥补了他们的知识缺陷，当他们把知识的来龙去脉弄清楚之后，解决问题的能力得到了极大提升，但是"尖子生问题"却仍然没有解决。

当我把自己遇到的问题和王小平老师讲了之后，他对我说：遇到问题不可怕，关键是要找准问题，对症下药方能药到病除。然后，我请王老师来听我的课，帮助我分析问题，几次课后，王老师指出：优质的教学设计必须立足学生发展、教学要求以及考查方法，这也是教学效果的基本保障。

在王老师的指导下，我详细研究了课程标准对各知识点的定位及教学要求，严格按照课程标准进行教学设计，并做适当的拓展。同时，我坚持分析每年高考试题，通过试题研究厘清高考改革及考查方式的变革方向，为学生精选练习题，达到事半功倍的效果。在此期间，我经常听取邹颖、肖述华、雷利老师的教学建议，在各位老师的帮助下，我的课堂终于有所变化，尖子生终于有所突破。

通过教学研究，我越发认识到：物理学科至少应该具备 "工具和育人" 两方面的价值，从 "工具" 层面来看，物理学科知识可以帮助我们解决生活中的各类问题，直接推动人类社会进步，从 "育人" 层面来看，物理学科所蕴含的 "科学精神、科学态度、学科思维" 等直接影响人们思维方式和解决问题的方式、方法。

可见，任何一门学科最核心的并不是 "学科知识"，而是知识背后隐含的 "育人价值"。在教学中，如果教师过多关注学科的 "工具层面"，而忽视学生的情感体验和学科精神浸润，学生的能力和素养便得不到有效提升，尖子生也就失去了成长的土壤。

2016年，王老师让我进行经验总结，把自己的研究成果通过 "成都市继续教育线下培训" 的方式推广出去，于是，我撰写了 "高中物理习题教学专题研究" 作为2016年秋季 "基地校" 培训课题，由王小平、雷利、肖述华、李永彬老师担任主讲教师，我和另外三位青年教师提供教学案例，由于准备充分，我们圆满完成4个半天的培训任务，获得了市教科院的高度评价。

截至2023年，大弯中学物理组先后完成了 "国家课程校本化实践研究" "基于学科思维品质提升的课堂教学研究" "新高考背景下物理课堂教学实践研究" 等15个专题教学研究，开展了30余场专题讲座，为区域物理学科教学改革提供了范例。

教育目的是什么，通过怎样的方式来实现教育目的，这是教育者永远绕不开的话题。著名的教育家卢梭、托尔普、马克思分别从 "个人发展" "满足社会需要" "人的全面发展" 对教学目的进行了阐述，但无论从哪个角度看，"个人的成长与发展" 应该是教育的最本质的要求。因此，好的教育应该是 "包容" 的教育——不放弃任何一个学生，好的教育应该是 "有温度" 的教育——严格要求之外，更应有爱，好的教育应该为学生的终身发展奠定基础——满足学生的成长需求。

到目前为止，尽管高中教学管理仍旧把教学业绩放在首位，课堂教学依然以考试内容为中心，但高考的考查内容及考查方式的变革对学生的学科素养和关键能力提出极高的要求，这就迫使教师改变育人模式——由粗放型的知识教学转化为精准化的指导，通过真实情境培育学生的核心素养。

高考改革的实质是逆向推进教学改革，引导教育评价从"唯智力"、"唯分数"转向德、智、体、美、劳多元评价，以此来推进教育回归本真，实现人的全面发展。

【师培案例3】名师引领：名师工作室显活力，学术研讨促成长
工作室：成都市青白江区大弯小学廖学文名班主任工作室

"草色青青柳色新，桃花历乱李花香。"

——2023年4月6日上午，青白江区廖学文名班主任工作室"审美化视点结构在主题班队活动课中的运用研究"研讨活动在大弯小学智慧教室举行。廖学文名班主任工作室全体成员参加此次活动。

赵倩老师带来主题班会课《少年之学习责任》。课前热身的手势舞让学生动起来，一段声情并茂的《少年中国说》唤醒学生的责任意识，赵老师与学生一起讨论视点：什么是责任？学生理解责任内涵，并明确小学生的责任——好好读书。

观看《火烧圆明园》视频，讲周总理的故事，展示中国科技发展取得的成就，强化学生的家国情怀，增强自己的责任意识。好好读书，强我中华，为实现中华民族伟大复兴而读书。

观看情景剧《小青的烦恼》后小组讨论：小青有哪些地方做得不对？赵老师引导学生找出解决问题的办法，让学生明白路虽远，行则将至，事虽难，做则必成，从而获得向上的力量和途径。

生活中，"小青"这样的同学还不少。为了让学生明确如何承担自己的学习责任，赵老师以自己的亲身经历做示范，引导学生反思自己的学习问题，并想出改进措施，鼓励自己，将"对自己的学习负责"的理念根植于学生心灵深处。课程在少年们的学习誓言宣誓声中结束，宣誓声铿锵有力、掷地有声，相信小小少年们明确了学习是我们的责任，只有学习可以成就我们的不凡！

示范课后，工作室成员们积极交流，分小组讨论。各小组代表评课，高度赞扬赵老师这节课教学目标明确，课件制作精美，形式丰富多样，选材贴合生活。学生听课习惯好，小组合作积极讨论，课堂氛围活跃。结合大家的看法和建议，赵老师也和大家分享自己的成长与收获。

最后，廖老师对本次活动进行总结，非常客观地指出赵老师这节课的亮点和不足。同时，结合这两次展示课，他从问题设计、材料的选择和使用、活动的形式、课堂讨论、教师的语言等方面对学员们提出了要求。最后，他针对大命题的主题班队活动课，提出了以下几个建议：一是大家要从大处着眼，小处着手，先要拟定出符合班级实际，并且自己可以驾驭的话题；接着要迅速选择好材料，编写好教材，然后要设计好教学方案，再进行磨课、修改；最后成型、研讨，进一步完善。二是以此为突破口，建立系统的且符合一定逻辑的课程体系。今天赵老师上了《少年之学习责任》，那我们可以举一反三上《少年之社会责任》《少年之集体责任》《少年之家庭责任》等等；再比如上次林政上了《真诚地说出你的赞美》，那我们就可以上《真诚地说声 "对不起"》《拥抱真诚，学做真人》《敞开心扉，真诚沟通》《真诚交往，和谐共处》等。三是每个小组都承担一个这样的话题，让我们路走得更宽，更有特色。

本次工作室活动，促进了工作室成员间的相互交流，大家勤思考，善学习，不断改变，不断提升。真实地参与就是幸福地成长，智慧的碰撞总会涌动出生命的激情，相信在廖老师的带领下，名师工作室的成员们在专业发展和课堂教学中都能实现新的突破。

【师培案例4】榜样力量：激情点燃学生，良心耕耘教育
榜样教师：成都市青白江区大弯中学　彭道彬

成都市大弯中学的彭道彬老师是四川省特级教师，二十六岁时被查出身患称为 "不死癌症" 的强直性脊柱炎，从教二十七年来却一直战斗在教学第一线，当班主任二十三年。

彭老师业务精湛，多次赛课获得省市大奖，曾作为专家到北京参加教育部组织的课堂大赛当评委点评赛课。课堂上，彭老师幽默风趣，教室里总是充满欢声笑语，学生想睡觉都不可能。

十年前彭老师在母亲遭遇车祸尚未出院、儿子读初二的关键时期，响应党的号召，毅然前往藏区茂县支教。初到茂县，高原反应，缺氧、寒冷缩短了强直性脊柱炎发作周期，经常让他只能僵硬地平躺在床上彻夜难眠，清晨同事们总是能看见他弓腰辅导早自习的身影。三年后他所带班级考出当时茂县中学最好的成绩，可是他儿子成绩断崖式下降，高一年级时不得不选择留级重读。

彭老师时常面带笑容，总是站在学生的角度想问题，是学生的"班爸爸"，也是学生的"知心好友"。高考前为跟学生缓解压力，他驱车几十公里到果园跟学生摘取新鲜水果，亲手做麻辣鲜香脆的状元鸡跟学生吃，办公室里经常准备一些学生爱吃的零食。高考后，彭老师还自费给学生买志愿填报卡，总是免费精准地指导学生填报志愿，是家长心中值得信赖的好老师。

彭道彬老师用激情点燃学生，用良心耕耘教育，多次受邀到各学校开展师德师风专题讲座，成为我们身边新时代师德师风的榜样，受到了广泛的赞扬。

【师培案例5】教师成长：以"爱"为帆，做擦亮星星的人
——清泉学校罗隆英老师的教育故事

十二年，只是历史长河短暂的一瞬，但却是罗隆英老师人生中非常精彩的一段时光，她通过十二年的辛勤努力，由一名普通教师迅速成长为一名成熟的乡村优秀教师，成长为青白江教坛上一颗闪亮的新星。在这十二年里，她遇到过不少贫困学生、后进学生、留守学生，但他们都在她的精心呵护下，个个都成长为品格健全、追求进步、勤奋好学的好学生。

1.扎根乡村，青春无悔

2006年，罗隆英老师大学毕业来到清泉学校任教。这是她的母校，在这里，她曾经度过了青春年少时虽然清贫但又最幸福的9年求学时光，老师无微不至的关怀使她自信而快乐地成长。因此大学毕业后，她毅然决然地回到母校，接过恩师传来的接力棒，在三尺讲台上演绎自己生命里最美丽的华章。

清泉学校位于青白江区毗河以南的山区丘陵地带，学校办学条件差，教师待遇低，但是罗老师并没有因此而怨天尤人，她一直坚持在教育教学的第一线，担任初中数学教学和班主任工作。工作中，她任劳任怨、兢兢业业，出色地完成了学校交给的工作任务，她无怨无悔、勤勤恳恳、无私无畏地为山区教育事业奉献着自己的光和热。为了班上的孩子，她放弃了很多本该休息的节假日，她将自己的全部精力都用在了教育教学工作中。在她12年的班主任生涯中，她用最朴实、最无私的爱赢得了孩子们的信任和爱戴。

2.以心换心，心心相印

在教育教学工作中，罗隆英老师关心爱护每一个学生，严格要求每一个学生，同时给学生营造一个宽松、和谐、民主、平等的学习氛围，使学生健康快乐地成长。

清泉学校的很多学生都来自青白江的云顶、人和山区，大部分学生都是留守儿童。为了更好地教育班上的学生，罗老师每学期都要利用周末和寒暑假的时间对班上的学生进行家访。特别是初2009级4班，有多名来自云顶山区的学生，学生的家又分散很远，当时交通不便、道路崎岖，她特别雇了一辆摩托车花了好几天

的时间连续进行家访。由于不熟悉山区地形，她只得边走边问，因此走了很多弯路，但是她一点也不气馁，而是真正体会到了孩子们上学的辛苦。

罗隆英老师班上有个学生叫小宁，父母离异，家长长期在外打工，心灵从小就受到了伤害。刚跨进中学校门时，他满身的衣服既脏又破，头发又长又乱，脸上还有污泥，眼神充满敌意，他不仅性格内向，而且个性就像一个刺猬一样，容不得别人一点伤害，哪怕别人只是语气有点不对，也会让他产生防卫的心理。罗老师第一次见他，就觉得他以一种防备的眼神看着自己，心里咯噔一下，知道这个孩子如不好好教导，他将来极有可能会误入歧途，因此罗老师对他特别的上心。

有一天早上，上第一节课时，罗老师发现小宁还没有到校，以为他只是迟到，就一直在校门口等他，直到第一节课下课，仍不见他来，心里非常着急。因为他家里穷，也没有电话，他父亲在外打工，也联系不上。罗老师立即骑上她的自行车直奔他家去。

小宁的家在山脚下，罗老师看着他家的房子，鼻子酸酸的，那是一个又破又矮的土墙屋子，门半开着，屋外杂草丛生，附近百米内无其他房屋，很难想象这里能够住人。罗老师在屋外大声喊着他的名字，不见回应，只听得门口那只狗的叫声，于是，她只好到离小宁家较近的人家打听，终于找到他的三婆婆。三婆婆将她带进屋，只见小宁还睡在床上，三婆婆将他摇醒，可他一见老师，马上跳下床，飞跑出门，直奔屋后的大山，最后消失在她们的视线里，罗老师的心里非常难受。

第二天早上六点半，罗老师叫上一个比较熟悉小宁的同学径直奔他家去。这一次，她让那位同学堵在门口，自己和三婆婆进去。果然，见到她们来，小宁又往外跑，但被守在门口的那位同学紧紧拉住。"你再跑，我明天还来。"罗老师大声说道，"你还跑，我还来，直到你上学为止。"听了老师的话，他渐渐安静下来，"老师，我错了，我前天晚上上网去了。"在老师的劝导、开解下，他终于答应一起回到学校上学。

经过这件事，罗老师对小宁格外关心，像亲人一样地爱护着他。这个孩子渐渐地发生了变化，他不再去网吧，不再像个刺猬了，开朗了很多，也愿意主动和同学亲近了，学习成绩也得到了很大提高。这一切的变化，让罗老师感到无比欣慰。

在罗老师几年的班主任生涯中，虽然遇到了一些与小宁类似的学生，但他是最特别的一个，这让她感到，老师无私的爱对孩子一生的成长是多么重要。不管在管理中遇到多大的困难，她坚信只要自己以真心对待孩子们，他们也必将回报自己一颗赤子之心。

3.以德育人，爱心无限

罗老师任教的2012级2班有一名学生叫小杰，他还有一个双胞胎哥哥小豪就在隔壁班念书，他哥俩的数学课都是罗老师在教。小哥俩的父母离异后，他们跟着爸爸过，平时他爸爸经常到外地打工，家里就只剩他兄弟俩。弟弟小杰虽然比哥哥聪明，但脑袋里整天想着上网打游戏，成绩从刚进校的名列前茅到十几名、二十几名，一直下滑。经过家访，罗老师了解到小杰周末常去上网，有时中午饭后也去，后来哥哥经不住诱惑，也去上网。她及时与在外地打工的孩子们的父亲联系，双方商定好，让两兄弟住校，这样可以避免他们下午放学后上网。可是周末呢，为了供养这两兄弟，爸爸还得出门打工挣钱，即便在附近工作，可是白天仍无法看管有网瘾的小杰。为了解决这一难题，罗老师告诉他的父亲，让他周末早上出门前，将兄弟俩送到自己家，晚上下班后再来接，中午孩子们就在她家吃饭，不用担心任何费用。

罗老师以为，这样的付出能让小杰改变。可是有一次周末快午饭时，借上厕所之机，他俩跑了。后来，她在一家游戏厅找到了他们。面对他们，罗老师承认自己没有游戏有吸引力，她不断地反思，是不是自己的教育方法有问题。后来几周，他们好像变得很懂事，学习也很认真，殊不知这只是表面现象。就在一个星期二的晚上，已经11点10分了，罗老师的电话响了，得知小杰和另外四位学生不在宿舍，她马上骑上自行车，到她熟悉的那几家网吧找人。夜已经很深了，罗老师心里不免有些害怕。网吧的老板看见她，也会大声奚落，很生气地赶她走，不过她已经习惯了。后来，终于在一家网吧找到他们。面对孩子们的不懂事，罗老师很失望，也很伤心。但她还是静下心来，慢慢地给他们讲道理，耐心地开导。从此以后的课堂上，罗老师都会抽小杰回答问题，经常给他鼓励，让他在学习中重拾信心。生活中，罗老师像亲人一样关怀着这个孩子。渐渐地，这孩子变了，学习成绩慢慢提高，后来，小杰和小豪都以优异的成绩考上了国家级重点高中。罗老师笑了，因为孩子们的点滴进步都是她最大的安慰。

4.孜孜以求，不断进取

十二年来，罗老师圆满地完成了学校交给她的各项任务，取得了一系列优异的成绩，得到了领导的肯定、同行的赞许、家长的认可和学生的爱戴。在教育教学工作中，罗老师的努力得到了回报，她所任班级成绩特别突出。她所带班级均获得校级、区级"先进班集体"称号，她多次被评为优秀班主任。2015年5月，她所带班级被评为成都市"先进班集体"。2016年9月，她被评为成都市"十佳班主任"。

努力拼搏，不断进取，做一名让学生开心、家长放心、社会满意的优秀人民教师是她一生的追求。

【师培案例6】教师成长：以"专"为光，向下扎根向上生长
　　　　　　——清泉学校郑丽老师的教育人生

教育兴则国家兴，教育强则国家强。新时代新征程呼唤广大教师要有新的精神状态、新的奋斗姿态。以热爱之名义扎根于教育，倾其所能传道受业解惑，从教二十多年的郑丽老师，带着对事业的不倦追求，怀着对孩子们的无限挚爱，在自己深爱的工作岗位上，认认真真地学，扎扎实实地教。

1.用心教学，尽职尽责

在教学中，为了调动学生上课参与的积极性，发挥学生的主体地位，提高课堂教学效益，郑老师认真钻研教材，不断探索，努力学习新的教学理念，将之运用到教学中，做到：制定合理的教学目标，把各种教学方法有机地结合起来，充分发挥教师的主导作用，以学生为主体，力求教学深入浅出，通俗易懂，帮助学生顺利突破教学重难点，达成学习目标。

为了关注每一个学生，让课堂高效起来，在学生小组合作学习的基础上，郑老师尝试了小组捆绑评价方式，规定：完成学习任务汇报时，哪个小组举手的人多，就请哪个小组汇报，汇报得好，就可以得到奖励（小组每人加操行分，操行分作为评优获奖的依据，每月结算）。渐渐地，小组成员之间互学互助，学习吃力的孩子有了快速的进步，孩子们收获了知识，老师也收获了惊喜。2017年郑老师所带班王雪同学参加区 "学经典" 比赛获得了青白江区三等奖，姜佳甫同学获得了青白江区特等奖，并获得成都市 "诵读小明星" 称号。2020年阳熙同学在青白江区 "写经典" 征文比赛中荣获青白江区一等奖。

2.师徒结对，共同进步

在严格要求自己，上好自己所教学科的同时，郑老师也主动与本学科组教师联系，共同制订并实施教学计划。在平常的教学探讨中，她从不吝惜自己的点滴经验，充分发表自己的意见和建议，带领年级组取得了很好的成绩。

在与新教师的师徒结对活动中，郑老师与新教师认真签订师徒协议。在平时的教学中，她经常走进徒弟的课堂，听课后及时指导，帮助年轻教师进行反思。通过这一系列活动，让青年教师在教学中学到了很多教育教学理论知识，提高了教育教学能力，圆满地完成了教育教学任务。2017年郑老师指导青年教师李莎参加了青白江区说课比赛荣获二等奖，此后，李莎老师撰写的多篇论文荣获了市级、区级奖励，也多次执教校级、区级示范课，在2020年青白江区第三届信息技术与教育教学深度融合创新应用技能大赛活动中获一等奖，2023年代表青白江区参加 "成德同城·阅读联动" 多文本阅读教学研讨活动，并执教组文教学课《点点线线话统整》，获得专家的高度认可。

3.醉心教研，自我提升

苏联教育家马卡连柯说过，任何工作都不像教师的工作那样需要随机应变的灵活性。"科研是兴校之本"，在学校，郑老师也积极参与课题研究。与其他课题组的成员一起讨论、研究、交流、观摩课堂教学，团结协作。郑老师任主研的区级课题《培养农村小学生良好的书写习惯策略研究》已经于2018年6月顺利结题，为了进一步提高语文课堂效率，学校已立项的区级课题《在农村小学开展组文阅读教学培养学生语文学科核心素养实践研究》中，郑老师也再次作为主研人员参与研究。

教师的成长离不开学习，郑老师也积极参加各级培训学习。2012年9月—2014年6月，她加入了"刘晓牧名师工作室"，学到了很多教育教学理论并开阔了视野。在实小集团组织的"管建刚作文教学之讲评课说课探讨会"中，她主讲了《让对话精彩起来》，获得了一致好评。郑老师也多次在工作室组织的送教下乡活动中任主讲教师，坚持把在名师工作室所学到的东西用于教学中。2020年，郑老师代表青白江区参加成都市小学语文教研活动，示范课《文本对比，深化认知》获专家好评。

一分耕耘，一分收获。任职以来，郑老师在各种教育教学活动中也取得了优异的成绩，如区"优秀青年教师"、区"学科带头人"、区"优秀班主任"、区"先进个人"等等。二十多年的教学生涯，有苦、有甜，感受着新课程理念的和风，沐浴着新课程改革的阳光，郑老师以自己的实际行动与超凡的工作业绩证实了一个教师的人生价值。在这一个个平凡的日子中郑老师浇灌的是心血，绽放的是鲜花，开启的是希望，她在这平凡的教育事业中演绎着她的精彩人生！

"讲台虽小，能载千秋伟业；烛光虽微，亦照万里山河"。千千万万教育者的故事带来的感动依旧在延续，学海无涯，艺无止境，教学就是一场修行，漫漫教学路上，清泉学校的教师们在实践中磨炼，在求索中提高，在热爱中燃烧，以独特的匠心为新时代的教育事业刻字绣花，绽放耀眼的光芒。

【师培案例7】教师专业成长：多元赋能，共同成就
——实验小学李秀琼老师专业成长点点滴滴

2021年7月，我考调进入成都市青白江区实验小学，成为实小的一名数学教师。这里，有教学经验丰富的教师团队，这里，有更浓郁的学术研讨氛围，这里，有求知若渴的实小孩子们……

进入实小三年来，学校给予我很多锻炼成长的机会：如2022年4月我在金青新大港协同发展区小学数学"双减背景下大单元结构化教学"联合教研中，作了题为《数学思想方法，发展核心素养》专题发言；2022年9月，我在青白江区"基于教学改革，融合信息技术的新型教与学模式"成都市先导区研讨活动中，执教《平面图形面积复习》；2023年2月我在青白江区名师讲坛上作《基于核心素养下的深度学和有效教的实践探索》经验交流等，加快了我成长的步伐，让我成长为一名优秀的实小数学教师。

在教学实践中，我也总结了一套独具特色的经验和方法：

一、提问中有大学问

抽学生回答问题，是一门技术活。首先，老师面向全体学生，要根据学生学习状态设置难度不同的问题，学生回答比其能力稍高的问题，不同学生在不同难度的问题回答中，获得自信和成功。

因此，问题的设计至关重要。问题是教学的"心脏"，好的问题一定有目标性、启发性、层次性、挑战性，能激发学生探究欲望，学生受到这些问题启发，展开数学活动，进行猜想探究、归纳总结。通过不断追问，让教学环节层层递进，思考逐渐深入，内化知识，深度学习。

二、随时给数学变个妆

"横看成岭侧成峰，远近高低各不同。"从不同的视角观察事物，就会有不一样的结果，正所谓"一千个观众，就有一千个哈姆雷特。"若从多方面看待事物，我们就能更全面把握事物全貌。

我记得在学习"比的应用"时，编了一个例题："六（8）班有学生55人，男女生的人数比是5∶6，男女生各有多少人？"教室里立刻炸开了锅，因为这就是我们班的人数，有些孩子甚至站起来开始数人数。于是，我马上引导："孩子们，除了数一数的方法得出结果，你能用我们最近所学的知识解答这个问题吗？"于是，学生安静下来思考，我万万没想到，学生竟然想出了这四种方法，当即狠狠地表扬了他们！

多角度、全方位思考问题，是深度学习的有效路径。一题多解，从不同方向或视角思考问题，能训练发散思维、求异思维和创新思维。

给数学变个妆，学生一不小心就掉坑里，然后在坑里扑腾的过程中，慢慢学会自我救赎：勾画关键词，画线段图，对比辨析，认真领悟知识间的联系和区别，做到举一反三，触类旁通，实现深度学习。

三、数学长在指尖上

"舌尖上的中国"让我们垂涎三尺，"指尖上的学问"更是别有洞天！

讲数学故事、做数学手工、办数学小报、开数学盲盒、绘制思维导图、设计最美图案等"数学周"活动，激励学生学以致用，手脑并用，体验数学的文化内涵，感受数学的无限魅力。

阅读一本数学著作；制作一辆"正方形轮胎"的自行车；创作一个有主题的网络画板作品；观看一部数学家的影视作品；做一次微信"数学小讲师"；做一次旅游攻略等等，让"趣数学假期"有趣、有戏、有意义！

通过"数学周"和"趣数学假期"活动，让数学长在指尖上，文化流淌在生活中，并开出思维的火花！让数学生活化，知识在应用中升华！

四、信息技术，是个好伙计

现代信息技术，带给教育教学一场大变革。老师们上课，不再"一支粉笔"

走天下，数学也不再背负"枯燥乏味"的骂名，数学课变得越来越直观形象、简单容易、生动有趣！

记得2022年10月，我上校本课程《多边形面积里的秘密》一课，第一次磨课用PPT教学，因为没有多边形互相转化的动画演示过程，学生全靠想象，再加上思维跨度大，所以学习氛围不高，教学效果不理想，甚至有听课老师说："其实我也有点蒙。"

第二次磨课，老师用网络画板，动态展示多边形之间的转化过程，学生能直观形象看到转化全过程，感受图形之间的联系，课堂氛围好了很多，教学效果也好了很多。

后来，我再次改进，让一个小组用一台平板合作学习，学生扫描二维码操作网络画板，特别是学生可以根据自己学习情况，反复操作网络画板，让本来难以理解的"长方形面积可以作为多边形面积的通用公式"变得特别容易，难点也就迎刃而解。

信息技术，确实是个好伙计！我们要好好利用它！

五、静下来，聆听花开的声音

我班轩轩、鹏鹏这两个孩子很聪明，回答问题特别积极，但是每次回答总是抓不住重点，四川话说："回答不到点子上！"如果让他们再读读题，再安静思考，马上又"哦，哦！我刚刚没想到这点！"如果上课时，我们需要一个错误的答案推进教学，一抽他俩，一抽一个准，从这点来说，他们这种不假思索的回答，也为我们的深度学习作出了贡献！因此，我总是对想急切回答的孩子说："静下来再思考，说不定，你就改变想法。"

课堂上，既要有热闹的操作实践、小组交流，更要有安静的思考。我们发现，想法独特、深度思考的孩子，一定是默默思考的学生。

只有静下来，才能专注思考，思考才有深度、广度、高度！同时我们要对热闹的小组合作进行学法指导：按照思考—回答—质疑—交流—总结的流程进行，热闹背后有质疑，有静下来的二次思考，才会更接近知识核心！

六、慢下来，惊喜奔来！

老师每天忙得跟陀螺一样停不下来，每天都有不同的任务，如果今天耽搁了，就要明天加班找回来！所以，我们忙着备课、上课、改作业，哪敢慢下来呀！但上次上《多边形面积里的秘密》，给了我一个启示：其实，慢下来，效率更高！

记得那次上课的最后一个环节——求这个组合图形的面积，学生有说把组合图形看成长方形的一半，有说把它转化成三角形或长方形，这时我班黄凯莉同学站起来说："这个组合图形面积还可以转化为梯形进行计算"。说实话，磨了6节课，没有一个班的孩子想到把组合图形转化为梯形计算，我也没有预设到这种方法，最关键的是她平时表现一般，我不敢肯定她是对的，于是我问全班同学"可以吗",优秀的陆嘉鑫说"可以",我再追问:"真的可以吗",有好几个声音附和说可以,半信半疑之间,课代表敬怀杰上台边拉动网络画板验证,边解说道:"这个组合图形可以转化为上下底之和为18cm,高为12cm的梯形!"原来,它真的可以转化成梯形!太大的惊喜扑面而来,猝不及防!我大力赞赏孩子们会思考,敢思考!

所以,慢下来,多几秒钟的等待,我们就能收获惊喜!

七、蹲下来,拥抱孩子

老师不是高高在上的权威:蹲下身来,认真聆听学生的想法,不斥责他们的反驳,不打断他们的错误,不嘲讽他们的离谱。这样,师生之间、生生之间互相尊重,互相信任,学习环境安全,学生敢想、敢说、敢做,自然精彩不断。

老师蹲下身来,是尊重,更是爱护,这样我们才能与孩子拥抱,在互相进步、彼此成就时,与深度学习撞个满怀!

教学教研道阻且长,学习成长不惧岁月。在自我追求、不断蜕变中,我所带班级的孩子们的数学学习也呈现热爱数学、乐思善学、思维敏捷等良好态势。教育是一场修行,更是互相成就的过程。

感谢学校给予我发展的平台,感谢数学组的团结奋进,感谢我的孩子们的孜孜以求,让我们享受这份破茧成蝶的快乐!

(四)深耕课堂:深化课改提质,探索评价创新

学校的产品是课程,课程改革和课堂建设是学校持续发展的动力,也是促进教师发展和学生成长的重要路径与手段,而课程实施效果和课堂质量究竟如何?则需要按照新的课程理念进行创新性评价,学校评价创新的意义主要就体现在提高课堂质量、促进课程改革、促进教师专业发展和促进学生成长等多个方面。

评价创新可以帮助学校发现教育过程中存在的问题和不足,有针对性地进行改进和优化,从而提高教育质量。通过评价创新,可以更加科学地评估学校和教师的教育效果,促使学校更加注重优质教育资源的配置和优化,提高学生的学习效果和综合素质。青白江区名校建设五所项目学校在课程与课堂教学方面评价的创新探索方面取得了一定的成效,这对于提高教育质量、推动课程改革、促进教师专业发展和促进学生终生发展等方面都具有极其重要的意义。

1.大弯小学:"视点结构6环节+"创新课堂评价体系

成都市青白江区大弯小学在以学科组为基本单元的操作模式下,建构了课堂教学操作模式:"视点结构6环节+"。结合学校课程实施情况制定了以"视点结构6环节+"为特色的至美课堂教学评价标准,"视点结构6环节+"是对课堂教学过程进行引领和规范,统称为"审美化视点结构教学过程",由视点导入、视点揭示、视点强化、视点延伸、视点检测、视点回归六环节组成。视点导入简洁有趣,铺垫得当、引发思考，衔接过渡自然，紧扣学习主题；揭示环节使教学视点能够清晰而明确地建构在学生头脑中；在强化环节中巩固视点，让学生学习的新知能够内化；延伸环节从清晰的视点出发，按照一定的知识联系拓展教学视野；在检测环节中检测材料要有科学性和针对性，能根据检测结果反馈教学或补救教学，目标达成当堂见效；回归环节能回扣教学视点再度指向教学目标，归纳简明系统，规律总结明了科学。至此，教学活动的一个基本"逻辑循环节"运行完成，六环节环环相扣，层层深入，至美课堂浑然一体。

大弯小学至美课堂评价表

评价阶段	具体环节	评价内容	得分
课前准备（10分）	教学视点及目标设置（4分）	1.知识点、相关知识、技能、审美点，准确、明确、具体并可观测； 2.根据学习内容和学生实际准确描述教学重点和难点； 3.选择的典型、延伸、检测材料能很好地为视点教学服务； 4.围绕学科领域的内容，培养学生核心素养。	
	教学过程设计（6分）	1.视点的导入、揭示、强化、延伸、检测、回归清楚，体现了内在的逻辑美，科学合理； 2.突出问题探究，关注面向全体，关注个性，符合学生学情，体现学生的深度探究与思考，指向学科核心素养的培养； 3.体现信息技术环境下学科教学特点，符合教学设计基本要求； 4.充分给学生深度参与、展示的时间。（根据课型、年段不同，时间保证15~20分钟及以上）	
审美化视点结构教学过程（36分）	视点导入（4分）	1.视点导入简洁有趣，铺垫得当、引发思考； 2.衔接过渡自然，紧扣学习主题。	
	视点揭示（6分）	视点揭示能直接指向教学目标。	
	视点强化（6分）	视点强化能够清晰而明确将知识点建构在学生头脑中。	
	视点延伸、检测（6分）	1.视点延伸能从清晰的视点出发，按照一定的知识联系拓展教学视野； 2.检测材料科学、有针对性；能根据检测结果反馈教学或补救教学，目标达成当堂见效。	
	视点回归（4分）	能回扣教学视点再度指向教学目标，归纳简明系统，规律总结明了科学。	
	环节关系（5分）	视点揭示、强化、延伸之间，层层递进，逻辑清晰。	
	媒体使用（5分）	充分利用各种课程资源，多媒体使用恰当合理，更好地突破重难点，激发学生兴趣，启迪思维。	

评价阶段	具体环节	评价内容	得分
学生(24分)	课堂参与(6分)	学生积极性高,主动积极参与课堂的各项活动,参与面达50%以上。	
	自主探究(6分)	1.围绕学习问题,独学、对学、群学,专注度高; 2.深入思考,大胆质疑,生成新问题。	
	合作讨论(6分)	1.组织科学合理,讨论积极深入; 2.充分经历从"独立思考"到"集体思维"的过程。	
	能力培养(6分)	课堂中学生的观察、思考、表达、倾听、评价、质疑、总结、反思、自学、创新等能力和核心素养得到培养和发展。	
教师(25分)	课堂氛围(5分)	师生关系民主、平等、融洽,课堂有活力,师生互动、学生互动气氛和谐。	
	课堂提问(5分)	问题简洁、准确,指向明确,能把握好问题的难易度、深度与广度。	
	课堂把控(5分)	1.教师点拨及时,语言精当,激发思维,引发学习愿望; 2.突出问题与重点,贯穿学法指导。	
	教学方法(5分)	能根据教学的实际恰当地选择合理的教学方法。	
	教师素养(5分)	1.语言准确、有感染力,板书工整、合理,现代教学技术手段操作熟练; 2.有加强的组织、启发、引导、归纳等教学能力; 3.教学过程中注重学生的发展,课堂折射出来的教育理念能符合新课标要求。	
"+"(5分)		课堂中渗透的学科文化、学科思想、学科素养。	
总分			
教学建议			

2.大弯中学:创新实践"341高效课堂"评价体系

成都市青白江区大弯中学在课堂教学改革中,为方便一线教师在课堂教学实践中的操作,根据学校"生动高效课堂"教学模式,结合实际情况对课堂教学模式进行细化,形成操作流程供教师在实践中参考。

"341高效课堂"教学模式:即三阶段四环节一反思。

第一步,有效划分课堂教学时间。"3"即把课堂40分钟有效划分成三个时间段,并有两种方式可供选择:第一种,根据教学环节有效划分,如自主学习10分钟、合作探究等20分钟、练习巩固及教师点拨等10分钟。第二种,根据本节课知识点的多少,把知识点有效划分成三个知识组块,对每个知识组块进行合理分配时间，然后再按照课堂四个环节分别进行教学。

第二步，实施课堂教学环节。

课堂主要环节是指课堂教学流程中的四个步骤：自主学习、合作探究、点拨归纳、练习反馈。

（1）自主学习

教师提前把"学案"发给学生，让学生根据"学案"独立完成自主学习。教师在上新课之前要对学生"学案"的完成情况进行检查（可以创新检查方式，如教师本人检查、学习小组课代表检查或由学习小组之间的课代表互查等），并进行记录、反馈。教师要及时掌握学生自主学习的主体情况，了解主要问题及难点等。（检查"学案"完成情况，可以在课堂上进行，但一定要注意时间的掌控，教师可以走入学生中间进行抽查，给以一定的指导。）

（2）合作探究

合作探究主要是要遵循学生能解决的问题教师不讲的理念，发挥"兵教兵"的效应。学生主要针对各个学习环节存在或出现的问题进行研讨、探究，或是根据知识内容结合学生所存在的问题、教师新设计的或再新生成的问题等进行探讨。

在合作探究的过程中，教师要有效掌控课堂教学秩序，让每一位学生能真正融入课堂交流中来，教师走入课堂参加学生的讨论并给以一定的引导或帮助。

（3）点拨归纳

教师点拨是新课堂教学能否取得良好效率的重要保障，更是能充分体现教师课堂教学过程中的主导角色与在该学科知识领域中的主体地位。

教师针对"学案"，筛选出学生在自主学习过程中所存在的共性问题，在小组交流、小组展示等环节中教师要及时收集学生反馈的难点，可以有针对性地进行精讲，也可以提炼生成新的问题进行交流；对学生展示、学生点评以及练习巩固中存在的不恰当或错误进行点拨、补充、拓展、延伸、总结提升。

教师点拨应在前四个环节完成之后，但教师可以根据课堂教学情况，把此环节有机融入课堂教学各个环节之中，包括练习巩固环节，确保教师能始终有效掌控课堂教学。

（4）练习反馈

练习巩固主要是针对预设的学习目标（重、难点）进行检测，对教学内容进行反思和总结。一是当堂检测，主要可以通过课堂提问、课堂练习、课堂检测等。检测题可设基础训练题、中档提高题、拓展或变式思维训练题，问题设置以中、低档题为主且要有一定梯度，供不同层次学生选做。做到当堂测评，当堂达标。二是课后巩固，教师要有针对性地选题，首先要提高习题对本节知识点检测的吻合度和有效性，要适当增加一定量的能力题。其次要注意控制作业量，杜绝搞题海战术。备课组长要调控好学案和课后作业的训练量。

课后检测题，教师要及时进行批阅并收集学生所存在的问题，并及时分析原因所在。在下节课中不是单纯地提问复习，应寻找与下节课知识有效结合点，设置问题进行讨论、探究，提高课堂复习的有效性。

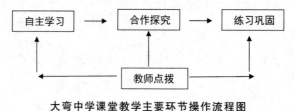

大弯中学课堂教学主要环节操作流程图

大弯中学"341高效课堂"课堂教学评价表

评课人：_____   课题名称：_____   课型：_____

授课班级：_____   时间：____年___月___日

评价指标	评价维度	评价标准	权重	得分
学生学习情况（60分）	自主学习（5分）	及时、自主地完成学案，准确率高。	3	
		预习有深度，能提出有一定价值的问题。	2	
	学习过程（35分）	参与状态：精神饱满，兴趣深厚，学习投入状态良好。	5	
		思维状态：善于思考质疑，能提出个人观点，见解独到，有价值，并引发同学思考。	5	
		自主学习状态：能独立思考，探究问题有主见，能总结提炼学习所得。	5	
		合作状态：组织有序，讨论热烈，同伴协作、帮扶到位，按时完成小组分配的学习任务。	5	
		展示状态：大胆自信，表达简洁，答惑解疑正确，征求意见谦虚。	5	
		交流状态：尊重同学和老师，清晰表达自己观点，耐心听取别人意见，质疑研讨诚恳，评价客观公正。	5	
		主体地位：在学习过程中，学生自主学习时间充分保证。	5	
	学习效果（20分）	知识掌握：快速掌握当堂知识，训练题准确率高，知识目标达成度好。	5	
		方法运用：学会解决问题的方法，形成有效的学习策略，养成良好的学习习惯。	5	
		能力形成：学生发现问题、表述问题、解决问题、综合运用等各方面的能力得到提高。	5	
		情感发展：学生学习过程愉悦快乐，思想情感积极向上。	5	

续表

评价指标	评价维度	评价标准	权重	得分
教师导学情况（40分）	教学设计（10分）	学习目标正确、重难点恰当，关键问题把握准确，能根据学习内容合理使用教学资源。	5	
		教学设计实用，体现教学要求；问题有梯度，适合不同层次学生需求，评价及时、客观。	5	
	课堂活动（25分）	注重情境创设、兴趣激发，学习目标呈现清晰。	5	
		及时整理提炼学生生成的问题；适时、适度指导学生的学习活动，矫正纠错、提炼总结，体现智慧型指导。	5	
		指导学生当堂落实问题训练，且学习效果良好。	5	
		课堂环节落实到位，衔接紧凑，时间调控合理，按时完成学习任务，教师用时比例较少（不超过15分钟）。	5	
		评价适时恰当，激励性、指导性强，能充分体现教师指导作用。	5	
	个人素质（5分）	教学基本功扎实，知识储备足；能亲近学生，关爱、尊重学生；满足不同层次学生的学习需求；有一定的教学智慧。	5	
总体印象		总分	100	

3.清泉学校：专注课堂，构建"一驱四环三阶递进"高效模式

成都市青白江区清泉学校探索实施"体悟式教育"，历经十一年探索和实践，形成了一套以学生为中心、教师为主导的"一驱四环三阶递进"课堂教学模式，该课堂模式的基本教学方式为"一导三学"，在长期的课堂教学中得到优化与完善，并有效促进了学校教学质量逐年稳步提升，为铸就区域品牌、建设省市一流乡镇九义学校奠定了坚实基础。

（1）模式解读

"一驱"是指问题驱动，即以高质量的问题来驱动学生的好奇心、求知欲和探究欲，以高质量的问题来驱动学生的体验、领悟和实践。"四环"是指教学的四个核心环节：体验、深究、领悟、活用。"三阶"是指经验水平、理解水平和实践水平三个学习层次，就是引导学生依次从经验水平提升到理解水平和实践水平。

（2）一导三学

"一导"：指教师引导。体悟式教学讲究教师引导与学生主导达成平衡，课堂教学在以学生为主体的前提下，教师的引导作用不能被忽略。教师的点拨需要讲究技巧与方式，应该具有较强的启发性，引导学生去思考和探究，而不是直接给出结论。

"三学"：即在教师引导下的"体验性学习、探究性学习、反思性学习"，体悟

式教学中构建新型学习方式的高度概括。这是基于对体悟式教学"元认知"理论的具体理解和运用，即在各个学习环节中激发学生内在学习潜力，最终以自身领悟的方式达到学习和提升的目的。

体验性学习：是学生最基本的学习形式，是指学生在教师创设的教学情境中，或生活实践活动过程中，通过反复观察、实践、练习，对情感、行为、事物的内省体察，最终学到知识，掌握某些技能，养成某些行为习惯，乃至形成某些情感、态度、观念的过程。

探究性学习：指学生在学习过程中选取某个问题作为突破点，通过质疑、研究、分析、研讨等探究学习活动获得知识的过程，体现在教学过程的各个环节当中，其最大的特点是学生的自主参与，在自发的学习动机的基础上，去感受学习的过程，通过亲身体验与探究从而得到需要的结果。

反思性学习：是通过对学习活动过程的反思来进行学习，反思是对自己的思维过程、思维结果进行再认识的检验过程。它是学习中不可缺少的重要环节。反思可以发生在整个学习过程中的任何一个环节，以便及时检验学习的有效性，及时调整学习状态和策略。

（3）小组合作

清泉学校构建了一套较为成熟的小组合作学习模式，在体悟式教育理念的倡导下，以小组为单位进行合作学习，不仅能突出学生的主体地位，培养主动参与的意识，激发学生的求知欲，也能为学生提供一个较为轻松、自主的学习环境，提高学生创造思维的能力，真正做到让学生在体验中学习，在学习中领悟，从而实现我们的体悟式教育的理念。

（4）持续推进

①完善制度，层层落实

制定了《清泉学校"生动有效课堂"管理及评价制度》，学校根据年级组、教研组开展活动的情况和课改取得的成果，将其纳入绩效考核，以激励老师们参与的积极性。

②科研引领，提炼升华

区级课题《农村初中课堂教学有效性的实践与研究》、市级课题《义务教育阶段道德与法制课中的体悟式教学策略研究》《"实践育人"课后服务校本课程体系建设实施路径探究》、省级课题《基于数字化实验培养农村初中学生探究能力的实践研究》，将课堂作为研究的主要阵地，引领课堂改革持续推进。

③强化培训，提升认识

根据学校制订的教师培训方案，近年来学校先后十数次组织了近百名教师到省外培训学习，深化了老师们对课改的认识，使课改进程得到加快，由最初的模仿，到逐步创新，再到与"体悟式教育"的深度融合，凸显了学校的办学特色。

④立足实践，活动推进

课改的进展不是一帆风顺的，学校经历了曲折与坎坷，经历了苦闷和徘徊，最终在坚持，在前进。回顾课改的推进历程，主要采取活动推进的策略，如编制"一导三学"读本、构建小组合作学习模式、开展课改研讨会、开展学月主题活动等，鞭策师生不断发现问题解决问题，终于取得了好的成效。

（5）初见成效

①"一导三学"读本日臻完善，得到了上级领导和同行专家们的肯定。

②小组合作学习模式基本成型，各班形成独具特色的课堂评价机制。

③构建了"一驱四环三阶递进"课堂教学模式，体悟式教育理念得到了广大师生认可。

④转变了绝大部分教师的教学观念，老师们尝到了课改的甜头。

⑤课堂教学效益得到提升，学校教学质量逐步提高，名列全区前茅。

"一驱四环三阶递进"教学模式建构了开放的、充满生命力的课堂。近几年，学校中考一次合格率逐年提升，学困生率大幅下降，重点率连年名列同类学校前茅，并四次成为全区中考状元校，学校连续多年被评为成都市教育科研先进单位和青白江区教学工作先进单位。

课改之于清泉，正如风雨之于春天。深化课改，犹如春风吹拂，春雨浸润，让独具清泉特色的课堂教学模式在这和风细雨里生根、发芽，带来春日里的无边光景。

清泉学校"体悟式教育"课堂评价标准

评价阶段	具体环节	评价内容
课前准备	教学目标	1.目标明确，符合课标要求，符合学习内容和学生实际，目标描述具体并可观测； 2.根据学习内容和学生实际准确描述教学重点和难点。
	教学设计	1.流程清晰（一驱四环），学科特色鲜明，教学结构完整，教学方法科学合理； 2.突出问题探究，关注面向全体，关注个性，符合学生学情； 3.体现信息技术环境下学科教学特点，符合教学设计要求； 4.确保学生深度参与、体验、探究学习的时间不低于20分钟。
教学过程	情境导入	1.导入简洁有趣，铺垫得当引发思考； 2.衔接过渡自然，紧扣学习主题。
	自主体验	1.围绕学习问题，独学对学群学，专注度高； 2.深入思考，大胆质疑，生成新问题。
	合作探究	1.组织科学合理；讨论积极深入； 2.师生、学生互动气氛融洽；学生参与度达80%以上。

评价阶段	具体环节	评价内容
	展示点拨	1.学生展示积极，有思维的深度，敢于质疑。参与面达80%以上； 2.教师点拨及时，语言精当，激发思维，引发学习愿望； 3.突出问题与重点，贯穿学法指导； 4.充分利用各种课程资源，多媒体使用恰当合理。
	活用拓展	1.知识归纳简明系统，规律总结明了科学； 2.巩固训练针对性强，目标达成当堂见效； 3.分层练习学有所得，学生掌握率达95%以上。
	资源使用	1.应用媒体和资源创设情景，呈现教学内容，突破重难点，激发学生兴趣，启迪思维； 2.应用媒体和资源强化基本训练，拓展学习内容、空间，培养学生实践能力、创新思维能力； 3.方式生动、新颖、有效。

4.实验小学：全新构建"创·心"课堂评价体系

成都市青白江区实验小学在新的文化理念体系框架下，围绕"创·生"课程的教学实施，全新构建了一套"五心课堂"评价体系，"五心"分别是：动心、专心、齐心、开心、润心。"五心课堂"评价体系充分关注了课堂上老师"教"和学生"学"的情况，从教学设计、环节过程、课堂氛围、师生表现（听、说、思、练、评等）、教学效果等方面全方位地进行评价。

实验小学"创·心"课堂教学评价表

青白江区实验小学"五心课堂"教学评价表		
（请把选项后的☆涂上颜色，涂上全部表示做得最好）		
五心维度	评价内容	评价星级
动心	1.能从教学目标出发，创造性地设计适合儿童身心发展特点的活动与内容； 2.学生能感受到教师的个人魅力，课堂氛围融洽，学生有较高的学习兴趣和探究欲望。	☆ ☆ ☆ ☆ ☆
专心	1.教师组织教学能力强，教学目标明确、具体，有层次、有梯度、重难点突出； 2.学生参与度、专注度高，有解决问题的意识与能力，能较好地掌握本节课的教学内容，学科素养得到提升。	☆ ☆ ☆ ☆ ☆
齐心	1.根据课程要求设计适切的小组活动，并有效组织实施； 2.学生在小组合作中积极参与、团结协作、悦纳他人、勇于表达。	☆ ☆ ☆ ☆ ☆

青白江区实验小学"五心课堂"教学评价表		
(请把选项后的☆涂上颜色，涂上全部表示做得最好)		
五心维度	评价内容	评价星级
开心	1.课堂氛围融洽，有师生、学生间的思维碰撞与生成，对学生多鼓励性的正向评价； 2.学生在课堂中有愉悦的情感体验、有学习的成就感、乐于分享。	☆ ☆ ☆ ☆ ☆
润心	1.教师注重对学生心灵的陶冶、思想的引领和文化的浸润； 2.学生能形成积极的情感、态度、价值观。	☆ ☆ ☆ ☆ ☆

【课改实践】实验小学：创新课堂结构，助力高质量课堂
——讲好"创·心"故事、构建"五心课堂"

2023年12月27日，实验小学语文组开展了"创心课堂、人人有招"，讲好"创·心"课堂故事分享交流活动，旨在帮助广大语文教师更好地理解"创·心"课堂，改进课堂教学方式，提高课堂效率，真正在课堂上落实"动心、专心、齐心、开心、润心"。

各组代表上台交流本教研组在"五心"课堂构建中的做法。郑兰燕老师从激励机制与学习情境的营造两方面，介绍了一年级组构建"五心"课堂的做法，郑老师以《秋天》一课为例，生动地讲述了班上孩子在自己的鼓励下，有了积极思考，主动探究的学习热情，郑老师言语中对课堂，对学生的爱，赢得了老师们热烈的掌声。刘可心老师结合识字、写话教学，紧扣"五心"课堂标准，从教学的点滴中介绍了二年级组的做法。田琼容老师从单元教材出发，围绕理念、教学方式的更新，交流了三年级组在促进"五心"课堂落地的方法。徐婕老师以《陀螺》这篇课文的教学设计为例，介绍了如何紧扣课后习题，设计相应的活动，让学生真实参与，在落实语文要素的同时，构建"五心"课堂。陈晓霞老师从"创新板书·创心课堂"介绍了教研组在第八单元的教学中，运用图示呈现、整理信息以及板书让学生的思维可视化，优化学生学习方式，让学生在课前动心，课中专心、齐心、开心，课后润心。林玉蓉老师结合组内陈丽老师的教研课《伯牙绝弦》，从课堂的两大板块帮助学生厘清学习的思路，到设计有层次、有梯度的活动，和学生一起经历学习的过程，让学生充分感受到高山流水的深意，层次分明地介绍了如何构建"五心"课堂。

陈晓霞老师在总结中提出，讲好"五心"课堂的前提是上出"五心"好课，上出"五心"好课的前提是课前教研组集众人之智，备好课，并根据各班实际情况做好调整；上出"五心"好课还需要我们实小的每一位语文人在课堂上保持对教学的热情和对孩子的爱。

5.巨人树幼儿园："五美"课程评价创新

成都市青白江区巨人树幼儿园课程评价是评价者基于一定的价值观与评价标准，运用科学的方法与工具，收集和分析相关信息，对幼儿园课程及其构成要素的价值、适宜性、有效性作出判断的过程。

（1）评价原则

发展性：课程评价的目的着眼于课程改进与幼儿发展；

多元性：课程评价以幼儿自评为主，多元主体协同参与；

客观性：课程评价过程客观、真实，评价方法定性与定量相结合；

适宜性：课程评价的结果需要科学的分析、合理的解释，使其得到切实、恰当的使用。

（2）评价内容

依据课程评价的四原则，采用标准化工具与非标准化工具相结合的形式，主要从幼儿发展、教师课程实施、幼儿园课程方案三大板块进行评价。

（3）分项评价的说明

①幼儿发展评价

巨人树幼儿园根据《纲要》《指南》中幼儿培养目标以及华东师范大学出版社出版的《幼儿发展评价指南》中幼儿发展评价等方面的内容，作为对全园幼儿的评价依据。主要采用观察记录、调查任务单、个案故事、成长档案袋等形式收集幼儿发展的信息，及时给每个幼儿做全面的评价和分析。

②教师课程实施评价

教师作为课程的开发者和实践者，既是评价主体，又是被评价的对象，是双重身份。对教师的评价采用自评与他评两种形式来评价教师对课程的理解与执行能力。在他评中，教师通过现场观摩活动、教学研讨、课程案例故事、各类比赛等多种途径对同伴展开评价。而教师自评中，借助教师教学活动评价表、教师专业发展评价表、教师课程实施自评量表，帮助教师更好地自我反思。

③幼儿园课程方案评价

幼儿园建立课程领导小组，并形成工作制度。课程领导小组，每学年根据幼儿发展评价、教师课程实施评价以及家长对相关工作反馈、专家指导意见等，对本幼儿园课程方案进行全面回顾与梳理，针对问题进行积极商讨并提出有效改进措施，力求让"五美"课程更具科学性、适宜性和操作性。

④评价量表

a.教师教学活动评价

巨人树幼儿园"五美"课程教师教学活动评价表

一级指标	二级指标	评价等级		
		A	B	C
内容选择	内容选择和主题关联性强，来源于幼儿的兴趣和发展需要。			
	内容选择符合幼儿的年龄特点，并和该领域核心经验相符合。			
活动目标	活动目标符合课程理念，并和主题目标、年龄段目标及课程目标相吻合。			
	目标制定全面，能够关注知识技能的获得，情感态度、能力习惯的培养。			
	活动目标表述具体，符合儿童当前的发展水平。			
活动准备	教师使用的教具富有创意，能引发儿童兴趣。			
	支持儿童学习、操作的活动材料丰富，能满足所有儿童操作的需要。			
	尽可能提供真实、自然的操作材料。			
	重视儿童活动前的调查和考察活动，做好充分的经验准备。			
活动设计	活动设计有情境、有童趣，适合本年龄段幼儿的年龄特点。			
	环节架构合理，活动流程转化适宜，能围绕目标达成展开。			
	活动难点预设合理，突破手段多样且有效。			
	关键性提问预设合理，具有针对性、开放性、探究性和挑战性，能引发儿童积极主动思考。			
	教学方法符合儿童的学习方式和特点，并能关注儿童的差异性。			
活动组织	能根据教学现场儿童的情况对原设计方案做微调。			
	能注意观察和倾听幼儿的表现，关注幼儿生成的需要。			
	活动中的小结提升简洁、清晰，适合儿童理解，有助于儿童形成相关经验。			
	对活动过程中儿童表现出的优良学习品质，及时给予肯定。			
活动成效	活动的目标达成度较高，助推儿童形成新的经验。			
	儿童参与活动的积极性高，大部分幼儿能专注于活动。			

b.教师专业发展互评

巨人树幼儿园"五美"课程教师专业发展他评量表

被评教师姓名：_____　　所在班级：_____　　评定日期：_____

评价项目（权重）	要素	评分	小计
思想品德工作态度（15%）	1.事业心、责任感、积极性		
	2.对幼儿的态度，教育思想		
	3.品德修养		

续表

评价项目（权重）	要素	评分	小计
知识能力 （30%）	4.一般文化知识		
	5.幼儿教育理论		
	6.专业知识技能		
	7.沟通表达能力		
	8.组织教育能力		
	9.观察了解幼儿能力		
	10.玩教具制作与使用		
	11.自学创新能力		
工作量 （10%）	12.出勤情况		
	13.工作量		
工作质量、 成绩与效果 （45%）	14.计划的制订与执行		
	15.执行作息制度与常规		
	16.环境创设与利用		
	17.组织开展教育活动		
	18.班级人员之间配合协调		
	19.教育效果		
	20.经验总结与研究成果		
突出特点 与突出表现			

备注：根据教师日常的活动组织情况、实际工作业绩等进行综合评价，每项可评3~5分；评出分数后，再进行加权计算。满分为100分，有突出表现可加分。等级评定：优秀（90~100分），良好（80~89分），及格（60~79分），不及格（60分以下）。

c.教师课程实施自评量表

巨人树幼儿园 "五美" 课程教师课程实施自评量表

评价细则		自我反思 （在相应处画 "?"）	
		是	否
活 动 目 标	根据课程总目标以及不同维度分目标准确制定教育教学目标。		
	设计思路有逻辑性，涵盖认知、技能、情感多方面。		
	目标的设定建立在对幼儿的实际需要和现有发展水平了解的基础上，且高于幼儿现有水平。		

续表

评价细则		自我反思 （在相应处画"?"）	
		是	否
活动条件	围绕教育内容准备设备、材料，并为儿童创设、提供充分参与和交流的条件和机会。		
	教育的内容选择切实可行，适合幼儿的发展需要。		
	教育教学过程的设计能引发幼儿生动活泼、积极主动地参与活动，促进幼儿自主探索与思考。		
	关注和肯定每个幼儿的努力和进步，理解、接受幼儿的表现，允许幼儿保留自己的学习方式与速度参与活动。		
	教育教学活动既符合大多数幼儿的发展水平和需要，又顾及幼儿个体差异，使每个幼儿都有进步和成功的体验。		
活动氛围	引导方法符合幼儿活动的特点与学习的特点。		
	关注幼儿与环境材料、幼儿与同伴之间相互作用的过程。		
	在观察的基础上，作出恰当的判断，并及时、积极地与幼儿互动，以有效地促进幼儿的发展。		

d.幼儿园园本课程建设评估标准

巨人树幼儿园"五美"课程建设评估标准

一级指标	二级指标	评审标准	分值	自评分	考核分	总分
课程设计（10分）	课程定位	符合在园幼儿的年龄特点和认知水平，有准确的背景分析与合理的依据。课程目标明晰，结构清晰，课程定位体现因材施教思想，为每个幼儿提供适宜教育，促进幼儿全面而又有个性发展。园本特色课程与审定课程课程设计互补、衔接得当。				
课程内容（20分）	课程特色	传承、弘扬幼儿园文化，彰显办园特色；满足幼儿不同的发展需求，制定符合幼儿园实际的园本课程特色纲要，目标和举措切实可行；充分体现课程的独特性、可持续性。				
	内容选取	依据办园特色和幼儿需求选取教学内容，课程内容选取科学、合理，体现幼儿园、教师、幼儿、家长等多主体参与的共建过程。				
	内容组织	课程内容的组织框架合理，遵循幼儿的年龄特点和学习特点，有梯度、有分层。				

一级指标	二级指标	评审标准	分值	自评分	考核分	总分
课程实施（30分）	课程资源	课程纲要、计划、教案、课件、案例、音频视频资料课程资源等资源丰富，与课程相配套。				
	组织形式	根据课程内容、幼儿特点，灵活选用集体教学、区域活动、场式体验活动等不同形式组织活动，充分调动幼儿的学习主动性和积极性，幼儿自主选择、乐于参与。				
	课程环境	整合社区、家长、社会等多方面资源，创设能促进幼儿良好学习的园内外课程实施环境，凸显课程特色。				
	实施保障	有充足的物质和时间保障，如活动场所和材料、活动实施时间。				
	课程研究	能对课程实施过程中产生的问题，作出及时研讨和课程研究调整。				

（五）反思增进：学校发展的自我革命

中小学名校培育学校反思增进的主要目的是提高教育质量，培养优秀的学生，帮助他们实现综合素质的全面发展。关键是要从学生的综合素质发展出发，改进选拔机制、创新教学方式、提供丰富的课外活动、加强师资队伍建设以及关注学生个性发展，这样才能实现名校培育学校的教育目标，为学生的成长和未来的发展打下坚实的基础。

"名校建设"推进中，作为名校培育的五所学校都分别结合自身情况做了实践反思，为下一步增进工作做了相对应的计划，对未来学校进一步的建设发展进行了思考。

1.大弯小学

反思：

值青白江区实施教育 "三名工程" 之际，大弯小学整体都有大的发展。但站在学校发展 "美育特色" 角度来看，还存在很多不足：部分教师的专业素养和研究能力有待提高； "美育品牌学校" 在全国影响力还不够；美育课程、美育文化还需要进一步梳理清晰，学校原有 "一体三维" 美育课程系统还需要逐步优化，使课程体系更为完善。如何有效融合学校文化、课程体系及视点结构 "6环节+"的至美课堂，还需要借助专家之力，逐步完善。

学校今后进一步提升的思路：

（1）进一步加强党组织对学校工作的全面领导

坚持和完善党组织领导下的校长负责制，加强校领导班子自身建设，落实全面从严管党治校责任，为办学治校、教育教学、师资培养提供坚强政治保证。特别是"三会一课"的常态化开展，将党建、队建、师德教育进行深度融合。

（2）不断完善现代学校制度

学校将进一步构建学校、家庭、社会之间的新型关系，落实学校办学的主体地位，优化学校内部治理结构，健全学校民主管理机制，努力实现学校决策的科学化、管理的民主化、办学的规范化、监督的多元化，促进学校内涵发展、特色发展和可持续发展，为全面提升育人质量提供坚实的制度保障。

（3）做好素质工程建设，提升教师队伍综合素质

积极推进教师队伍师德师能建设，通过抓好各层面学习，举办各种培训讲座、教师沙龙、读书活动以不断提升教师的综合素质。

（4）落细落实"五项管理"和"双减"工作

提高作业管理水平、提高课后服务水平、提高教育教学质量、加强"五项管理"等方面，进一步加强实践探索，为学生提供更为广阔的发展环境，更好地满足学生个性化发展的需求，促进学生的全面健康成长。特别是结合学校美育课程将学业发展与学生发展相融合，在阅读和社会实践上拓展空间，培养综合素质过硬的接班人。

（5）加强家、校、社协作，做好校园周边治理

积极主动与街道和城管、治安部门沟通，争取多方支持，加强安全治理，让校园周边环境更加美好。

在未来，大弯小学将坚持"文化兴校"、"课程强校"的发展理念，凝心聚力、砥砺前行，建立起良好的教育生态，将学校办成让人民满意的至美学堂！

2.大弯中学

反思：

大弯中学高位求进，一直致力于追求特色发展，"生态教育"涵盖学校方方面面，校本课程内容广泛，但全体系建设是一个漫长和与时俱进的过程，不是一蹴而就的；制度建设也是有一个逐步完善的过程，一项制度的出台有一个产生、实践、优化完善的流程，尤其是有些制度需要充分地论证才能完全落地。

今后进一步提升的思路：

（1）进一步丰富完善大弯中学"生态教育"课程体系，将课程建设与课堂重构统一整体考量，让课程更接"地气"，让课堂回归以"人"为中心，形成"科学、高效、生态"的、"五育融合"的课程体系和课堂模式。

（2）按照发展规划，以"生态教育"课程模式构建为载体，狠抓干部队伍和教师队伍建设，打造一支专业敬业、高效务实、和谐奋进、创新进取、勇于担当

的师资队伍，为实现学校高质量特色发展目标提供坚强支撑。

（3）以"适佳文化"为内核，完善学校生态德育体系，构建书香校园，创设优美的育人环境。

3.实验小学

借青白江区"三名工程"之机，实验小学秉承"示范引领、优势互补、协同发展"的宗旨，以"办好人民群众满意的教育"为核心目标，正驶上发展快车道，通过特色办学、专家治校办学方略，开拓了一条探索未来教育的发展之路，为区域教育整体提升提供实验创新样本。

反思：

（1）虽然学校围绕"实验小学"的特点全新构建了文化体系，但还需提高师生和社会的认同度。

（2）虽然学校全新构建了突出"实验小学"特点的"创·生"课程体系，但还需逐步丰富和完善，跨学科融合校本特色课程的研究和开发需加大力度，课程实施的制度规范需进一步落到实处。

（3）名校建设永远在路上，而队伍是最重要的；教师队伍的梯队建设工作永远在路上，教师的教育理念还需进一步更新，相应的配套机制需进一步完善；现代学校制度建设永远在路上，相关机制与制度需优化完善。

学校今后进一步提升的思路：

（1）在内涵发展的同时，借"三名工程"进一步改善学校硬件设施设备，推进校园数字化建设，提升"创·美"场域功能，不断提升学校办学档次。

（2）进一步规范内部治理，通过进一步优化学校管理体制、促进规章制度落地，强化管理职能和过程监督，提高管理决策的科学性和有效性，推动学校治理水平的提升。继续加深文化认同，持续做好顶层文化解读，通过教职工大会、教学常规管理、课题研究、教研活动、家长会等自上而下，从理论到实践，将顶层文化及理念融入学校德育、课程、课堂和活动的开展。

（3）坚持文化立校，凸显"实·创"教育品牌

——从学校文化深植"实·创"教育。围绕"实·创"教育理念，夯实"实·创"品牌引领，通过软硬件工程优化学校办学环境条件，通过制度文化优化管理，通过精神文化使师生和家长在工作学习中以实干实效为基，以创新创先为目标形成共同的价值观。

——从教学理念、教学模式上推进"实·创"教育。继续完善升级"创·生"课程体系，通过"创·力"教研和五心课堂评价的推进，加强重点课题的研究，形成以语文大单元、数学实验、跨学科主题学习、科技创新等学科特色的教学模式，构建学校"实·创"教育的学生培养模式，推进师生评价体系的完善，凸显"实·创"品牌内核。

——从德育常规和德育活动上落实"实·创"教育。梳理并构建"创·行"德育课程体系，通过常规活动的落实和系列活动的开展，进一步推进"创·联"校家社建设工作，形成特色德育品牌。

——从"实·创"教育理念出发，提炼、开发校本课程。利用现有学校资源和特点，围绕科技创新、教育国际化、舞风舞蹈等项目开发校本课程，完善"创·生"和"创·行"课程体系。

——加大对外宣传，扩大"实·创"教育品牌影响力。坚持以学校办学理念为指导，深入挖掘学校文化，以教师发展、学生成长、家长和社会参与为主线，以学校微信公众号、青白江教育发布、i青白江、成都市教育局微信公众号等为主要平台，以学校各类特色活动为主要宣传内容，以图文、视频为主要宣传形式，以提升全体教师尤其是管理团队的宣传意识为主要措施，系统推进对外宣传。

4.清泉学校

反思：

"泉文化"体系需要进一步完善和固化，师资队伍建设依然存在短板，缺编、学科不配套、名优教师偏少，学校整体教学质量有待进一步提高，学校法制教育特色的内容与空间还比较有限。

根据校园文化开发校本特色课程，全面构建"体悟式教育"课程体系，需要逐步构建以"体之以身，悟之以心"为核心理念的"一驱四环，三阶递进"的特色课堂教学模式，进一步提高教学质量；还需加大专家引领，加快促进学校的课程建设和课堂改革，推进学校的校本课程开发，并健全和完善学校课程教学评价体系。

学校今后进一步提升的思路：

（1）强化德育管理。要深化德育理念，明确德育目标；探索德育方法，丰富德育内容；强化德育队伍，提升德育水平；创新德育评价，促进德育发展，加强家校合作，共筑德育环境。

（2）进一步加强队伍建设。通过多种路径方法壮大名优教师队伍，促进教师专业成长；加大校本课程资源研发力度，强化过程评估与反馈机制，形成良好发展氛围。

（3）提升成果培养意识。持续推进课改，进一步将课改作为学校核心研究课题，增强科研课题成果意识，提升课改的实效性和创新性。

（4）提升国际化程度。加强国际交流与合作，引入国际化课程和教育资源，培养学生的全球视野和跨文化交流能力。

5.巨人树幼儿园

巨人树幼儿园作为青白江区首批名校培养对象，几年来各方面工作取得了显著的成效，实现了园所的高质量发展。在"树人文化"的引领下，幼儿园已形成"名园+新园+乡镇园+山区园"一园八址的办园格局，按照"集团引领，园所自主，部门联动"的三级分层管理模式，促进每个园所特色发展、内涵发展，各分园构建独属于本园基因的园所文化特色，已初步呈现"一园一品，美美与共"的良好发展局面。

反思：

（1）"树人文化"核心内涵需进一步解读精准，围绕"树人文化"进一步丰富和优化完善园本特色的五美课程是需要深度思考的一个问题。

（2）幼儿园现为一园八址，从集团园到各个园点，再到各个班级，如何进一步构建三级课程建设框架，并加强相应的师资队伍建设，需要逐步优化完善，形成科学可行的落地思路。

今后进一步提升思路：

（1）结合《青白江区巨人树幼儿园"十四·五"发展规划》，深化"树人先锋"党建品牌，强化政治引领，筑牢发展根基；夯实思想基础，引领发展方向；构建组织文化，塑造良好形象；树立新风正气，凝聚奋斗力量；倡导廉洁文化，维护公平正义。

（2）文化润心，全方位育人。继续以"树人文化"为统领，深化集团各园所的园所特色建设。完成园所顶层文化话语体系完整表达，通过环境彰显文化、课程融入文化、活动承载文化等形式，让文化内涵深入人心，沁润滋养童心。

（3）深入实施"品牌强园"工程，进一步扩大巨人树幼儿园品牌影响力，多渠道、多维度宣传推广办园经验，不断扩大幼儿园在更广阔范围、更高层次平台的影响力。

（4）强化内控，加强现代学校制度建设，完善制度体系，进一步实现内涵发展。

（六）搭建平台，提升学校品牌和影响

1.主办、承办高品质学术研讨会

【活动报道1】AI赋能教学智慧，数字驱动教学变革

——AI赋能的数学教与学数字化专题研讨活动

主办学校：成都市青白江区实验小学

灼灼银杏叶秋黄，暖意正浓聚实小。

2023年12月7日—8日，来自全国各地的专家学者齐聚成都市青白江区实验小学，开启为期两天的教育部"基于教育改革、融合信息技术的新型教与学模式"实验区研讨系列、2023年国家级信息化教学实验区展示交流系列活动之"AI赋能的数学教与学数字化专题研讨活动"。本次活动为期两天，研究课、暖场节目、领

导致辞、专家报告、课例点评、主题分享、圆桌论坛等让与会者收获颇丰。

7日上午的活动由实验小学副校长薛原主持。实验小学北区分校教师发展中心主任温庆和本部六五班的同学们首先为参会的老师带来了研讨课《车轮为什么是圆的》。

本节课从"趣中学""做中学""用中学""悟中学"四个环节为我们展示青白江区实验小学网络画板赋能的"致性创享"四环节教学模式。其创新之处在于借助网络画板将"数学实验"植入课堂的"做中学"环节，实现"数学实验"从实物感知到数字探究的变革。课堂上孩子们围绕着"为什么轮子是圆形？"和"轮子一定是圆形吗？"两个核心问题展开大胆猜想、实验探究、思辨讨论。网络画板以其强大的交互功能和直观动态的优势，将孩子们的思维过程直观地呈现出来，两个看似矛盾的数学问题却因为条件的变化完美地统一起来，孩子们的发散思维和思辨能力得到了提升。

首都师范大学科技处副处长、博士生导师张玉虎和成都市教育科学研究院中心副主任陕昌群分别为活动致辞。他们充分肯定了作为实验区的青白江区在数学教与学数字化方面取得的创新成果，高度赞扬了作为实验区龙头学校的实验小学在实验过程中的担当。

北大附中特级教师王鹏远，首都师范大学教育学院教授方海光带来了精彩的专家报告。实验促改革，创新促发展，与会者深刻地认识到网络画板的运用为信息技术在数学教学活动的应用提供了又一个新的方向。

最后，中国科学院院士张景中进行了课例点评。张院士细致剖析两节课运用信息技术辅助教学，在促进学生数学思维发展的重要作用以及信息技术实现数学教学的变革和创新的积极意义。

本次研讨活动采用线上线下同步直播的形式进行，网上参会的观众突破20万人次。

12月8日上午，与会教师一行30余人到成都青白江国际铁路港、青白江区实验小学陆港分校进行一带一路参访活动。在实验小学陆港分校的参访中，到访的专家与实小陆港的孩子们一起在电子书法教室里进行了一次书法课的交流与互动活动。自然融洽、其乐融融的课堂氛围为到访专家留下深刻的印象，同时也为此次活动画上圆满的句号。

【活动报道2】学术年会搭台，展示课改成果
——成都市九年一贯制学校教改课堂观摩暨2023年学术年会
承办学校：成都市青白江区清泉学校

清泉初冬万瓦霜，扶摇借力似春光；枫叶欲残看愈好，梅花未动意先香。在百舸争流、千帆竞发之际，为深入推进成都市教育综合改革，促进九年一贯制学校教育高质量发展，提升全市九年一贯制学校教育教学水平，2023年12月21日，成都市教育学会九年一贯制教育专委会在成都市青白江区清泉学校举行成都市九年一贯制学校教学改革课堂观摩暨2023年学术年会。

成都市青白江区教育局党组成员、研培中心主任王晓斌先生，成都市教育科学研究院党委委员、副院长卿子俊先生，四川省教育学会副会长、秘书长吉文昌先生依次对本次活动做出了精彩致辞。四川省教科院九义所所长，省特级、正高级教师何立新先生因参加其他会议不能莅临现场，特发来贺信。清泉学校校长钟德强上台做《百年峥嵘流光又溢彩，栉风沐雨而今再出发——清泉学校特色建设实践探索》的汇报。钟德强校长从学校概况、党建工作、德育工作、依法治校工作、文化建设工作、课程建设工作、课改工作等方面介绍清泉学校特色建设实践探索情况。本次学术年会还邀请到中国教育科学研究院原教育改革发展所副所长兼《教育文摘》副主编吴景松博士，为我们做题为《数字化时代高质量教师队伍建设——基于教育转型升级的视角》报告，他强调数字化时代高质量教师队伍建设，强调AI技术在教育教学中的应用。

下午的活动一共分为两个部分：评课议课交流活动和义务教育阶段学校高质量发展论坛，由青白江区人民政府副总督学吴红丽女士担任主持。在评课议课交流活动中，上午执教曾红梅老师和杨云南老师分别就自己内容的教学设计分享给大家。成都大学教授、四川西部教育研究院院长陈大伟先生，大弯小学校长肖洪先生，金牛区行知小学正高级教师、四川省特级教师杨薪意女士，大弯初中学校语文老师刘茜，成都市教科院原中学所副所长兼中学语文教研员王秉蓉女士分别就曾老师和杨老师的课程做出专业、精准、深刻的点评。他们既肯定了两位老师在"体悟式"教学实践上付出的努力，又指出了存在的不足及改进方法。在场的听众都叹为观止，受益匪浅。

义务教育阶段学校高质量发展论坛以围坐交谈的形式进一步展开。在成都市青白江区人民政府副总督学吴红丽女士的主持下，来自成都市义务教育阶段8所不同学校的名师名校长围坐在一起，围绕"双新"背景下各学校在课程建设课堂改革上的实践探索的主题深入交谈。他们从师资培养、优质资源引进、作业设计、教学管理制度等方面分享自己学校的经验。在场的领导和老师深受启发。

最后，成都市教育学会原副会长、享受国务院政府特殊津贴专家、四川省特级教师、四川省优秀校长王明宪先生和成都市教育学会九年一贯制教育专委会主任于建先生上台做了学术年会论坛总结。王明宪校长向大家强调了对九年一贯制学校办学研究的深化，希望大家在培养目标、德育活动、师资队伍等方面要有九年一贯的设计，从而充分发挥九年一贯学校的优势。成都市教育学会九年一贯制教育专委会主任于建先生充分肯定了一代教师的专业成长，并对东道主清泉学校表示由衷的感谢。

【活动报道3】基于学生发展的生态课程整合与创生
——大弯中学举办2021年学术年会

为推动学校教学研究工作深入发展，持续推进生态高效课堂建设，倡导"以生为主"的教育理念，凸显学校"生态教育"办学特色，深化基础教育改革，2021年12月15—17日，在成都市大弯中学隆重举办了大弯中学2021年"基于学生发展的生态课程整合与创生"学术年会。本次活动在赵泽高校长的致辞中正式开始，赵校长在开幕词中，提到在今后的日子里，学校将继续践行"尽性化育、自然天成"的理念，坚持"生态教育 高效课堂"，致知于行，希望教师们在不断地研讨和教育实践中，把握新课改发展机遇，共同研习交流，开启大弯中学教育的新篇章。

12月15日，各教研组的优秀成果展示拉开帷幕。各教研组长带领老师们，整理收集了一年来优秀的教学成果、科研作品、荣誉证书等，将丰富的教学经验和先进的教学理念通过视频、文字、图片等进行展示分享，促进共同进步。

12月17日，四川西部教育研究院常务副院长周晓兵陪同成都市教师发展研究所所长袁文等一行专家莅临大弯中学，对9个学科进行了指导，18位老师进行了献课。教师献课之后，省市的学科带头人等专家名师对展课内容进行点评交流，各学科所有教师结合新课改一起研讨，分析课堂教学得失。在全国统编教材即将投入使用之时，大家携手同行，研讨交流，共同成长，努力构建轻松高效课堂，提高课堂教育质量，让"新课改 好课堂"在热烈的讨论中落地生根。

2.参观考察与学术交流活动

【活动回顾1】学习拓视野，经验促成长
——大弯中学干部团队到石室中学（文庙校区）参观交流

2022年1月20日，为促进大弯中学名校建设工程，推动学校的文化建设和课程建设，在四川西部教育研究院的协调安排下，大弯中学赵泽高校长带领学校党政干部一行16人到石室中学文庙校区进行了交流学习。

寻石室足迹，品校园文化

首先，石室中学王榕老师向大家介绍了石室沿革碑、锦水文风、沫若园、翰墨石室等校园文化景观。漫步历史，走过学校的历代校名走廊，感受学校浓郁的历史氛围。从庭院四合的仿汉建筑，到彰显艺术风情的楹联长廊，从绿荫苍翠的

沫若园到古朴雅致的石室碑林，每一处景都让人仿佛穿越了时空，感受到这所学校源远流长的校园历史、丰富深厚的文化传统、优秀卓越的办学成绩。

走进了石室中学校史馆，用眼神温柔触摸丰硕的文物，用心灵感受涌动的古今文脉。校史馆中石室中学是立体的、传承千年的文脉。

听办学理念、知石室风采

随后，石室中学副校长赵清芳详细介绍了石室中学的前世今生。从"教育史诗，石室传奇""文化积淀，优良传统""品质卓越，成绩斐然""2021年石室中学20个热词"四个方面，分别介绍了石室中学的发展历程、学校文化、办学业绩和管理特色，大弯行政人深刻感受到了石室的文化气度。

这次交流学习，使大弯中学行政人深受启发，吸收宝贵的经验，结合我校发展的实际情况，不断提高办学品质，提升校园文化，做有教育情怀和教育追求的教育人。

【活动回顾2】四川省教育学会美育分会成立大会暨首届学术研讨会

2023年3月9日，四川省教育学会美育分会成立大会在成都高新区电子科技大学实验中学附属小学召开。

青白江实验小学肖洪校长在会上做实验小学"以美育人、一以贯之"美育实践探索经验交流。

【学术交流案例1】2022年全国基础教育学区化集团化办学城市论坛、
广州番禺学前同行交流、成都东部新区2023年幼儿园后备干部培训
学术交流学校：成都市青白江区巨人树幼儿园

2022年11月，巨人树幼儿园罗玲园长受邀参加"2022年全国基础教育学区化

2022年全国基础教育学区化集团化办学城市论坛线上交流

集团化办学城市论坛"，本次论坛为线上线下结合形式，罗园长在线上做了关于集团化办学制度创新与保障机制建设、城乡一体化建设办学的主题发言，获得一致好评。

在"名校建设"过程中，巨人树幼儿园还多次接待了学前教育同行的到访和交流，同时也加强了对本区、本市幼儿园的指导帮扶。

2023年3月广州番禺的学前同行来巨人树幼儿园交流学习

2023年8月，罗玲在"成都东部新区2023年幼儿园后备干部培训"中，作为授课专家进行了《万木葱茏 美好之园——幼儿园环境创设》主题分享

【学术交流案例2】开展教育交流，提升辐射影响
——成都市大弯中学教育帮扶集锦

【媒体报道】 "第八届四川省中小学校园电视评选"校园专题类银奖：
《清潭扬碧波，灵泉润幼禾》

在"名校建设"过程中，成都市青白江区清泉学校产生了巨大变化，无论是学校文化理念的全面梳理，还是学校"体悟式教育"的进一步深化，学校新摄制的《清潭扬碧波，灵泉润幼禾》宣传片于2022年6月在四川电视台科技频道播放，并获得了"第八届四川省中小学校园电视评选活动"校园专题类银奖，对于学校知名度有了进一步的提升。

四川电视台科技频道播放清泉学校宣传片《清潭扬碧波，灵泉润幼禾》宣传学校

（七）反馈进阶：名校培育学校阶段性教育科研成果

1.大弯小学建设成果

（1）《小学数学至美课堂数据化观测平台的开发与实践》获课题研究成果一等奖；

（2）《基于数据化课堂观察的教学行为优化策略研究》获成都市教育科研阶段研究成果三等奖；

（3）《大美育背景下STEAM课程的开发与实践研究》（在研）；

（4）《小学数学课堂教学交互行为分析与教师能力提升研究》（结题中）；

（5）《基于数据化课堂观察的教学行为优化策略研究》（结题中）；

（6）《形神雅美——大弯小学教师形象管理》（已完成）。

2.大弯中学建设成果

（1）《教师评价要关注每一个学生，上好每一节课》成果荣获省教育科研二等奖；

（2）《促进高中语文深度学习的生成式教学行为链设计与实施》阶段性成果获省一等奖市一等奖；

（3）《高中劳动教育课程本土性劳动资源开发策略研究》课题论文获四川省一等奖；

（4）《基于地理核心素养下的高中地理分层作业设计实践研究》获市一等奖；

（5）《基于物理学科关键能力的单元整体教学研究》阶段性成果获市二等奖；

（6）《"一带一路"人文交流背景下多语种外语教学资源开发与实践研究》阶段性成果获市三等奖；

（7）《思政一体化视域下中学生法治意识培养的策略研究》阶段性成果获市三等奖；

（8）《智慧教育联盟视域下高中教师专业发展共同体路径构建》阶段性成果获市三等奖；

（9）《家庭教育如何协助孩子健康上网的研究》、四川省教育学会课题《高中劳动教育课程本土性劳动资源开发策略研究》2022年立项在研；

（10）四川省教育科研重点课题《促进高中语文深度学习的"生成式教学行为链"设计与实施研究》2022年立项在研。

3.实验小学建设成果

（1）市教科院子课题《以脑科学为导向的小学语文阅读思维能力培养策略实践研究》（2022年结题）；

（2）成都市教科院课题《Scratch与学科融合项目式学习达成途径的研究》（2023年结题）；

（3）区级课题《基于自然教育理念下的小学数学AECD教学模式研究》（2023年结题）；

（4）成都市教育技术装备中心市级课题《基于跨学科融合培养小学生计算思维实践研究》（在研）、《基于网络画板数学实验室的小学数学个性化教与学模式的研究与实践》（在研）；

（5）省教育厅课题《百年党史融入小学生理想信念教育途径研究》（在研）；

（6）省教育科学研究院四川省重大课题"1+3+N"高品质学校建设模式成果

推广与应用子课题：《核心素养导向下的学校课程群建设》（在研）；

（7）四川省教育科研重点项目课题、成都市教育科研课题：《任务群驱动的小学语文大单元教学实践研究》（在研）。

4.清泉学校建设成果

（1）四川省（电教馆）教育信息技术科研课题：《基于数字化实验培养农村初中学生探究能力的实践研究》（2021年立项）；

（2）成都市教育科研一般课题：《义务教育阶段道德与法制课中的体悟式教学策略研究》（2023年9月结题），《"实践育人"课后服务校本课程体系建设实施路径探究》（2023年立项）；

（3）教育部教师工作司专项委托课题子课题《区域内数学教师信息化教学实践能力的研究》子课题：《运用网络画板解决初中函数动点问题的研究》（已结题）；

（4）人教社规划课题《基于课程融合的区域课程治理的实践研究》子课题：《九年一贯制学校国学特色校本课程的设计与实施研究》（已结题）；

（5）省统筹城乡教育发展中心规划课题《区域内九年一贯制学校课程融合研究》子课题：《九年一贯制学校法治文化特色课程融合的实践研究》、《数字化建设与理化生学科教学课程融合的实践研究》（均已结题）；

（6）2022年6月，完成学校新宣传片并在省台播出。

5.巨人树幼儿园建设成果

（1）省级课题《学习共同体视域下名园长工作室运行机制建构的实践研究》2021年6月立项；

（2）市级课题《自然主义教育理念下传统节庆文化园本课程建构的实践研究》2021年12月立项；

（3）2021年四川省"立德树人"优秀实践创新案例《走进节庆玩转节庆——以传统节庆文化落实"五育"并举》二等奖；

（4）2022年5月荣获2020—2021年成都市教育科研工作先进单位；

（5）2022年6月《幼儿传统节庆文化教育实践的研究》课题荣获成都市科研成果评选课题类三等奖；

（6）2022年《集团化办园的实然审视与应然选择——以成都市青白江区巨人树幼儿园集团文化探索为例》获得成都市第十八届教育改革与研究论文一等奖；

（7）2022年12月《自然主义教育理念下传统节庆文化园本课程建构的实践研究》获成都市教育科研课题阶段评审二等奖；

（8）2023年1月获得教科研管理2021—2022年度先进教科室表彰；

（9）2023年1月课题《基于自主游戏有效开展的教师专业发展原本路径实践研究》荣获青白江区2021—2022年度教育科研优秀课题一等奖；

（10）2024年5月《走近节庆 玩转节庆》幼儿园传统节庆主题活动课程荣获成都市2023年中小学校（园）本课程建设优秀案例；

（11）罗玲（园长）：2022年3月，专题报告《树人·树魂：以文化助推集团化办园的实践例谈》在广州教育论坛发言获广泛好评；

（12）2022年巨人树幼儿园总园获评幼儿园成都市一级幼儿园称号，2023年巨人树幼儿园祥福分园获评成都市一级幼儿园称号，2024年人和分园顺利通过市一级园评估；

（13）2023年9月，总园顺利通过四川省示范性幼儿园评估；

（14）区级课题《基于自主游戏有效开展的教师专业发展园本路径实践研究》2024年2月结题。

四、名校建设感悟与收获

历经三年来的实践，通过名校建设，让大家得以对标不同学校类型及其发展阶段，分别尝试着基于以下模型的建设和提升，对不同学校的发展起到了较为明显的助推作用。

（一）前沿研究模型：加强关键领域的研究和实践

关注新时代教育高质量发展面临的新任务、新目标，围绕"培养什么人、怎样培养人、为谁培养人"根本问题，加强关键点位的研究和实践，主动抢占办学制高点，实现学校办学转型。其主要领域及关注方向如下：

（1）新时期学校德育架构的完善与优化——内容、方法、途径；

（2）学校课程体系完善——五育并举、五育融合、个性发展；

（3）学校育人模式变革——组织形式、学习方式、检测方法；

（4）教育质量提升与评价改革——综合素养的全面提升；

（5）学校干部、师资队伍锻造——思想引领、示范引领、辐射引领；

（6）现代学校管理制度建设——党建引领、民主集中、内外协作；

（7）学生职业生涯指导——自我认知、职业认知、多元课程；

（8）健康成长监测——学校导师制、家委会、学生议事会。

（二）固本提质模型：夯基固本，提质增效

结合新时代教育高质量发展要求，引领学校对文化及其办学管理的一系列要素进行全面解析和重构，解决问题，大力实践。其主要内容及方向如下：

（1）尝试引进和探索现代学校教育教学管理制度，如学校学部（课程）委员会，定期组织对学校实施的各类课程进行综合评估，提出建设意见。

(2) 邀请省市专家名师进课堂，加强学校听课评课、观课议课、同课异构、微课、慕课等常规教学研究活动，提升课堂教学效能。

(3) 以解决问题为导向，以学科组、年级组为单位，组织开展周期性、群体性的校内教学研讨，每周有研究、每月有主题、每期有突破。

(4) 以学科小课题研究为主要手段，借助教育科研方法，开展本学科或跨学科的短周期教育教学小课题研究，对教育教学及其管理问题，及时发现，及时解决，有效提升学校管理和教学质量。

(5) 组建学校教师研习研修学习共同体，互助学习，共同进步。如名师工作室、骨干教师工作坊、教师读书会等。

(6) 建立学校"教学质量监测组"，对校级层面及其以上级别组织实施的各类考试、艺体考核等进行质量分析，确立优势，分析不足，提出改进建议。

(7) 制定学校建设周期内创优争先目标，在原有的基础上有目标、有计划、有考核地积极申报省、市示范校、名优学校评审，以评促建。

(8) 为学校及骨干教师搭建交流展示平台，从校、区（县）、市、省、全国等层面有针对性地给予学校及骨干教师学习交流和展示提升的机会，一方面树立自信，另一方面促进专业能力快速升级。

（三）特色塑造模型：加强办学核心领域的创新和实践

根据项目学校发展的历史和传统，结合学校未来建设愿景，明晰学校发展目标，实施特色塑造总体设计，使项目学校在建设周期内"塑文化、强管理、精课程、亮特色、立品牌"。其关键点位和实施方向如下：

(1) 育人模式变革。创新人才培养方式，推行启发式、探究式、参与式、合作式等教学方式，开展走班制、选课制等教学组织模式试点。

(2) 学校德育理念更新与体系建构。学校德育理念必须全面履行"立德树人"根本任务，克服空洞教条，实施有血有肉、鲜明鲜活的德育教育，呈现系列化、课程化、活动化的学校德育新格局。

(3) 学校课程体系建设。坚持"五育并举"，构建全市、全省领先的学校优质教育课程体系，以"一校一案"的课程实施树立办学自信，着力实施"五育融合"探索，促进学生全面健康成长。大力开办学校艺术体育、劳动教育、综合实践、科技教育、绿色环保等师生社团和特色研学课程。

(4) 学生综合素质评价改革探索。树立"健康第一"思想，对学生德育、智育、体育、美育、劳动精神、实践动手能力、合作能力、创新能力等进行综合素质评价改革的探索，开展区域或学校层面的研究和实践，在计划周期内实现不同点位的突破和创新。

(5) 教师队伍建设。教师是学校办学最核心最关键的保障，教师的发展必须以服务学生的全面健康成长为第一目标, 心中有学生才会心中有责任, 也才会心中有追求。学校教师队伍建设需要秉持共同的价值追求和文化认同, 努力将学校教育理念转化到教师个体的教育教学行为之中。

(6) 家校共建共育。家长是学生成才的坚强后盾, 同时也是学校办学治校及其教育教学改革的支持者, 以开放、民主之姿态广泛实施家校共建共育活动, 对新时代学校办学改革必将起到推波助澜的作用。学生的健康成长及其生涯发展规划等都离不开学生家长家庭的认同和配合。

(四) 青白江名校建设的模式

青白江名校建设工程, 三年的实践探索, 三年的感悟收获, 概括出了区域名校建设的整体模式: 诊断评估—系统规划—扬长补短—搭建平台—修正改进—验证评估。

(1) 诊断评估, 了解现状和需求;

(2) 系统规划, 确立路径与方法;

(3) 扬长补短, 发展特色和亮点;

(4) 搭建平台, 提升品牌和影响;

(5) 修正改进, 反思优化促完善;

(6) 验证评估, 总结提炼显成效。

在5所学校的名校建设过程中, 各校专家组着重在文化建设 (重新梳理或重构)、队伍建设 (系统策划、突出名师培养、强调落实 "工作室、科研能力、课程能力" 三个抓手)、课程建设 (建立规划或梳理完善)、课堂建设 (助力高质量课堂和优化创新评价)、助力科研课题研究、完善制度建设等方面着力, 结合省市示范校 (园) 评审、举办高端学术活动, 最终在扩大学校 (园) 影响力、赋能学校品牌的提升等方面, 取得了较好的效果。

总之, 通过名校建设, 解决了学校发展的困惑, 明确了特色建设方向, 促进了学校内涵品质提升。

五、青白江区名校建设的问题延伸

名校建设是一项庞大而复杂的工程, 涉及学校的方方面面, 过程中难免有超出预定计划的情况出现。

1.青白江 "三名工程" 立项在2020年12月, 三年实施时间从2021年到2023年。由于名校建设项目实施时间主要在疫情期间, 反复出现的疫情客观上增大了一些现场考察及交流活动的难度, 致使整体建设推进计划不断有所调整, 也对工作带来了阶段性的滞后。

2.各校基础条件不同，以及学校建设过程中的发展思路变化，致使各校特色发展内涵提升需求不同、路径不同、方法不同，导致名校建设过程更为复杂，项目管理也增加了难度。

3."名校"名在哪里？是扬长避短还是扬长补短，这涉及教育的"元"认知和学校教育的底层逻辑，只通过短短三年的名校建设显然不足以细致地逐一解决。

4."名校"之办学"特色"，是一个方面还是几个领域？这些都是需要学校、教师、家长、业内专家反复沟通、反复论证、反复建构才能达成阶段性共识。

总之，"名校"是一个历史性的概念，也是一个相对性的概念。"名校"的建设不是一蹴而就的，它是一批人甚至是几代人共同努力的过程，一旦停下就不称其为"名校"。

可以这样说，"名校"永远在路上，建设永远在路上。

◎ 第六章 ◎

"三名工程"的评价与运用

有什么样的评价，就有什么样的期待。青白江区"三名工程"评价，既是对"三名工程"建设的一种自我诊断与鉴别，也是一种自我反思与提升，更是向更高质量的持续前行。

一、基于高质量发展的评价跟进

（一）紧扣时代主题的教育高质量发展

党的二十大报告指出："高质量发展是全面建设社会主义现代化国家的首要任务"。同时提出："坚持以人民为中心发展教育，加快建设高质量教育体系，发展素质教育，促进教育公平"。2023年5月29日，习近平总书记在中共中央政治局第五次集体学习讲话中，首次使用了"把高质量发展作为各级各类教育的生命线"的提法，强调高质量发展对于教育的特别重要性。

坚持创新发展、协调发展、绿色发展、开放发展、共享发展，是高质量发展的核心要义。坚持人民至上，追求人民满意，回应人民期待，充分满足人民群众对个性化、多样化、动态化、终身化和公平而有质量的教育的迫切需求，是教育高质量发展的根本目的与价值旨归。

建设高质量教育体系，是基础教育高质量发展的题中之义。根据相关研究，高质量基础教育体系，具有以下六个方面的特征①：

第一，高质量基础教育体系以立德树人为根本任务。基础教育迈入高质量发

---

① 吴玉龙、杨中陶、黄春秀.高质量基础教育体系的主要特征与发展思路及举措〔J〕.基础教育研究，2023（03）.

展时期，需要把进一步落实党的教育方针、促进学生全面发展作为基础教育高质量发展的核心要求和根本标准，不断深化学生全面发展的教育体系改革，坚持以德为先，因材施教，注重对学生的全面培养。

第二，高质量基础教育体系坚持以人民为中心为价值取向。高质量基础教育体系着眼于优质均衡、普惠共享的价值导向，以构建基本公共教育服务体系为抓手，重点解决基础教育公共服务均等化问题，不断缩小地区之间、城乡之间、校际之间以及不同学生群体之间的教育资源差距，逐步构建优质教育资源均衡配置格局。

第三，高质量基础教育体系以开放交流为动力。它不仅体现在国内不同地区、不同校际之间的互动交流以及教育资源的流动上，而且体现在从国际国内双循环的新发展格局出发，主动对接国际基础教育的标准和经验，坚持"走出去"与"引进来"相结合，在教学理念、课程改革设置、教学方式创新、师资队伍培养等方面学习国外基础教育的成功经验，互学互鉴，取长补短，不断打造开放型、发展型的现代化基础教育体系。

第四，高质量基础教育体系以多元主体协同为基本保障。高质量基础教育体系强调的多元主体包括政府、市场和社会组织多元投入，家校社多方联动的育人体制机制。学校除了给学生提供学习成长所需要的软硬件环境，还应将优化教师队伍建设作为高质量建设基础教育体系的重点工作和重要保障，加快提升教师的文化历史观、国家国际观、立德生命观、协同发展观、科技学习观、教育未来观等核心素养。

第五，高质量基础教育体系以改革创新为重要抓手。高质量基础教育体系的创新特征主要体现在三个方面：一是更加注重发掘学生的潜能，培养学生的创新精神和创新意识，根据学生的兴趣爱好，丰富基础教育的课程内容，扩大学生的课程选择性，激发学生探索的动力；二是要求改革学生的培养模式，特别是要在新课程改革、教学组织管理、课堂教学方面有所创新，推动育人方式变革创新，"从知识本位走向素养本位、从以教为主转向以学为主、从学科'割裂'走向学科'统整'、从'坐而论道'转向'学科实践'"，"从注重共同基础到关注个性需求，从注重学科逻辑到关注生活逻辑"，努力构建高质量的课程和课堂；三是更加关注信息化，积极推动基础教育的数字化转型，通过数字技术的嵌入打造数字教育平台，赋能教育资源共享，缩小教育资源的地区差距、城乡差距。

第六，高质量基础教育体系以构建科学的评价体系为重要导向。高质量基础教育体系努力完善基础教育发展指标，从推进教育公平、提高办学质量、促进学生全面发展的维度，以学校、教师、学生为主体，建构科学的评价体系，既要考虑激发学校的办学活力和前进动力，也要挖掘教师的潜力，还要关注学生的创新力、道德素养、生命健康素养等内容，以科学的评价持续引领基础教育体系高质量发展。

（二）高质量发展视域下的青白江"三名工程"建设

青白江区教育局自2021年开始，以"三名工程"为抓手，全力培养有影响力的名师、名校（园）长队伍和名校集群，以深化区域教育综合改革，提速优质教师队伍成长，推进校长领导力提升，促进高品质学校建设，全面开启了区域高质量教育体系建设的新征程，致力区域教育高位均衡、优质发展，实现"人才攻坚、质量攻坚、品牌攻坚"战略目标，全力办出人民满意的青白江区高质量教育。

（三）服务于高质量发展的"三名工程"评价

1.指导思想

以习近平新时代中国特色社会主义思想为指导，认真贯彻党的二十大会议精神，落实《中共中央 国务院印发〈深化新时代教育评价改革总体方案〉》《中共中央 国务院关于全面深化新时代教师队伍建设改革的意见》《新时代基础教育强师计划》《中办印发关于建立中小学校党组织领导的校长负责制的意见（试行）》《中共中央 国务院关于深化教育教学改革全面提高义务教育质量的意见》《国务院办公厅关于新时代推进普通高中育人方式改革的指导意见》和《教育部等八部门关于进一步激发中小学办学活力的若干意见》等政策文件，着眼"高质量发展"，遵循名师、名校长成长规律和名校建设规律，按照《青白江区"三名工程"培训项目政府采购合同》和项目实施方案要求，致力建设青白江区高素质、专业化、创新型的名师和名校长队伍，以及全市一流、西部领先、全国知名的高品质特色学校，引领"三名工程"建设共赴可持续未来。

2.评价理念

以中共中央、国务院印发《深化新时代教育评价改革总体方案》为指导方针，坚持科学有效，改进结果评价，强化过程评价，探索增值评价，健全综合评价，充分利用信息技术，提高评价工作的科学性、专业性、客观性。

以评促建，以评促改。致力学员、学校对评价结果的高度认同和运用，引领构建名师培养对象优化发展机制，促进专业提升、终身发展，促进名校长培养对象提升领导力、持续前行，促进学校优化治理、提质发展，充分发挥评价的诊断、改进、激励和引领功能。

（1）注重结果评价与过程评价相结合

关注学员为学、为事、为人示范的新时代"大先生"表征，以及对学校、学生高质量发展所发挥的优质贡献的同时，特别关注学员发展过程中的主动参与、积极实践与内生动力，重视其心智发展及行进轨迹。注重学校优化治理，致力课程建设、队伍建设、文化建设，奋力提升教育质量，充分发挥辐射引领作用。

（2）注重综合评价与特色评价相结合

关注学员综合素养、学校全面发展的基础上，注重学员、学校的差异性和多样性，关注每一位学员、每一所学校的个性成长和特色发展，彰显"因材施训、因地制宜，各美其美"。

（3）注重自我评价与外部评价相结合

在认真接受专家、专业机构考核评价的同时，引导学员、学校不断自我评价，自觉反思，改进提升。

（4）注重线上评价与线下评价相结合

实施网络问卷，并通过实地调查、观察、访谈等方式，多层次、全方位了解实际情况，确保评价真实全面、科学有效。

（5）积极探索增值评价

关注学员培训达标、学校优化提质的同时，更加关注其发展水平和工作实绩的进步程度，对照现实与前测，科学评判学员、学校的努力程度及潜力、潜质发挥，引领其不断进入"最近发展区"。

3.评价原则

（1）确保政治方向正确

坚持以学员、学校为中心的发展思想，全面落实新发展理念，服务教育高质量发展要求，坚持依法治校、依法执教，遵循教育规律和教师成长发展规律，保证名师、名校长培养对象发展及学校建设正确的政治方向。

（2）突出师德第一标准

把提高名师、名校长培养对象思想政治素质和职业道德水平摆在首要位置，让社会主义核心价值观贯穿教书育人全过程，突出全员全方位全过程师德养成，推动他们成为先进思想文化的传播者、党执政的坚定支持者、学生健康成长的指导者。

（3）全面评价，客观公正

对标发展目标，全面、系统评价，突出重点内容，充分肯定成绩、亮点，精准发现问题、不足，致力改进、提升。坚持实事求是、客观公正，一视同仁，"一把尺子量到底"，确保评价结果得到最大程度的认同，达成评价的最优效果。

（4）定量定性评价结合

既侧重用数量叙述、分析，精确、明了地再现名师、名校长培养对象成长的真实水准以及学校发展的精准程度，增强评价的信度、效度与区分度，又注意质性描述，通过细致而深刻地挖掘那些能够显现名师、名校长培养对象以及名校建设内在规定性的具体特征，以进一步对其做出描述性、深刻性的价值判断。

（5）凸显实绩，注重成果

靠实绩与成果说话。注重教育教学实绩、教书育人水平与教育科研成果，注重学校全面而有特色的发展，增加核心要素的权重比例，加大评价力度。

4.评价方法

综合运用成长档案袋、日常观察、座谈访问、资料核查、调查问卷、汇报答辩、分析总结等多种方法，着重考核培养（培育）对象的增长性变化，力求评价结果的最大值、最优化。

5.评价对象

（1）通过遴选参加培养的名师班学员。

（2）通过遴选参加培育的名校（园）长班学员。

（3）通过遴选参加名校建设的青白江区大弯中学、大弯小学、实验小学、清泉学校和巨人树幼儿园。

6.评价内容

（1）名师班学员评价内容：师德师风，教育教学实绩，教育科研，培养青年教师，引领示范、辐射影响等五个方面。

（2）名校长班学员评价内容：师德师风，教育教学及管理实绩，教育科研，培养青年教师，引领示范、辐射影响等五个方面。

（3）名校建设评价内容：管理制度，文化建设，课程建设，科研实施，办学质量，辐射影响，特色发展等七个方面。

7.评价实施

"三名工程"的评价工作，实施过程涉及面广、时间跨度大、伴随项目推进而跟踪展开。整体上，可以分为中期自我评价、结项自我评价和第三方机构终结性评价三个阶段。

（1）第一阶段：中期自我评价。

（2）第二阶段：结项自我评价。

（3）第三阶段：第三方机构终结性评价。

二、评价依据与评价标准

（一）名师培养学员评价依据与评价实施

1.名师培养学员评价依据

（1）政策依据

①《中共中央 国务院关于全面深化新时代教师队伍建设改革的意见》；

②《中共中央 国务院印发〈深化新时代教育评价改革总体方案〉》；

③《中共中央办公厅 国务院办公厅印发〈关于减轻中小学教师负担进一步营造教育教学良好环境的若干意见〉》；

④《教育部等八部门关于印发〈新时代基础教育强师计划〉的通知》；

⑤《教育部办公厅关于实施新时代中小学名师名校长培养计划（2022—2025）的通知》；

⑥教育部等七部门：《关于加强和改进新时代师德师风建设的意见》；

⑦《四川省人民政府关于加强教师队伍建设的实施意见》；

⑧《四川省教育厅关于印发〈四川省中小学教学名师培养管理办法〉的通知》；

⑨四川省、成都市特级教师、学科（技能）带头人推荐评选文件；

⑩成都市教育局：《"成都优秀教育人才培养计划"实施细则（试行）》。

（2）行为依据

《青白江区"三名工程"培训项目政府采购合同》。

2.名师培养学员评价的实施

（1）名师培养学员评价

青白江区名师培养学员评价量表

一级指标	二级指标	评 价 要 素	评价得分
A1.发展过程（10分）	B1.专业发展规划（2分）	1.SWOT分析切合自身实际情况。	
		2.专业发展目标：定位明确，目标具体。	
		3.发展策略与措施：发展理念先进，策略清晰；措施具体、精准，操作性强；可控制、可核查，有内驱、有活力。	
	B2.政治思想及师德表现（2分）	4.深入学习习近平新时代中国特色社会主义思想，模范践行"四有"好老师要求，自觉遵守《新时代中小学教师职业行为十项准则》，以德立身、以德立学、以德为事、为人示范，关心班级，刻苦学习，积极互动。无师德失范、违纪违规记录。	
	B3.活动考勤（2分）	5.活动全勤，没有无故缺席现象。	
	B4.完成作业（2分）	6.作业数量无缺次，质量全部达到良好以上。	
	B5.创新学习（2分）	7.践行终身学习理念，创新学习方法与内容，积极交流、分享。	

一级指标	二级指标	评 价 要 素	评价得分
A2.发展成果（70分）	B6.教学设计（1分）	8.教学设计理念先进、目标明确；精准分析学情，内容符合学生实际、重点突出；流程科学合理；注重全体互动和有效对话、培养学生的责任担当、创新意识与实践能力；做到信息技术与教学深度融合。	
	B7.教学录像（2分）	9.教学录像设计理念先进、目标明确；精准分析学情，内容符合学生实际、重点突出；流程科学合理；面向全体学生，注重启发式、互动式、探究式教学，有效开展互动对话，致力培养学生的责任担当、创新意识与实践能力；做到信息技术与教学深度融合。	
	B8.教学实绩与荣誉（15分）	10.（1）参培以来任教班级学生品德、学业发展良好；学科教学成绩优秀，发展增量较大；（2）指导学生获得国家、省、市、区级竞赛成绩喜人；（3）如果任教毕业班级，学生参加中考、高考学科成绩优异（小学或未任教毕业班的，前项5分，第二4分，本项最高9分）。	
		11.参培以来获得各级优秀教师、优秀教育工作者、教育系统先进工作者、学科（技术）带头人、特级教师、教书育人名师、名校长等；或者获得各级劳动模范、五一奖章、三八红旗手、政府津贴获得者、师德标兵、优秀班主任、优秀共产党员、优秀党务工作者等（同一类别就高不就低，不重复计算）。	
	B9.承担公开课（5分）	12.参培以来有承担各级示范课、公开课、研究课、网课或专题讲座（同一执教内容或专题讲座就高不就低）。	
	B10.教育科研成果（32分）	13.教育教学成果奖。参培以来获得各级教育厅局、教学业务部门及以上教学成果奖、哲学社会科学优秀科研成果奖、科技进步奖、技能大赛奖等（同一类别就高不就低，不重复计算。最高得10分）。	
		14.科研课题。参培以来完成区级以上立项科研课题，或在研已阶段结题。	
		15.论文、专著。参培以来发表、出版论文、专著及获奖。	
		16总结、报告。参培以来发表、出版教育教学经验总结、研究报告、调研报告。	
		17.参编教材。参培以来参编与本学科相关并经省级以上审查通过的教材。	
	B11.培养教师（5分）	18.培养青年教师。参培以来指导、培养青年教师，成长为区级以上骨干，被评为市级以上优秀教师。	

续表

一级指标	二级指标	评 价 要 素	评价得分
	B12.支教工作(5分)	19.支教从教。参培以来有在薄弱学校、农村学校、"四大片区"学校支教(从教)1年以上,或为"四川云教"主播学校从事网上教学、或有1年以上的远程教育教学经历。	
	B13.发展总结(5分)	20.形成真实、高质量的专业发展总结报告1份。内容至少包括师德师风修为、教育改革研修、凝练教学思想、形成教学风格、提高教学艺术、开展教育科研、提高教育教学质量、形成引领示范等内容。	
A3.满意度(12分)	B14.师德满意度、教育教学调查(12分)	21.师德师风满意率达到95%以上(问卷详见附件一)。	
		22.教育教学情况师生调查问卷(问卷星,内容及评价标准详见附件二)。	
A4.汇报暨答辩(8分)	B15.发展总结汇报暨答辩(8分)	23.个人三年专业发展总结陈述,抽取辩题进行答辩。详见附件三。	
合计		总100分	

(2)名师培养学员师德满意率调查

名师培养学员师德满意率调查问卷表

尊敬的老师们、家长们,亲爱的同学们:

你们好!

《新时代中小学教师职业行为十项准则》《新时代幼儿园教师职业行为十项准则》倡导教师爱国守法、教书育人、爱护学生、言行雅正、公平诚信、廉洁自律、奉献社会。为了客观、全面掌握教师的职业道德情况,特邀请您对老师的师德表现进行测评。

希望您本着对教育事业负责、对学校和教师本人负责的态度,实事求是地做出客观、公正的评价。

真诚感谢您的支持与配合,谢谢!

被评价教师姓名:＿＿＿＿＿＿＿＿＿＿

很满意	【　　】	满意	【　　】	基本满意	【　　】
不满意 【　　】	□体罚或变相体罚学生，歧视、侮辱学生，虐待、伤害学生；与学生发生不正当关系，有任何形式的猥亵、性骚扰行为。 □组织、参与有偿补课，经营或参与校外培训机构经营，到校外培训机构兼职任教，为校外培训机构和他人有偿介绍生源、提供相关信息；在招生、考试等工作中徇私舞弊、弄虚作假。 □索要、收受学生及家长财物或参加由学生及家长付费的宴请、旅游、娱乐休闲等活动；向学生及家长推销或变相推销图书报刊、教辅材料、社会保险等；或利用家长资源谋取私利。 □敷衍教学，只教书不育人，班级管理、课堂管理混乱，造成恶劣影响。 □其他违反师德规范的情况。				

注：评价分为"很满意"、"满意"、"基本满意"和"不满意"4个等级，请在相应选项后的括号内画"√"。如果评价为"不满意"的，请将不满意的原因标注出来（在序号前的方框内画"√"）

（3）名师培养学员教育教学情况调查1：教师问卷调查

名师培养学员教育教学情况调查问卷（教师卷）

尊敬的老师：

您好！衷心感谢您在百忙中参与本次问卷。本问卷的目的是了解您对贵校参加名师培养的老师的真实看法。请按照您对该老师的观察和了解，对卷中的说法打钩做出选择。

名师培养教师姓名：_____

1.培训后，他（她）更加注意言行举止，为人师表。

A.完全符合（　　）　　B.多数符合（　　）　　C.符合与不符合各半（　　）

D.多数不符合（　　）　　E.完全不符合（　　）

2.培训后，新的理念多一些了，格局似乎高一些了。

A.完全符合（　　）　　B.多数符合（　　）　　C.符合与不符合各半（　　）

D.多数不符合（　　）　　E.完全不符合（　　）

3.培训后，发展愿望强一些了，要求自己更加严格。

A.完全符合（　　）　　B.多数符合（　　）　　C.符合与不符合各半（　　）

D.多数不符合（　　）　　E.完全不符合（　　）

4.课堂教学有进步，方法多了，效率有提高。

A.完全符合（　　）　　B.多数符合（　　）　　C.符合与不符合各半（　　）

D.多数不符合 （ ） E.完全不符合 （ ）

5.能够主动思考、积极参加教育科研活动。

A.完全符合 （ ） B.多数符合 （ ） C.符合与不符合各半 （ ）

D.多数不符合 （ ） E.完全不符合 （ ）

6.终身学习的愿望更强烈，行动更自觉。

A.完全符合 （ ） B.多数符合 （ ） C.符合与不符合各半 （ ）

D.多数不符合 （ ） E.完全不符合 （ ）

7.更加关心并努力培养中青年教师。

A.完全符合 （ ） B.多数符合 （ ） C.符合与不符合各半 （ ）

D.多数不符合 （ ） E.完全不符合 （ ）

8.更加关注每一位学生的发展和因材施教。

A.完全符合 （ ） B.多数符合 （ ） C.符合与不符合各半 （ ）

D.多数不符合 （ ） E.完全不符合 （ ）

9.更加关心学校发展，特别是民主治理与教育质量的提高。

A.完全符合 （ ） B.多数符合 （ ） C.符合与不符合各半 （ ）

D.多数不符合 （ ） E.完全不符合 （ ）

10.说不清，感觉变化不是很大。

A.完全符合 （ ） B.多数符合 （ ） C.符合与不符合各半 （ ）

D.多数不符合 （ ） E.完全不符合 （ ）

评分标准：

1.1—9小题：各题得分=0.3×A占比+0.25×B占比+0.15×C占比+0.1×D占比；

2.第10小题：1×A占比+0.8×B占比+0.5×C占比+0.2×D占比

（4）名师培养学员教育教学情况学生调查2：学生问卷调查

名师培养学员教育教学情况调查问卷（学生卷）

亲爱的同学：

你好！本问卷目的是了解你对老师的真实看法，不记名。请按照你对老师的观察和了解，对卷中的说法打钩做出选择。谢谢你的参与！

教师姓名：＿＿＿＿＿＿＿＿

1.他（她）风趣、幽默，平易近人。

A.完全符合 （ ） B.多数符合 （ ） C.符合与不符合各半 （ ）

D.多数不符合 （ ） E.完全不符合 （ ）

2.讲课清楚，语言精练，精神饱满。

A.完全符合（　　）　　B.多数符合（　　）　　C.符合与不符合各半（　　）

D.多数不符合（　　）　　E.完全不符合（　　）

3.他（她）让我学到很多分析和解决问题的方法。

A.完全符合（　　）　　B.多数符合（　　）　　C.符合与不符合各半（　　）

D.多数不符合（　　）　　E.完全不符合（　　）

4.他（她）善于发现我的优点，及时鼓励，增强了我的学习信心。

A.完全符合（　　）　　B.多数符合（　　）　　C.符合与不符合各半（　　）

D.多数不符合（　　）　　E.完全不符合（　　）

5.课堂上我收获很大，学习效果好。

A.完全符合（　　）　　B.多数符合（　　）　　C.符合与不符合各半（　　）

D.多数不符合（　　）　　E.完全不符合（　　）

6.课下我能及时得到他（她）的帮助。

A.完全符合（　　）　　B.多数符合（　　）　　C.符合与不符合各半（　　）

D.多数不符合（　　）　　E.完全不符合（　　）

7.他（她）经常鼓励我敢于担当，勤于实践，大胆探索。

A.完全符合（　　）　　B.多数符合（　　）　　C.符合与不符合各半（　　）

D.多数不符合（　　）　　E.完全不符合（　　）

8.他（她）工作认真，很负责任。

A.完全符合（　　）　　B.多数符合（　　）　　C.符合与不符合各半（　　）

D.多数不符合（　　）　　E.完全不符合（　　）

9.他（她）教我如何做人、做事。

A.完全符合（　　）　　B.多数符合（　　）　　C.符合与不符合各半（　　）

D.多数不符合（　　）　　E.完全不符合（　　）

10.他（她）关心我各方面的成长。

A.完全符合（　　）　　B.多数符合（　　）　　C.符合与不符合各半（　　）

D.多数不符合（　　）　　E.完全不符合（　　）

评分标准：各题得分=0.4×A占比+0.3×B占比+0.2×C占比+0.1×D占比；各题得分之和为学生问卷得分。

（5）名师培养学员答辩考评

名师培养学员答辩考评量表

一级指标	二级指标	评价要点	得分
A1.师德师风（0.7分）	B1.师德师风修为（0.7分）	1.按照 "四有好老师" 标准，严格执行 "新时代中小学教师职业行为十项准则"，以德立身、以德立学、以德为事、为人示范。	

一级指标	二级指标	评价要点	得分
A2.教育改革(0.6分)	B2.教育改革研修(0.6分)	2.自主学习教育改革法律法规、政策文件、基础理论,更新学科知识,增强信息技术,学以致用,改进教育教学工作。	
		3.积极参加培训研修,提高创新意识、改革担当与综合素养。	
A3.教学素养(0.8分)	B3.凝练教学主张(0.4分)	4.对教学主张的概念、内涵界定准确,理论基础表述清晰。	
	B4.形成教学风格(0.4分)	5.教学风格具有独特性、多样性、稳定性和发展性,表述准确、理论支撑有力。	
A4.教育科研(1.0分)	B5.教育科研(1.0分)	6.有主持或主研1项以上市级课题在研或已结题。	
		7.研究成果获得基础教育教学成果奖。	
A5.业绩与荣誉(1.6分)	B6.教育教学业绩(1.0分)	8.学生全面发展,学业成绩呈正增长;若有中考、高考则成绩良好以上。	
		9.承担各级示范课、公开课、研究课、网课或专题讲座。	
		10.在公开刊物发表本学科较高水平的论文,或出版专著、教材。	
	B7.荣誉称号(0.6分)	11.获评市级以上特级教师、技能(学科)带头人、教学能手、骨干教师等称号。	
		12.获评区级以上劳动模范、五一奖章、三八红旗手、师德标兵、优秀教师、优秀党员、优秀教育工作者、优秀班主任等荣誉称号。	
A6.培养青师与支教(0.3分)	B8.培养青师(0.2分)	13.指导、培养青年教师,成长为区级以上骨干,被评为区级以上优秀教师。	
	B9.支教工作(0.1分)	14.在薄弱学校、农村学校、"四大片区"学校支教一年或为"四川云教"从事网上教学。	
合计		总5分	

(二)名校(园)长培育学员评价依据与评价实施

1.名校(园)长培育学员评价依据

(1)政策依据

①《中共中央 国务院关于全面深化新时代教师队伍建设改革的意见》;

②《中共中央 国务院印发〈深化新时代教育评价改革总体方案〉》;

③《教育部等八部门关于印发〈新时代基础教育强师计划〉的通知》;

④《教育部办公厅关于实施新时代中小学名师名校长培养计划（2022—2025）的通知》（教师厅函〔2022〕18号）;

⑤教育部等七部门：《关于加强和改进新时代师德师风建设的意见》;

⑥《中办印发关于建立中小学校党组织领导的校长负责制的意见（试行）》;

⑦《教育部关于印发〈义务教育学校校长专业标准〉的通知》（教师〔2013〕3号）;《教育部关于印发〈普通高中校长专业标准〉〈中等职业学校校长专业标准〉〈幼儿园园长专业标准〉的通知》（教师〔2015〕2号）;

⑧《教育部关于开展中小学幼儿园校（园）长任期结束综合督导评估工作的意见》（教督〔2021〕3号）;

⑨《四川省人民政府关于加强教师队伍建设的实施意见》;

⑩《中共四川省委组织部关于印发〈四川省干部教育培训质量评估办法〉的通知》（川组通〔2022〕64号）;

⑪《四川省教育厅关于印发〈四川省中小学教学名师培养管理办法〉的通知》;

⑫四川省成都市特级教师、学科（技能）带头人推荐评选文件;

⑬成都市教育局：《"成都优秀教育人才培养计划"实施细则（试行）》。

（2）行为依据

《青白江区"三名工程"培训项目政府采购合同》。

2.名校（园）长培育学员评价的实施

（1）名校（园）长培育学员评价

青白江区名校（园）长培育学员评价量表

一级指标	二级指标	评 价 要 素	评价得分
A1.发展过程（10分）	B1.专业发展规划（2分）	1.SWOT分析切合自身实际情况。	
		2.专业发展目标：定位明晰，目标具体。	
		3.发展策略与措施：发展理念先进，策略清晰；措施具体、精准，操作性强；可控制、可核查，有内驱、有活力。	
	B2.政治思想及师德表现（2分）	4.深入学习习近平新时代中国特色社会主义思想，模范践行"四有"好老师要求，自觉遵守《新时代中小学教师职业行为十项准则》，以德立身、以德立学、以德为事、为人示范;关心班级，刻苦学习，积极互动。无师德失范、违纪违规记录。	
	B3.活动考勤（2分）	5.活动全勤，没有无故缺席现象。	

一级指标	二级指标	评 价 要 素	评价得分
	B4.完成作业(2分)	6.作业数量无缺次，质量全部达到良好以上。	
	B5.创新学习(2分)	7.践行终身学习理念，创新学习方法与内容，积极交流、分享。	
A2.发展成果(70分)	B6.教学设计(1分)	8.教学设计理念先进、目标明确；精准分析学情，内容符合学生实际、重点突出；流程科学合理；注重全体互动和有效对话、培养学生的责任担当、创新意识与实践能力，做到信息技术与教学深度融合。	
	B7.教学录像(2分)	9.教学录像设计理念先进、目标明确；精准分析学情，内容符合学生实际、重点突出；流程科学合理；面向全体学生，注重启发式、互动式、探究式教学，有效开展互动对话，致力培养学生的责任担当、创新意识与实践能力；做到信息技术与教学深度融合。	
	B8.教育教学与管理实绩(9分)	10.教育教学实绩。（1）参培以来任教班级学生品德、学业发展良好；学科教学成绩优秀，发展增量较大；（2）指导学生获得国家、省、市、区级竞赛成绩喜人；（3）如果任教毕业班级，学生参加中考、高考学科成绩优异（小学或未任教毕业班的，前第一、二项各2分）。 11.管理工作业绩。（1）形成教育思想；（2）落实党组织领导的校长负责制；（3）科学规划学校发展；（4）致力营造育人文化；（5）强力领导课程教学；（6）有效引领教师成长；（7）努力优化内部管理；（8）优化调适外部环境。	
	B9.教育教学荣誉(6分)	12.参培以来获得各级优秀教师、优秀教育工作者、教育系统先进工作者、学科（技术）带头人、特级教师、教书育人名师、名校长等；或者获得各级劳动模范、五一奖章、三八红旗手、政府津贴获得者、师德标兵、优秀班主任、优秀共产党员、优秀党务工作者等（同一类别就高不就低，不重复计算）。	
	B10.承担公开课(4分)	13.参培以来有承担各级公开课、示范课、研究课、网课或专题讲座（同一执教内容或专题讲座就高不就低）。	

一级指标	二级指标	评 价 要 素	评价得分
	B11.教研成果（28分）	14.教育教学成果奖。参培以来获得各级教育厅局、教学业务部门及以上教学成果奖、哲学社会科学优秀科研成果奖、技能大赛奖等（同一类别就高不就低，不重复计算）。	
		15.科研课题。参培以来完成区级以上立项科研课题，或在研已阶段结题。	
		16.论文、专著。参培以来发表、出版论文、专著及获奖。	
		17.总结、报告。参培以来发表、出版教育教学经验总结、研究报告、调研报告。	
		18.参编教材。参培以来参编与本学科相关并经省级以上审查通过的教材。	
	B12.培养教师（5分）	19.参培以来指导、培养青年教师，成长为区级以上骨干，被评为市级以上优秀教师。	
	B13.管理引领示范（5分）	20.学校管理经验引领、示范、辐射作用得到省、市、区认可;培养学校后备干部效果显著。	
	B14.支教工作（5分）	21.参培以来有在薄弱学校、农村学校、"四大片区"学校支教（从教）1年以上，或为"四川云教"主播学校从事网上教学或有1年以上的远程教育教学经历。	
	B15.发展总结（5分）	22.形成真实、高质量的专业发展总结报告1份。内容至少包括师德师风修为、教育改革研修、凝练教学思想、形成教学风格、开展教育科研、提高教育教学质量、提升管理力及管理实绩、形成引领示范等内容。	
A3.满意度（12分）	B16.师德满意度教育教学调查（12分）	23.师德师风满意率必须达到85%以上。详见附件一。	
		24.教育教学情况师生调查问卷。详见附件二。	
A4.汇报答辩（8分）	B17.总结汇报暨答辩（8分）	25.个人三年专业发展总结陈述，抽取辩题进行答辩。详见附件三。	
合计		总100分	

(2) 名校（园）长培育学员师德满意率调查

名校（园）长培育学员师德满意率调查问卷表

尊敬的教职工们：

你们好！

《新时代中小学教师职业行为十项准则》《新时代幼儿园教师职业行为十项准则》倡导教师爱国守法、教书育人、爱护学生、言行雅正、公平诚信、廉洁自律、奉献社会。为了客观、全面掌握教师的职业道德情况，特邀请您对老师的师德表现进行测评。

希望您本着对教育事业负责、对学校和教师本人负责的态度，实事求是地做出客观、公正的评价。

真诚感谢您的支持与配合，谢谢！

被评价教师姓名：_____

很满意	【　　】	满意	【　　】	基本满意	【　　】
不满意 【　　】	□体罚或变相体罚学生，歧视、侮辱学生，虐待、伤害学生；与学生发生不正当关系，有任何形式的猥亵、性骚扰行为。 □组织、参与有偿补课，经营或参与校外培训机构经营，到校外培训机构兼职任教，为校外培训机构和他人有偿介绍生源、提供相关信息；在招生、考试等工作中徇私舞弊、弄虚作假。 □索要、收受学生及家长财物或参加由学生及家长付费的宴请、旅游、娱乐休闲等活动；向学生及家长推销或变相推销图书报刊、教辅材料、社会保险等；或利用家长资源谋取私利。 □敷衍教学，只教书不育人，班级管理、课堂管理混乱，造成恶劣影响。 □其他违反师德规范的情况。				

注：评价分为"很满意""满意""基本满意"和"不满意"4个等级，请在相应选项后的括号内画"√"。如果评价为"不满意"的，请将不满意的原因标注出来（在序号前的方框内画"√"）

(3) 名校（园）长培育学员教育教学情况调查1：教师问卷调查

青白江区名校（园）长培育学员教育教学情况调查问卷（教师卷）

尊敬的老师：

您好！衷心感谢您在百忙中参与本次问卷。本问卷的目的是了解您对贵校参加名师培养的老师的真实看法。请按照您对该老师的观察和了解，对卷中的说法打钩做出选择。

名校长培育学员姓名：＿＿＿＿＿＿＿＿＿

1.培训后，他（她）更加注意言行举止，为人师表。

A.完全符合（　　）　　B.多数符合（　　）　　C.符合与不符合各半（　　）

D.多数不符合（　　）　　E.完全不符合（　　）

2.培训后，新的理念多一些了，格局似乎高一些了。

A.完全符合（　　）　　B.多数符合（　　）　　C.符合与不符合各半（　　）

D.多数不符合（　　）　　E.完全不符合（　　）

3.培训后，发展愿望强一些了，要求自己更加严格。

A.完全符合（　　）　　B.多数符合（　　）　　C.符合与不符合各半（　　）

D.多数不符合（　　）　　E.完全不符合（　　）

4.课堂教学有进步，方法多了，效率有提高。

A.完全符合（　　）　　B.多数符合（　　）　　C.符合与不符合各半（　　）

D.多数不符合（　　）　　E.完全不符合（　　）

5.能够主动思考、积极参加教育科研活动。

A.完全符合（　　）　　B.多数符合（　　）　　C.符合与不符合各半（　　）

D.多数不符合（　　）　　E.完全不符合（　　）

6.终身学习的愿望更强烈，行动更自觉。

A.完全符合（　　）　　B.多数符合（　　）　　C.符合与不符合各半（　　）

D.多数不符合（　　）　　E.完全不符合（　　）

7.更加关心并努力培养中青年教师。

A.完全符合（　　）　　B.多数符合（　　）　　C.符合与不符合各半（　　）

D.多数不符合（　　）　　E.完全不符合（　　）

8.更加关注教育管理，更加注重干部培养。

A.完全符合（　　）　　B.多数符合（　　）　　C.符合与不符合各半（　　）

D.多数不符合（　　）　　E.完全不符合（　　）

9.更加关心学校发展，特别是民主治理与教育质量的提高。

A.完全符合（　　）　　B.多数符合（　　）　　C.符合与不符合各半（　　）

D.多数不符合（　　）　　E.完全不符合（　　）

10.说不清，感觉变化不是很大。

A.完全符合（　　）　　B.多数符合（　　）　　C.符合与不符合各半（　　）

D.多数不符合（　　）　　E.完全不符合（　　）

评分标准：

1.1—9小题：各题得分=0.3×A占比+0.25×B占比+0.15×C占比+0.1×D占比；

2.第10小题：1×A占比+0.8×B占比+0.5×C占比+0.2×D占比。

（4）名校（园）长培育学员教育教学情况学生调查2：学生问卷调查

名校（园）长培育学员教育教学情况调查问卷（学生卷）

亲爱的同学：

你好！本问卷目的是了解你对老师的真实看法，不记名。请按照你对老师的观察和了解，对卷中的说法打钩做出选择。谢谢你的参与！

名校长培育学员姓名：＿＿＿＿＿＿＿＿＿＿

1.他（她）风趣、幽默，平易近人。

A.完全符合（ ） B.多数符合（ ） C.符合与不符合各半（ ）

D.多数不符合（ ） E.完全不符合（ ）

2.讲课清楚，语言精练，精神饱满。

A.完全符合（ ） B.多数符合（ ） C.符合与不符合各半（ ）

D.多数不符合（ ） E.完全不符合（ ）

3.他（她）让我学到很多分析和解决问题的方法。

A.完全符合（ ） B.多数符合（ ） C.符合与不符合各半（ ）

D.多数不符合（ ） E.完全不符合（ ）

4.他（她）善于发现我的优点，及时鼓励，增强了我的学习信心。

A.完全符合（ ） B.多数符合（ ） C.符合与不符合各半（ ）

D.多数不符合（ ） E.完全不符合（ ）

5.课堂上我收获很大，学习效果好。

A.完全符合（ ） B.多数符合（ ） C.符合与不符合各半（ ）

D.多数不符合（ ） E.完全不符合（ ）

6.课下我能及时得到他（她）的帮助。

A.完全符合（ ） B.多数符合（ ） C.符合与不符合各半（ ）

D.多数不符合（ ） E.完全不符合（ ）

7.他（她）经常鼓励我敢于担当，勤于实践，大胆探索。

A.完全符合（ ） B.多数符合（ ） C.符合与不符合各半（ ）

D.多数不符合（ ） E.完全不符合（ ）

8.他（她）工作认真，很负责任。

A.完全符合（ ）　　B.多数符合（ ）　　C.符合与不符合各半（ ）

D.多数不符合（ ）　　E.完全不符合（ ）

9.他（她）教我如何做人、做事。

A.完全符合（ ）　　B.多数符合（ ）　　C.符合与不符合各半（ ）

D.多数不符合（ ）　　E.完全不符合（ ）

10.他（她）关心我各方面的成长。

A.完全符合（ ）　　B.多数符合（ ）　　C.符合与不符合各半（ ）

D.多数不符合（ ）　　E.完全不符合（ ）

评分标准：各题得分=0.4×A占比+0.3×B占比+0.2×C占比+0.1×D占比；各题得分之和为学生问卷得分。

（5）名校长培育学员答辩评价

青白江区名校（园）长培育学员答辩评价量表

一级指标	二级指标	评价要点	得分
A1.师德师风（0.7分）	B1.师德师风修为（0.7分）	1.按照"四有好老师"标准，严格执行"新时代中小学教师职业行为十项准则"，以德立身、以德立学、以德为事、为人示范。（内容全面0.5分，案例典型0.2分）	
A2.教育改革（0.6分）	B2.教育改革研修（0.6分）	2.自主学习教育改革法律法规、政策文件、基础理论，更新学科知识，增强信息技术，学以致用，改进教育教学工作。（内容具体0.2分，案例典型0.1分）	
		3.积极参加培训研修，提高创新意识、改革担当与综合素养。（内容具体0.2分，案例典型0.1分）	
A3.教学素养（0.8分）	B3.凝练教学主张（0.4分）	4.对教学主张的概念、内涵界定准确，理论基础表述清晰（0.1分），核心内容具体化、个性化（思维方式、行为方式、生活方式）（0.3分）。	
	B4.形成教学风格（0.4分）	5.教学风格具有独特性、多样性、稳定性和发展性（0.3分），表述准确、理论支撑有力（0.1分）。	
A4.教育科研（1.0分）	B5.教育科研（1.0分）	6.有主持或主研1项以上市级课题在研或已结题（0.6分）。	
		7.研究成果获得基础教育教学成果奖（0.4分）。	
A5.业绩与荣誉（1.6分）	B6.教育教学业绩（1.0分）	8.学生全面发展，学业成绩呈正增长（0.5分）；若有中考、高考则成绩良好以上（0.2分，前项则0.3分）（本项最高得0.5分）。	
		9.承担各级示范课、公开课、研究课、网课或专题讲座（0.2分）。	
		10.在公开刊物发表本学科较高水平的论文，或出版专著、教材（0.3分）。	

续表

一级指标	二级指标	评价要点	得分
A6.培养青师与支教 (0.3分)	B7.荣誉称号 (0.6分)	11.获评市级以上特级教师、技能（学科）带头人、教学能手、骨干教师等称号。（0.3分）	
		12获评区级以上劳动模范、五一奖章、三八红旗手、师德标兵、优秀教师、优秀党员、优秀教育工作者、优秀班主任等荣誉称号。（0.3分）	
	B8.培养青师 (0.2分)	13.指导、培养青年教师，成长为区级以上骨干，被评为区级以上优秀教师。（0.2分）	
	B9.支教工作 (0.1分)	14.在薄弱学校、农村学校、"四大片区"学校支教1年或为"四川云教"从事网上教学。（0.1分）	
合计		总5分	

（三）名校评价依据与评价实施

1.名校评价依据

（1）政策依据

① 《中共中央 国务院印发〈中国教育现代化2035〉》；

② 《中共中央办公厅、国务院办公厅印发〈加快推进教育现代化实施方案（2018—2022年）〉》；

③ 《中共中央 国务院印发〈深化新时代教育评价改革总体方案〉》；

④ 《教育部等八部门关于进一步激发中小学办学活力的若干意见》；

⑤ 《中办印发关于建立中小学校党组织领导的校长负责制的意见（试行）》；

⑥ 《教育部、国家发展改革委、财政部关于实施新时代基础教育扩优提质行动计划的意见》；

⑦ 《教育部关于印发〈中小学德育工作指南〉的通知》；

⑧ 《国务院办公厅关于新时代推进普通高中育人方式改革的指导意见》；

⑨ 《教育部关于印发〈普通高中学校办学质量评价指南〉的通知》；

⑩ 《中共中央 国务院关于深化教育教学改革全面提高义务教育质量的意见》；

⑪ 《教育部等六部门关于印发〈义务教育质量评价指南〉的通知》；

⑫ 《中共中央 国务院关于学前教育深化改革规范发展的若干意见》；

⑬ 《幼儿园工作规程》；

⑭ 《教育部关于印发〈幼儿园保育教育质量评估指南〉的通知》；

⑮ 《成都市人民政府教育督导委员会办公室 成都市教育局关于印发〈区（市）县"五育"并举教育质量综合评价实施方案〉的通知》。

（2）行为依据

《青白江区 "三名工程" 培训项目政府采购合同》。

2.名校建设评价实施

（1）高中学校名校建设评价

青白江区名校建设（高中学校）评价量表

一级指标	二级指标	评 价 要 素	评价得分
A1.管理团队建设（6分）	B1.党组织领导的校长负责制（3分）	1.学校落实党组织领导的校长负责制，党支部执行 "三会一课" "三重一大" 等情况。	
	B2.较为先进的教育理念和办学理念（2分）	2.校长办学思想符合国家教育方针和教育理念，能落到课程、教学、评价、作业、考试各环节中去，积极推动学校教育教学改革，课程领导力明显提高，组织制定教师培训规划并坚持实施，教师队伍学历高、结构合理，带头参加课题研究，在区级以上会议交流或在报刊上发表文章。	
	B3.依法治校（1分）	3.落实《四川省中小学依法治校示范校创建指南》	
A2.教师团队建设（12分）	B4.师德师风建设（3分）	4.按照 "四有" 好老师标准，健全师德师风建设长效机制。	
	B5.重视教师专业成长和团队建设，组建以实践为核心的教师研修共同体和师培课程（6分）	5.教师团队建设材料和校内师培课程方案及实施材料。	
	B6.健全教师激励机制（3分）	6.有适宜的教师激励机制或制度。	
A3.教育科研（12分）	B7.建设支持科研的学术指导机构和科研团队（2分）	7.有科研的学术指导机构和科研团队建设。	
	B8.科研有阶段性成果（10分）	8.国家级、省级、市级、区级教学竞赛、论文评选、课例评优、论著发表，市级以上教学竞赛、文章发表（获奖）、经验交流等。	
		9.微型课题研究，参与区、市、省各级课题研究和申报，及时总结梳理成功经验和案例。	

一级指标	二级指标	评 价 要 素	评价得分
A4.管理制度（12分）	B9.民主管理（8分）	10.校务会议，教代会、工会、学术委员会、家委会等组织健全、履职到位。	
		11.学校章程条款的执行率超过90%，校务公开、民主决策落实到位。	
	B10.管理制度（4分）	12.优化完善的制度体系。	
A5.课程建设（12分）	B11.课程方案落实、教学实施规范、优化教学方式体现学校特色（12分）	13.开足开齐开好国家课程和地方课程。	
		14.整合特色校本课程，开设跨学科综合；教学设计坚持"教师主导，学生主体"，注重开展启发式、讨论式、探究式等教学，开展项目式、综合化、任务群、大单元等教学实验。	
		15.学校文化体现办学理念。	
A6.文化建设（12分）	B12.建设传承历史、体现办学理念和特色校园文化（12分）	16.学校精神文化、制度文化、行为文化、环境文化高度一致，特色鲜明。"一训三风"、校歌、校徽、校旗等文化标识深入人心，师生精神面貌与行为状态好。	
A7.学生成长（6分）	B13.学生全面发展且具有个性（6分）	17.学生具备先进的理想信念和远大志向，心理健康，遵守法律法规、社会公德和公共秩序，热爱集体，团结同学，行为习惯良好。	
		18.学生全面而有个性地发展，综合素质评价合格率100%，学生掌握1~2项运动技能和学会1~2项艺术特长，全校学生体质健康检测优良率50%以上，近视率呈递减态势。学生毕业合格率达100%，学生具有核心素养中的关键能力和必备品格，终身学习能力强，积极参与社会实践与志愿服务。	
A8.设施建设（4分）	B14.学校办学条件和水平达到标准，设施建设完备，设施体现学校的文化特色和办学特色（4分）	19.学校办学条件和水平达到标准，经费保障符合要求，设施设备配备齐全，安全卫生等设施建设完备。	
		20.设施建设能体现学校的文化特色和办学特色。	
A9.办学质量（12分）	B15.课堂教学质量均衡发展（12分）	21.办学质量高，特色与成效显著，教育生态良好。	
		22.学校知名度、美誉度高，社会满意度不低于85%。	

一级指标	二级指标	评 价 要 素	评价得分
A10.辐射影响（10分）	B16.示范与辐射任务、引领作用（10分）	23.各项工作在区、市、省具有示范性，积极承担 "1+N" 的示范与辐射任务，在教育扶贫、集团化办学、学区制管理、区域教改实验等方面发挥引领作用。	
		24.校级干部、骨干教师到共同体学校挂职交流占比超过20%，"三个课堂"（"专递课堂""名师课堂"和"名校网络课堂"）应用实效突出。	
合计		总100分	

（2）义务教育学校名校建设评价

青白江区名校建设（义务教育学校）评价量表

一级指标	二级指标	评 价 要 素	评价得分
A1.管理团队建设（6分）	B1.党组织领导的校长负责制（3分）	1.学校落实党组织领导的校长负责制，党支部执行"三会一课"、"三重一大"等情况。	
	B2.较为先进的教育理念和办学理念（2分）	2.校长办学思想符合国家教育方针和教育理念，能落实到课程、教学、评价、作业、考试各环节中去，积极推动学校教育教学改革，课程领导力明显提高，组织制定教师培训规划并坚持实施，教师队伍学历高、结构合理，带头参加课题研究，在县级以上会议交流或在报刊上发表文章。	
	B3.依法治校（1分）	3.落实《四川省中小学依法治校示范校创建指南》。	
A2.教师团队建设（12分）	B4.师德师风建设（3分）	4.按照 "四有" 好老师标准，健全师德师风建设长效机制。	
	B5.重视教师专业成长和团队建设，组建以实践为核心的教师研修共同体和师培课程（6分）	5.教师团队建设材料和校内师培课程方案及实施材料。	
	B6.健全教师激励机制（3分）	6.有适宜的教师激励机制或制度。	

一级指标	二级指标	评 价 要 素	评价得分
A3.教育科研 (12分)	B7.建设支持科研的学术指导机构和科研团队 (2分)	7.有科研的学术指导机构和科研团队建设。	
	B8.科研有阶段性成果 (10分)	8.国家级、省级、市级、区级教学竞赛、论文评选、课例评优、论著发表，市级以上教学竞赛、文章发表（获奖）、经验交流等。	
		9.微型课题研究，积极参与区、市、省各级课题研究，及时总结梳理成功经验和案例。	
A4.管理制度 (16分)	B9.学校内部制度健全 (8分)	10.学校章程完整、科学，教代会、工会、学术委员会、家委会等组织健全、履职到位。	
		11.学校章程条款的执行率超过90%，校务公开、民主决策落实到位。	
	B10.优化完善学校制度体系 (4分)	12.优化完善的制度体系。	
	B11.保障学生平等权益 (4分)	13.落实免试就近入学政策，实行均衡编班，不分重点班、快慢班；落实控辍保学登记、报告和劝返等责任；不存在违规招生、迫使学生转学退学等问题；落实进城务工人员随迁子女入学、残疾儿童随班就读、家庭经济困难学生资助等政策，加强对留守儿童、困境儿童及其他需要特别照顾学生的关爱帮扶和心理辅导。	
A5.课程建设 (12分)	B12.课程方案落实、教学实施规范、优化教学方式体现学校特色 (12分)	14.开足开齐开好国家课程和地方课程。	
		15.整合特色校本课程，开设跨学科综合；教学设计坚持"教师主导，学生主体"，注重开展启发式、讨论式、探究式等教学，开展项目式、综合化、任务群、大单元等教学实验。	
A6.文化建设 (12分)	B13.建设体现学校办学理念和特色、历史传承的校园文化 (12分)	16.学校文化建设方案体现办学特色。	
		17.学校精神文化、制度文化、行为文化、环境文化高度一致，深入人心校文化特色鲜明，办学理念和"一训三风"以及校歌、校徽、校旗等文化标识深入人心，师生精神面貌与行为状态好。	

一级指标	二级指标	评 价 要 素	评价得分
A7.学生成长（6分）	B14.全面发展（包括品德发展、学业发展、身心发展、艺术素养、劳动实践等）且具有个性（6分）	18.学生具备基本的理想信念和远大志向，心理健康，遵守法律法规、社会公德和公共秩序，热爱集体，团结同学，有良好的行为习惯。	
		19.学生全面而有个性地发展，综合素质评价合格率100%，学生掌握1—2项运动技能和学会1—2项艺术特长，全校学生体质健康检测优良率50%以上，近视率呈递减态势。学生毕业合格率达100%，学生具有核心素养中的关键能力和必备品格，终身学习能力强，积极参与社会实践与志愿服务。	
A8.设施建设（4分）	B15.学校办学条件和水平达到标准，设施建设完备，设施体现学校的文化特色和办学特色（4分）	20.学校办学条件和水平达到标准，经费保障符合要求，设施设备配备齐全，安全卫生等设施建设完备。	
		21.设施建设能体现学校的文化特色和办学特色。	
A9.办学质量（10分）	B16.课堂教学质量均衡发展（10分）	22.办学质量高，特色与成效显著，教育生态良好。	
		23.学校知名度、美誉度高，社会满意度不低于85%。	
A10.辐射影响（10分）	B17.示范与辐射任务、引领作用（8分）	24.各项工作在区、省、市具有示范性，积极承担"1+N"的示范与辐射任务，在教育扶贫、集团化办学、学区制管理、区域教改实验等方面发挥引领作用。	
		25.校级干部、骨干教师到共同体学校挂职交流占比超过20%，"三个课堂"（"专递课堂""名师课堂"和"名校网络课堂"）应用实效突出。	
	B18.家校社协同（2分）	26.建立健全家校社协同育人机制，密切家校交流沟通，加强家庭教育指导，形成融合育人合力。	
合计		总100分	

(3) 幼儿园名园建设评价

青白江区幼儿园名校建设评价量表

一级指标	二级指标	评 价 要 素	评价得分
A1.管理团队建设（6分）	B1.坚持立德树人根本任务，党组织领导的园长负责制（3分）	1.幼儿园落实党组织领导的校长负责制，党支部执行"三会一课""三重一大"等情况。	
	B2.办园理念先进，办园目标明确，有具体的实施措施（2分）	2.办园理念先进，办园目标明确，办园特色鲜明。	
	B3.依法办园（1分）	3.落实《四川省中小学依法治校示范校创建指南》。	
A2.教师团队建设（12分）	B4.加强师德师风建设（4分）	4.重视师德师风教育，师德师风建设机制健全，有师德师风建设领导小组，有规范教师行为相关文件。有相关主题学习、评比等活动。	
	B5.重视教师专业成长、注重园本研培，研培制度健全，教职工队伍发展规划符合本园实际，研培活动形式多样、有实效（6分）	5.每年有一定经费用于教育科研和培训研修；培训机制完善，积极组织开展多层次、多形式的各类培训；园本教研有制度和措施，注重过程研究，有效解决教育实践问题。	
	B6.健全教师激励机制（2分）	6.有适宜的教师激励机制、制度或文件。	
A3.教育科研（10分）	B7.支持科研的学术委员会和科研团队（4分）	7.全园教师积极参与教育科研，骨干教师逐年增加。	
	B8.科研阶段性成果（6分）	8.近三年，幼儿园积极开展课题研究，每学年均有园级以上的专题研究成果，主研或参研区（县）级及以上教育部门立项课题（含小专题）并在区（市）县及更大范围推广。	

一级指标	二级指标	评 价 要 素	评价得分
A4.管理制度（12分）	B9.管理机构健全，各机构运行情况良好（6分）	9.组织机构、基层党组织建设完备；各项管理制度健全。	
		10.各类人员配备符合相关标准，资质符合相关要求；严格按照有关规定控制各年龄班班额。	
	B10.重视制度建设与创新，规章制度完善、合理，并能适时调整与发展。重视管理过程的落实。（5分）	11.建立以人为本、符合幼儿园管理要求、切合本园实际、经民主程序产生的规章制度，各项规章制度执行良好；根据有关规定建立完善的教职工劳动保障机制。	
		12.各类档案资料健全规范，体现过程积累，并能妥善管理，合理利用。	
		13.有必要的办园资金和稳定的经费来源；严格执行经费管理制度，规范使用公办幼儿园生均公用经费和普惠性民办幼儿园财政补助经费；每年有一定经费用于教育科研和培训研修；按相关规定收费。	
	B11.安全工作（1分）	14.幼儿园安全工作机制健全，各项安全管理制度、安全应急预案、部门联动机制健全。	
A5.课程建设（14分）	B12.结合本园实际，编制幼儿园课程方案，推进课程园本建设，逐步建构园本课程；常态优质地整体实施课程，并逐步建立促进课程不断发展的评价体系。（14分）	15.有科学的课程实施方案。课程以幼儿发展为本，结合本园实际，建立动态的具有本园文化的多元化课程体系。	
		16.课程编排体现全面性、整合性、系统性、适宜性，培养德智体美劳的社会主义建设者和接班人。不提前教授小学学科教育内容，无 "小学化" 现象，有科学的幼小衔接计划。	
		17.能根据教育需要灵活选择多种评价方法。有效运用评价手段，及时判断教育的适宜性和有效性，及时反思、调整和改进教育策略。	
A6.文化建设（14分）	B13.建设体现办学理念和特色、历史传承的校园文化（14分）	18.有中长期园所文化建设和顶层设计方案。	
		19.能将园所文化和顶层设计体现园所的硬件建设和教职员工的心中。	

续表

一级指标	二级指标	评价要素	评价得分
A7.设施建设(4分)	B14.园舍场地、基础设施、班级规模符合要求(3分)	20.按照国家相关标准建设幼儿园;各类设施设备及专用室的设置能满足教育教学和特色发展的需求;有一定数量的自制玩具,且利用率高。	
	B15.园所建设体现园所文化(1分)	21.园所建设体现园所文化。	
A8.办学质量(10分)	B16.保教质量(10分)	22.尊重幼儿的人格和权利,尊重幼儿身心发展规律和学习特点,坚持以游戏为基本活动,保教并重,关注个体差异,促进幼儿主动、活泼、富有个性地发展。	
		23.教育活动目标符合《纲要》《指南》要求,符合幼儿发展水平,体现全面性,目标具体,可操作性强。涵盖五大领域,五育并举,科学安排和组织幼儿一日活动,引导幼儿在生活和游戏中学习。	
A9.辐射影响(12分)	B17.示范辐射作用(12分)	24.协助各级教育部门开展业务指导和管理工作;承担区级及以上教育教学培训、观摩学习和薄弱幼儿园帮扶等工作,通过各种途径和形式,为其他各类幼儿园提供指导和服务。长期、经常开展针对本区薄弱园的帮扶活动,成效显著;建立指导帮扶制度,有专人负责指导帮扶、有计划、有记录、有成效发挥良好示范和辐射作用。	
		25.成为区(市)县级及以上幼儿教师职前见习基地和教师发展基地;承办区(市)县级及以上教育教学观摩活动。	
A10.家园社协同育人(6分)	B18.家园社协同育人(6分)	26.建立健全家园协同育人机制,密切家校交流沟通,加强家庭教育指导,形成融合育人合力。	
		27.定期开展家长评园测评活动,家长满意率达90%以上。	
		28.与社区联系密切,积极开展多种形式的早期教育工作。	
合计		总100分	

(4) 青白江区名校建设满意度调查1：教师问卷调查

青白江区名校建设满意度调查问卷（教师卷）

尊敬的老师：

感谢您对青白江区"名校建设"项目的大力支持，为了进一步了解本项目的实施情况，改进工作和服务，实现学校今后进一步的可持续发展，我们将对该项目实施情况进行满意度调查。请您在百忙中抽出时间，把您对学校特色名校建设工作项目的看法、意见和建议，真实地填写在问卷中，谢谢！

1.您对学校的历史文化和特色定位是否了解？

A.非常了解（　　）B.了解（　　）　C.一般（　　）D.不了解（　　）

2.您对项目学校名校建设发展思路是否满意？

A.非常满意（　　）　　B.满意（　　）　　C一般（　　）

D.不满意（　　）　　E.非常不满意（　　）

3.您对学校的文化建设和环境改善是否满意？

A.非常满意（　　）　　B.满意（　　）　　C一般（　　）

D.不满意（　　）　　E.非常不满意（　　）

4.您对学校的课程体系建设是否满意？

A.非常满意（　　）B.满意（　　）　　C一般（　　）

D.不满意（　　）　　E.非常不满意（　　）

5.您对学校教师队伍的师德师风建设是否满意？

A.非常满意（　　）　　B.满意（　　）　　C一般（　　）

D.不满意（　　）　　E.非常不满意（　　）

6.您对学校教师队伍的教育科研能力和课堂教学水平是否满意？

A.非常满意（　　）　　B.满意（　　）　　C一般（　　）

D.不满意（　　）　　E.非常不满意（　　）

7.您对学校在制度建设、法制建设和管理改进方面的成效是否满意？

A.非常满意（　　）　　B.满意（　　）　　C一般（　　）

D.不满意（　　）　　E.非常不满意（　　）

8.您对学校的总体教育教学质量的评价：

A.非常满意（　　）B.满意（　　）　　C一般（　　）

D.不满意（　　）　　E.非常不满意（　　）

9.您对学校在扩大辐射宣传、提升品牌影响所做的工作是否满意？

A.非常满意（　　）　B.满意（　　）　　C一般（　　）

D.不满意（　　）　　E.非常不满意（　　）

10.您对学校名校建设项目实施总体目标的达成情况是否满意？

A.非常满意（ ） B.满意（ ） C 一般（ ）

D.不满意（ ） E.非常不满意（ ）

11.您对项目实施的其他建议和意见（请具体表述）：

_____

（5）青白江区名校建设满意度调查2：家长问卷调查

青白江区名校建设满意度调查问卷（家长卷）

学校名称：_____

尊敬的家长：

感谢您对青白江区"名校建设"项目的大力支持，为了进一步了解本项目的实施情况，改进工作和服务，我们将对该项目实施情况进行满意度调查。请您在百忙中抽出时间，把您对项目服务的看法、意见和建议，真实地填写在问卷中，谢谢！

1.您是否了解学校实施的青白江"三名工程"名校建设项目？

A.非常了解（ ） B.了解（ ） C.不了解（ ）

2.您认为学校近年发展变化大吗？

A.发展变化大（ ） B.有一定变化（ ）C.没有明显变化（ ）

3.您是否了解学校办学特色？

A.非常了解（ ） B.了解（ ） C.不了解（ ）

4.您是否了解学校的历史和文化特点？

A.非常了解（ ） B.了解（ ） C.不了解（ ）

5.您对学校开设课程的丰富性是否满意？

A.非常满意（ ） B.满意（ ） C.不满意（ ）

6.您对学校校风的评价是：

A.学校校风好（ ） B.校风较以前有变化，且越来越好（ ）

C.校风一般，与以前无明显变化（ ） D.差（ ）

7.您是否满意学校的教育环境和管理模式：

A.非常满意（ ） B.满意（ ） C.不满意（ ）

8.您对学校的总体教育教学质量的评价：

A.非常满意（ ） B.满意（ ） C.不满意（ ）

9.您对学校校长的管理水平和教师责任心的评价：

A.强（ ） B.一般（ ） C.差（ ）

10.您对学校师资队伍建设和设施配备是否满意？

A.非常满意（　　）　　B.满意（　　）　　C.不满意（　　）

（6）青白江区名校建设满意度调查3：社区问卷调查

青白江区名校建设满意度调查问卷（社区问卷）

学校：＿＿＿＿＿＿＿

尊敬的领导：

感谢您对青白江区 "名校建设" 项目的大力支持，为了进一步了解本项目的实施情况，改进工作和服务，我们将对该项目实施情况进行满意度调查。请您在百忙中抽出时间，把您对项目服务的看法、意见和建议，真实地填写在问卷中，谢谢！

1.您认为学校的校风怎样？

A.好（　　）　　B.一般（　　）　　C.较差（　　）

2.您认为该校教师的师德师风怎样？

A.好（　　）　　B.较好（　　）　　C.一般（　　）　　D.差（　　）

3.您对学校近几年来发展情况的评价是：

A.发展进步大（　　）　　B.有一定发展（　　）　　C.没有明显发展（　　）

4.您对学校近年来（环境）文化建设和课程改革的认识是：

A.很有成效（　　）　　B.有成效（　　）　　C.一般（　　）　　D.没成效（　　）

5.您对该校办学水平和教育质量的总体印象是：

A.好（　　）　　B.较好（　　）　　C.一般（　　）　　D.差（　　）　　E.不了解（　　）

6.您觉得学校在当地的声誉：

A.好（　　）　　B.较好（　　）　　C.一般（　　）　　D.差（　　）

7.近年来，该校学生给您的总体印象是：

A.变化很大，越来越好（　　）　　B.有一定的发展变化（　　）

C.没多大变化（　　）　　D.越来越差（　　）　　E.不了解（　　）

8.您对学校管理团队和教师队伍的总体印象是：

A.好（　　）　　B.较好（　　）　　C.一般（　　）　　D.差（　　）

9.您对学校设备设施对社区开放方面：

A.满意（　　）　　B.基本满意（　　）　　C.不满意（　　）

10.您对学校与社区在家校社协同育人方面的工作配合是否满意？

A.满意（　　）　　B.基本满意（　　）　　C.不满意（　　）

三、评价结果与运用

（一）名师培养学员评价结果与运用

名师培养学员评价结果，将出具"一人一鉴定"和"一人一报告"，作为其能否结业的主要依据。综合学员评价结果，将出具一份名师学员培训综合报告，为教育局的后续机制建设与工作推进提供决策参考。

1.名师培养学员结业评定参考模板

青白江区名师培养学员结业评审鉴定表

申报人现任职学校：＿＿＿＿＿＿＿＿＿

姓名		性别		出生年月		民族	
政治面貌		任教学科			参加工作时间		
学历			学位				
毕业学校			教龄				
职称及任职时间			行政职务及任职时间				
参加何种学术团体、任何种职务、有何社会兼职			有效联系方式				
培训以来获得区级以上与教育教学相关荣誉情况	荣誉名称		获得时间		授予单位		备注
培训以来获得区级以上教研成果情况	荣誉名称		获得时间		授予单位		备注
培训以来承担公开课观摩课示范课网课、专题讲座情况	课题（专题讲座）名称		执教时间		组织单位		

论文、成果参赛获奖情况：时间、奖项、名次、颁奖单位

论文及著作发表情况： 时间、出版社或刊名、书名或文章名、刊物发行号、参与或独著

科研成果转化及其他代表性专业成就

起止时期	培养青年教师情况

起止时期	在农村学校、薄弱学校支教、四川云教或任教情况 （注明支教、四川云教或任教的学校、学科、工作内容、工作量）

学校教师人均教学 工作量	学年度	任教学科及 教学工作量	学校教师人均 教学工作量
	2020—2021		
	2021—2022		
	2022—2023		

培训以来专业发展总结（500字以内）

任职学校鉴定意见

培训班鉴定意见
班主任： xxxx年xx月xx日

续表

专家评审意见
评审专家： xxxx年xx月xx日

说明：本表"任职学校鉴定意见"及以上内容，由学员填写并提供《青白江区名师培养学员结业评审专业发展档案》。

2.青白江区名师培养学员结业评价报告参考模板

青白江区名师培养学员xxx结业评价报告参考模板

青白江区教育局：

为了深入贯彻落实《中共中央 国务院关于全面深化新时代教师队伍建设改革的意见》《教育部等八部门关于印发〈新时代基础教育强师计划〉的通知》和《青白江区教师队伍建设发展规划》，根据《青白江区"三名工程"培训项目政府采购合同》，我们组织专家小组，于xxxx年xx月xx日对青白江区名师培养学员xxx进行了结业评价，现就评价结果报告如下：

一、分类指标评价情况概述

（一）分类指标评估情况概述

1.发展过程

2.发展成果

3.师生认同度

4.汇报暨答辩

（二）分类指标评价得分统计表

一级指标	二级指标	评价得分
A1.发展过程（10分）	B1.专业发展规划	
	B2.政治思想及师德表现	
	B3.活动考勤	
	B4.完成作业	
	B5.创新学习	
A2.发展成果（70分）	B6.教学设计	
	B7.教学录像	
	B8.教学实绩与荣誉	
	B9.承担公开课	
	B10.教育科研成果	
	B11.培养青师	
	B12.支教工作	
	B13.发展总结	

续表

一级指标	二级指标	评价得分
A3.满意度（12分）	B14.师德满意度	
	B15.教育教学调查	
A4.汇报暨答辩（8分）	B16.发展总结汇报暨答辩	
合计	总100分	

二、发展成就与亮点

（对学员培训期间的发展成就、亮点与特色进行综合性精准陈述，梳理发展经验）

三、存在问题与建议

（对学员发展中的主要问题做出陈述及归因分析，提出改进建议）

四、评价结论

[用中性语言，简明扼要地对学员发展情况作出客观、真实的综合性评价，给出评价意见。评价得分90分及以上为优秀，评价得分75—89分为良好，评价得分60—74分为合格；评估得分在60分以下为不合格。]

附：评价专家团队

（组长、成员的姓名、单位、职务、职称、荣誉称号、重要获奖等基本情况）

20____年____月____日

（二）名校（园）长培育学员评价结果与运用

名校（园）长培育学员评价结果，将出具 "一人一鉴定" 和 "一人一报告"，作为其能否结业的主要依据。综合学员评价结果，将出具一份名校（园）长培育的综合报告，为教育局的后续机制建设与工作推进提供决策参考。

1.名校（园）长培育学员评价参考模板

青白江区名校（园）长培育学员结业评审鉴定表

申报人现所在学校：_____

姓名		性别		出生年月		民族	
政治面貌		任教学科		参加工作时间			
学历				学位			
毕业学校				教龄			
职称及任职时间				行政职务及任职时间			
参加何种学术团体、任何种职务、有何社会兼职				有效联系方式			

续表

培训以来获得区级以上与教育教学相关荣誉情况	荣誉名称	获得时间	授予单位	备注

培训以来获得区级以上教研成果情况	荣誉名称	获得时间	授予单位	备注

培训以来承担公开课观摩课示范课网课、专题讲座情况	课题（专题讲座）名称	执教时间	组织单位	

论文、成果参赛获奖情况：时间、奖项、名次、颁奖单位

论文及著作发表情况： 时间、出版社或刊名、书名或文章名、刊物发行号、参与或独著

科研成果转化及其他代表性专业成就

起止时期	培养青年教师情况

起止时期	在农村学校、薄弱学校支教、四川云教或任教情况 (注明支教、四川云教或任教的学校、学科、工作内容、工作量)		

学校教师人均教学 工作量	学年度	任教学科及 教学工作量	学校教师人均 教学工作量
	2020—2021		
	2021—2022		
	2022—2023		

培训以来专业发展总结（500字以内）

任职学校鉴定意见

培训班班委会鉴定意见
班主任： ××××年××月××日

专家评审意见
评审专家： ××××年××月××日

说明：本表"任职学校鉴定意见"及以上内容，由学员填写并提供《青白江区名校长班学员结业评审专业发展档案》。

2.青白江区名校（园）长培育学员结业评价报告参考模板

青白江区名校（园）长培育学员×××结业评价报告参考模板

青白江区教育局：

为了深入贯彻落实《中共中央 国务院关于全面深化新时代教师队伍建设改革的意见》《教育部等八部门关于印发〈新时代基础教育强师计划〉的通知》《教育部办公厅关于实施新时代中小学名师名校长培养计划（2022—2025）的通知》、教育部各类学校《校长专业标准》和《青白江区教师队伍建设发展规划》，根据《青白江区"三名提升工程"培训项目政府采购合同》，我们组织专家小组，于xxxx年xx月xx日对青白江区名校长培育学员xxx进行了结业评价，现就评价结果报告如下。

一、分类指标评价情况概述

（一）分类指标评估情况概述

1.发展过程

2.发展成果

3.师生认同度

4.汇报暨答辩

（二）分类指标评价得分统计表

一级指标	二级指标	评价得分
A1.发展过程（10分）	B1.专业发展规划	
	B2.政治思想及师德表现	
	B3.活动考勤	
	B4.完成作业	
	B5.创新学习	
A2.发展成果（70分）	B6.教学设计	
	B7.教学录像	
	B8.教学实绩与荣誉	
	B9.承担公开课	
	B10.教育科研成果	
	B11.培养青师	
	B12.支教工作	
	B13.发展总结	
A3.满意度（12分）	B14.师德满意度	
	B15.教育教学调查	
A4.汇报暨答辩（8分）	B16.发展总结汇报暨答辩	
合计	总100分	

二、发展成就与亮点

（对学员培训时期的发展成就、亮点与特色进行综合性精准陈述，梳理发展经验）

三、存在问题与建议

（对学员发展中的主要问题做出陈述及归因分析，提出改进建议）

四、评价结论

（用中性语言，简明扼要地对学员发展情况作出客观、真实的综合性评价，给出评价意见，并就进一步优化发展、达成目标提出合理建议。评价得分90分及以上为优秀，评价得分75—89分为良好，评价得分60—74分为合格；评估得分在60分以下为不合格。)

附：评价专家团队

（组长、成员的姓名、单位、职务、职称、荣誉称号、重要获奖等基本情况）

20____年____月____日

(三) 名校建设评价结果及运用

名校建设评价将按建设学校出具"一校一报告"，旨在进一步提升名校建设实施学校的建设成效，提炼名校建设实施经验，进行推广应用，以促进更多区域的学校高质量发展。

名校建设评价"一校一报告"参考模板如下：以义务教育名校评价报告为例。

青白江区义务教育名校建设评价报告参考模板（范例）

前言：背景简要介绍

一、评价情况

（一）评价内容情况

1.名校建设实施情况概述

2.名校建设实施基本过程

3.项目实施质量效果

（二）主要指标评价得分

一级指标	二级指标	评价得分
A1.管理团队建设（6分）	B1.党组织领导的校长负责制	
	B2.较为先进的教育理念和办学理念	
	B3.依法治校	
A2.教师团队建设（12分）	B4.师德师风建设	
	B5.重视教师专业成长和团队建设，组建以实践为核心的教师研修共同体和师培课程	
	B6.健全教师激励机制	
A3.教育科研（12分）	B7.建设支持科研的学术指导机构和科研团队	
	B8.科研有阶段性成果	
A4.管理制度（16分）	B9.学校内部制度健全	
	B10.优化完善学校制度体系	
	B11.保障学生平等权益	
A5.课程建设（12分）	B12.课程方案落实、教学实施规范、优化教学方式体现学校特色	

续表

一级指标	二级指标	评价得分
A6.文化建设（12分）	B13.建设体现学校办学理念和特色、历史传承的校园文化	
A7.学生成长（6分）	B14.全面发展（包括品德发展、学业发展、身心发展、艺术素养、劳动实践等）且具有个性	
A8.设施建设（4分）	B15.学校办学条件和水平达到标准，设施建设完备，设施体现学校的文化特色和办学特色	
A9.办学质量（10分）	B16.课堂教学质量均衡发展	
A10.辐射影响（10分）	B17.示范与辐射任务、引领作用	
	B18.家校社协同	
合计	总100分	

（三）主要经验与亮点

（四）问题与改进建议

二、评价结论

(用中性语言，简明扼要地对该校实施名校建设的情况作出客观、真实的评价，并给出评定等级的建议)

附：评价专家小组

(姓名、职称、专业等)

20____年____月____日

后 记

当这本承载着青白江区三名工程丰硕成果的书稿即将付梓问世，我们的内心被无尽的感慨与感动填满。回顾这段充满挑战与突破的历程，每一个为三名工程倾注心血的身影都清晰浮现，正是他们的全身心投入和不懈努力，才铸就了今日这份来之不易的成果，在此，我们满怀敬意与感激，向他们致以最深的谢意。

首先，我们要向那些在教育一线默默耕耘的教师们致以崇高的敬意。在青白江区的名师培养项目中，他们以高尚的师德、卓越的教学能力和独特的教学风格为目标，通过一系列科学、系统的培训，成功涌现出了一批在教育界具有广泛影响力的名师。他们不仅提升了自身的专业素养，更在区域内发挥了重要的示范引领作用，激发了教师队伍的整体活力与创新潜能。他们勇于探索，敢于创新，将先进的教学理念融入日常教学之中，为学生们打开了通往知识殿堂的大门。这些名师的成长历程，不仅是对"教师是教育之基"这一理念的生动诠释，更为未来教师队伍的建设提供了宝贵的经验与启示。

其次，我们要感谢那些参与名校长培育工程的校长们。在青白江区的名校长培养项目中，他们从教育理念、办学主张、专业影响力等多个方面进行了全面提升。他们作为学校的领航者，以高瞻远瞩的视野和卓越的管理能力，为学校营造了积极向上的教育氛围，引领着全校师生共同成长。名校长的成长不仅推动了所在学校的快速发展，更为区域教育的均衡发展注入了新的活力。他们的故事，是对"一个好校长成就一所好学校"这一观点的生动注解。

同时，我们还要感谢参加名校培育项目的五所项目学校。在青白江区的名校建设项目中，这些学校坚持高标准、严要求，通过系统规划、扬长补短、重点突破等策略，实现了学校的快速发展和优质均衡。名校的建设成果不仅体现在学校管理水平、办学质量和品牌影响力的显著提升上，更体现在学校文化的深度挖掘、课程体系的丰富完善、教师队伍的壮大提升以及教育教学与科研的丰硕成果上。这些成就，充分展示了"高质量是学校发展之魂"的深刻内涵。

此外，我们还要特别感谢为三名工程提供坚强后盾的青白江区各级领导和项目专家们。在工程项目的推进过程中，他们始终密切关注，给予了政策上的大力支持和资源上的充分保障。项目专家们更是凭借深厚的学术功底和丰富的实践经验，在特色建设、课题研究、教学指导等方面提供了宝贵的指导和建议，为我们指明了前进的方向。

在"三名工程"的实施过程中，评价体系的建立与完善也发挥了举足轻重的作用。青白江区通过构建科学、系统、操作性强的评价体系，实现了以评价促项目、以评价改项目、以评价考项目的目标。这一评价体系不仅促进了参培学员和项目学校的自我反思与持续改进，也为其他区域的教师培训、校长培训以及学校建设提供了可借鉴的评价方案。

这本成果书稿是我们共同努力的结晶，它记录了青白江区在区域教育改革道路上的探索与实践，也承载着我们对未来教育的美好愿景。我们希望它能成为教育领域的一份珍贵资料，为更多教育工作者提供有益的参考与借鉴，共同推动区域教育事业迈向新的高度。

教育之路虽长且艰，但我们对教育事业的热爱与执着从未改变。未来，我们将继续坚守教育初心，以更加饱满的热情和更加坚定的信念，在教育的道路上勇往直前。相信在全体教育工作者的共同努力下，青白江区的教育事业必将迎来更加辉煌的明天，培养出更多优秀人才，为社会发展贡献更大的力量！

编委会